SCHNITZEN
DAS GRUNDLAGENBUCH

DIE TECHNIKEN Seite 4–59

Die Videoanleitungen zu den Grundlagen des Schnitzens und die Vorlagen zu diesem Buch finden Sie in Ihrer Digitalen Bibliothek unter **www.topp-kreativ.de/**digibib nach erfolgter Registrierung.

Den Freischaltcode finden Sie im Impressum.

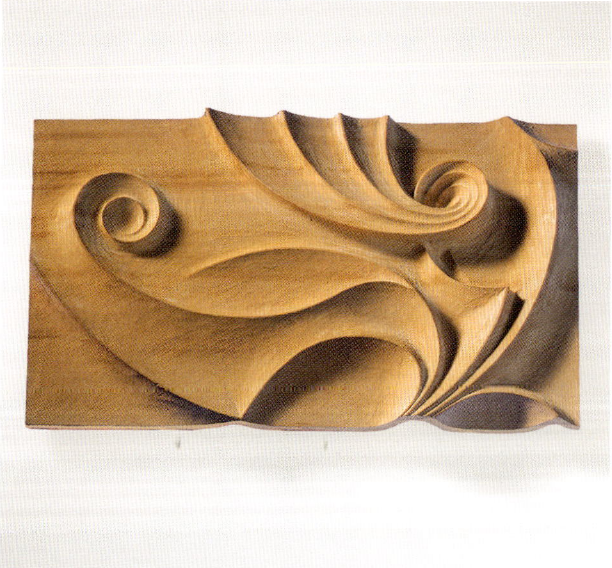

DIE PROJEKTIDEEN SEITE 60–121

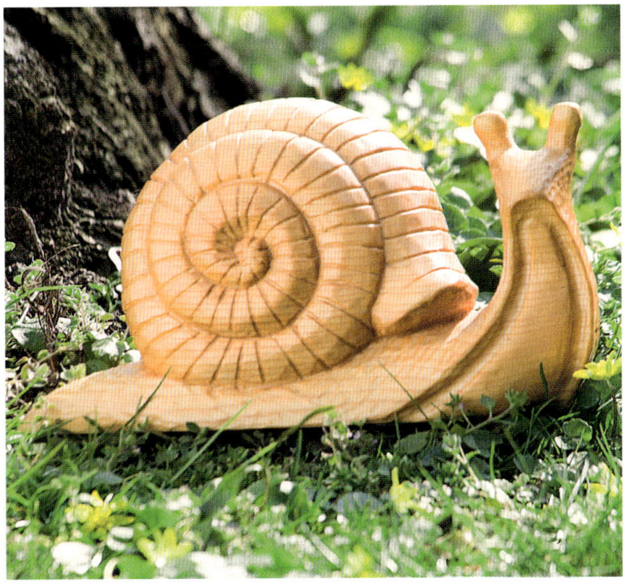

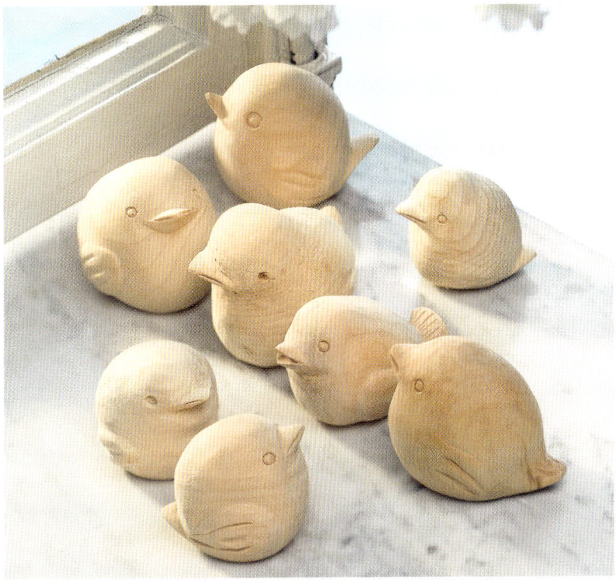

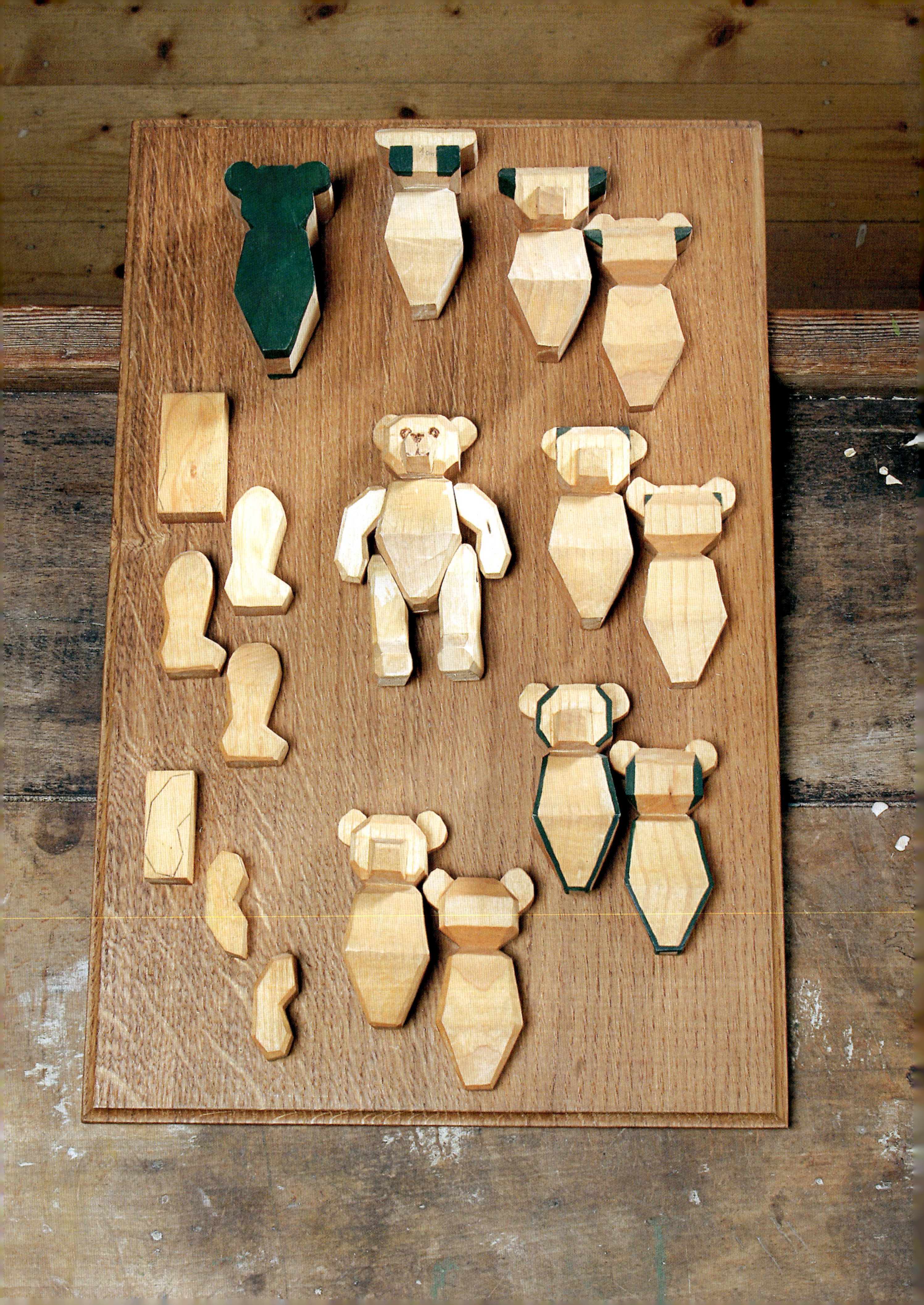

Die Techniken

Schritt für Schritt lernen

Ob Sie das traditionelle Kerbschnitzen, das Gestalten von Reliefs und Schriften lernen wollen oder lieber vollplastische Objekte wie Figuren und Schalen schnitzen möchten, im Technikteil lernen Sie Schritt für Schritt die Grundlagen des Holzschnitzens. Nach einer Einführung in die gängigsten Schnitzhölzer, die benötigten Werkzeuge und Schnitzeisen sowie deren Handhabung und Pflege erlernen Sie anhand der ausführlich bebilderten Schrittanleitungen die einzelnen Techniken.

„Los geht's"-Seiten geben tolle Anregungen

Die Kapitel zu den Schnitztechniken werden durch die so genannten „Los geht's"-Seiten abgerundet. Hier stellen wir Ihnen jeweils vier leicht nachzuarbeitende Projektvorschläge vor, anhand derer Sie Ihre neuen Kenntnisse erproben können. Auf jeder dieser Seiten kommen nur die bis zu diesem Zeitpunkt erworbenen Kenntnisse zur Anwendung.

Vorlagen als Hilfe und Orientierung

Viele Wege führen zur eigenen Schnitzarbeit. Ob Sie die im Buch vorgestellten Motive nacharbeiten möchten oder sich von der belebten Natur, von Fotos oder Alltagsgegenständen inspirieren lassen und dafür eigene Zeichenentwürfe anfertigen – Ihre Schnitzarbeit wird immer ein wertvolles Unikat sein. Damit Sie die Modelle von den „Los geht's"-Seiten und aus den Projektideen besonders einfach und unkompliziert nacharbeiten können, sind die dafür benötigten Vorlagen und Skizzen ab Seite 122 im Buch abgedruckt. Sie sind zum Teil verkleinert abgebildet und können mithilfe des angegebenen Kopierfaktors auf Originalgröße vergrößert werden.

Hinweise

- Wir empfehlen, den Technikteil Kapitel für Kapitel nacheinander zu erarbeiten. Das Kerb- und Reliefschnitzen bilden eine wertvolle Grundlage für das aufwändigere, figürliche und vollplastische Schnitzen. Natürlich können Sie aber auch gezielt einzelne Techniken auswählen.
- Das unten stehende Symbol zeigt Ihnen an, wenn Sie ein Kapitel auch online downloaden können.

1 GRUNDLAGEN

Hinweise

◆ Schnitzen ist nicht ganz ungefährlich. Bitte befolgen Sie daher die Arbeitsanweisungen und Sicherheitshinweise gewissenhaft.

◆ Bitte beachten Sie, dass die in den Kapiteln „Der sichere Arbeitsplatz" und „Werkzeuge & Hilfsmittel" aufgeführten Utensilien auf den „Los geht's"-Seiten und bei den Projektideen nicht noch einmal genannt werden. Zusätzlich sollten Sie eine Grundausstattung zum Schärfen der Schnitzeisen vor Arbeitsbeginn bereithalten.

Das Holzschnitzen ist ein vielfältiges und lebendiges Handwerk. Zu sehen, wie aus einem einfachen Holzstück nach und nach ein einmaliges Kunstwerk entsteht, macht nicht nur viel Freude, es regt auch die eigene Fantasie an, dem Holz immer wieder neue Formen und damit neues Leben zu geben. Damit Sie schon bald mit dem Schnitzen Ihres ersten eigenen Motivs beginnen können, empfehlen wir Ihnen, die Grundlagen in diesem Kapitel sorgfältig zu erarbeiten. Wenn Sie die wichtigsten Eigenschaften des Werkstoffes Holz kennengelernt haben, sollten Sie mit der Einrichtung Ihres Arbeitsplatzes beginnen. Es bedarf für den Anfang keiner besonders umfangreichen Ausstattung. Im Mittelpunkt steht vielmehr die Sicherheit beim Arbeiten, denn der Umgang mit Säge, Schnitzeisen und Bildhauerklüpfel ist nicht immer ungefährlich.
Wenn Sie sich dann nach einfachen Übungen mit der Führung und Handhabung der gängigen Schnitzeisen vertraut gemacht haben, können Sie mit der konkreten Planung Ihres ersten Werkstückes beginnen. Je nachdem, ob Sie ein bestimmtes Motiv aus dem Buch nachschnitzen möchten oder schon eine eigene, individuelle Idee „vor Augen" haben, im folgenden Kapitel erfahren Sie, wie Sie Ihr Vorhaben Schritt für Schritt mit Erfolg umsetzen.

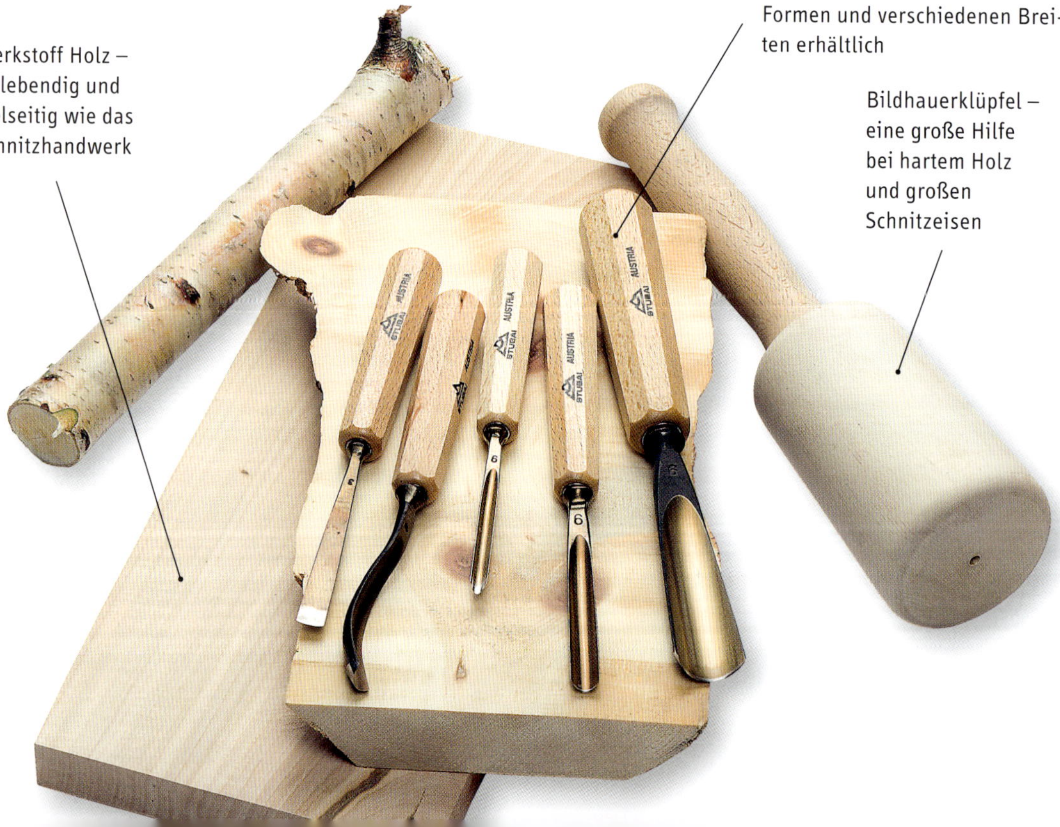

Werkstoff Holz – so lebendig und vielseitig wie das Schnitzhandwerk

Schnitzeisen – die wichtigsten Werkzeuge. Sie sind in vielen Formen und verschiedenen Breiten erhältlich

Bildhauerklüpfel – eine große Hilfe bei hartem Holz und großen Schnitzeisen

Holz als lebender Werkstoff

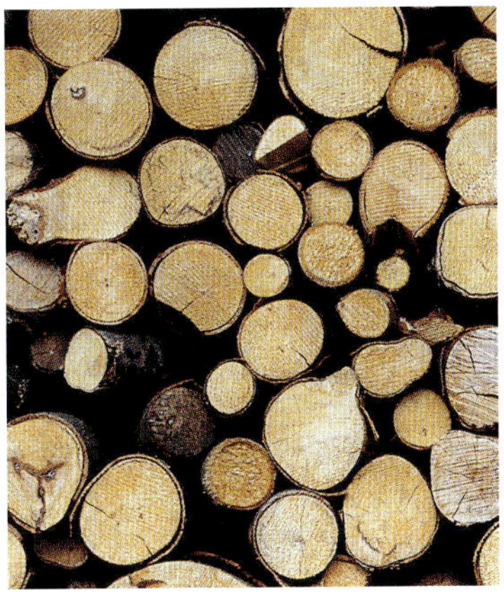

Holz ist wohl der lebendigste und vielseitigste aller Werkstoffe, den die Natur zu bieten hat. Jedes noch so kleine Stück ist in seiner Beschaffenheit einzigartig und besitzt einen eigenen Charakter. Bevor im folgenden Kapitel die Wahl der geeigneten Holzart für Ihre Projekte ausführlich dargestellt wird, ist es unerlässlich, etwas näher auf die Eigenschaften einzugehen.

Aufbau des Holzes

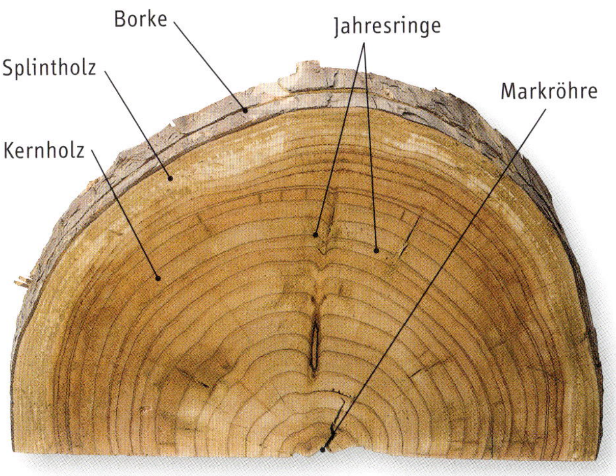

Das Herz eines Baumes schlägt in den Zellen, die für die Bildung von neuem Holz und der schützenden Rinde verantwortlich sind. Dieses Zellgewebe wird Kambium genannt. Das Kambium reagiert auf alle klimatischen Veränderungen und wird so zu einer Art Tagebuch jedes Baumes, denn es spiegelt die Umstände und Bedingungen, unter denen er gewachsen ist, wider. Die Holzschicht, die sich während einer Wachstumsperiode bildet, nennt man Jahresring (siehe Abb.). Da zu Beginn einer Wachstumsperiode größere Saftmengen durch den Stamm zur Baumkrone transportiert werden, haben die transportierenden Zellen dünnere Wände und größere Hohlräume. Später im Jahr, wenn die Menge des transportierten Saftes abnimmt, werden die Zellen dickwandiger und fester. Diese Veränderung lässt sich bei einem Jahresring schön in einem Farbwechsel verdeutlichen, der den Übergang vom Früh- zum Spätholz zeigt. Neben einer Farbveränderung ergibt sich bei einigen Holzarten auch eine unterschiedliche Schnittfestigkeit, die Auswirkungen auf die Schnitzbarkeit hat.
Die Abbildung der quer zum Stamm herausgeschnittenen Scheibe zeigt deutlich den Wachstumsverlauf und Aufbau des Holzes. Die äußerste Schicht ist die Außenrinde oder Borke. Es folgen die Innenrinde, auch Bast genannt, und das Kambium. An der Innenseite erzeugt das Kambium Splintholz, an der Außenseite die Rinde. Da sich die Zellen des Kambiums ständig teilen, entfernen sich die Splintholzzellen zunehmend vom Kambium und bilden durch chemische und physikalische Prozesse das Kernholz. Die Mitte des Stammes bildet die Markröhre.

Faserverlauf und Maserung

Als **Faserverlauf** wird die Ausrichtung der Holzfasern im Verhältnis zur Längsachse des Stammes bezeichnet. Häufig ist er relativ gerade, gelegentlich aber wellig und manchmal unregelmäßig. Die **Maserung** oder Textur des Holzes bezeichnet das dekorative, charakteristische Aussehen, das durch Markstrahlen, Jahresringe, Faserverlauf und andere strukturelle Merkmale bestimmt wird (siehe Abb. rechts). Die Maserung ist in verschiedenen Schnittebenen unterschiedlich. Ausgeprägte Maserungen und Strukturen können sich gut für große oder einfache Formen eignen, sind aber für Modelle mit einem Muster ungeeignet.

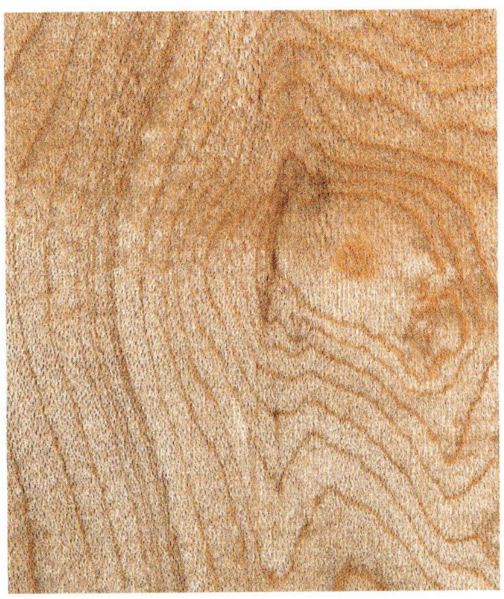

Hinweis

◆ Wenn Sie noch keine Erfahrung im Umgang mit verschiedenen Holzarten haben, sollten Sie bei der Auswahl für Ihre ersten Schnitzprojekte auf eine gleichmäßige, astfreie Maserung achten. Vermeiden Sie nach Möglichkeit die Mitte des Kernholzes und das Splintholz. Achten Sie auf Vertiefungen, die z. B. auf Aststellen hinweisen können.

Tipps & Tricks

◆ Für alle Holzarten gilt, dass frisches Holz leichter zu schnitzen ist als getrocknetes. Dennoch ist es nicht immer von Vorteil, frisch geschnittenes Holz zu schnitzen, da es an den Schnitzstellen sehr schnell trocknet (vor allem an großen, flächigen Stellen). Dies kann zu Rissbildung und Verziehen führen. Bewahren Sie daher Ihr Holzstück, wenn Sie nicht durchgehend daran arbeiten, in einer Plastiktüte auf. So bleibt die Feuchtigkeit erhalten und das Holz trocknet nicht so schnell. Allerdings sollte das Holzstück nicht zu lange in der verschlossenen Tüte liegen, da es sonst womöglich zu schimmeln beginnt. Öffnen Sie die Tüte daher immer wieder einmal zwischendurch.

Tipps & Tricks

- Zum Trocknen aufgestapeltes Holz sollte im Schatten gelagert sein, nicht in der Sonne. Eine seitlich über den Stapel überstehende Abdeckung leistet gute Dienste. Das Trocknungsholz sollte luftig liegen, aber nicht im Wind. Das Holz muss langsam austrocknen, sodass die Feuchtigkeit im Inneren und außen möglichst gleichmäßig entweicht. Dadurch sollen Spannungen innerhalb des Holzes vermieden und damit dem Reißen vorgebeugt werden.

- Holz, das im Sommer gefällt wird oder zur Bildung von Rissen neigt, kann man mit Bienenwachs oder Paraffin versiegeln.

Trocknen und Lagerung

Frisch gelagertes Holz enthält noch das vom Baum aufgenommene Wasser. Es kann erst verarbeitet werden, wenn der Feuchtigkeitsgehalt geringer als etwa 15 % ist. Damit es diesen Trocknungsgrad erreicht, muss es sehr lange im Freien bei geeigneten Bedingungen gelagert werden. In der Regel muss das Holz nach dem Kauf nochmals abgelagert bzw. getrocknet werden, bevor man es verarbeiten kann. Beim Trocknen entsteht gleichzeitig ein Volumenverlust, das Holz schwindet. Um ein nachträgliches Verziehen oder Verwerfen zu vermeiden, sollte das Holz etwa zwei bis drei Wochen in einem Raum mit Zimmertemperatur nachtrocknen.

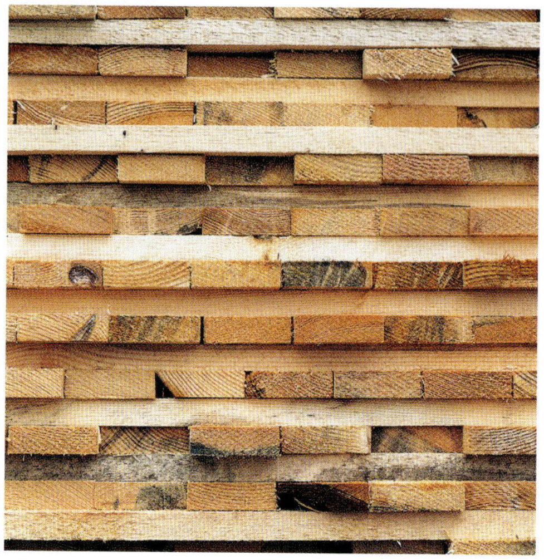

Holzfehler und -schäden

Durch umwelt- und witterungsbedingte Einflüsse oder unsachgemäße Lagerung kann es zu Fehlern und Schäden im Holz kommen, die es unbrauchbar machen können. Aststellen können die Qualität des Holzes beeinträchtigen, sind aber im Grunde nicht als Fehler oder Holzschaden anzusehen. Holz ohne Äste werden Sie kaum erhalten, allerdings sollten Sie darauf achten, dass nicht zu viele und allzu große Äste im Holz enthalten sind, da sie sehr schwer zu schnitzen sind. Bei einigen Motiven kann es sich aber sogar anbieten, einen Ast in die Darstellung miteinzubeziehen.

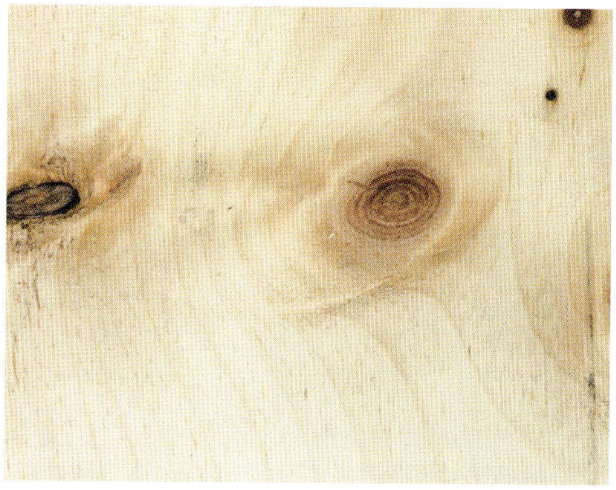

Ein natürlicher Holzfehler ist der Drehwuchs. Er kommt meist bei alleinstehenden Bäumen vor, die starkem Wind ausgesetzt waren. Da sich die Holzmaserung ständig ändert, muss man stets gegen die Faser schnitzen, was das Arbeiten sehr erschwert. Beim sog. Wimmerwuchs verlaufen die Jahresringe in konzentrischen Wellenlinien mit gleichmäßigen Ausbuchtungen. Zum Schnitzen ist dieses Holz eher ungeeignet, da sehr viel Übung nötig ist, um die wechselnden Faserrichtungen richtig zu schneiden. Bei Holzarten, deren Splintholz man nicht verwenden kann, sollten Sie darauf achten, dass dieses nicht zu breit und nicht von Schädlingen befallen ist. Risse, die durch Frost oder Blitzeinschlag entstanden sind sowie Käferfraß können die Holzqualität ebenfalls mindern, jedoch, wie schon beim Astwuchs beschrieben, vorteilhaft in die ästhetische Gestaltung miteinbezogen werden.

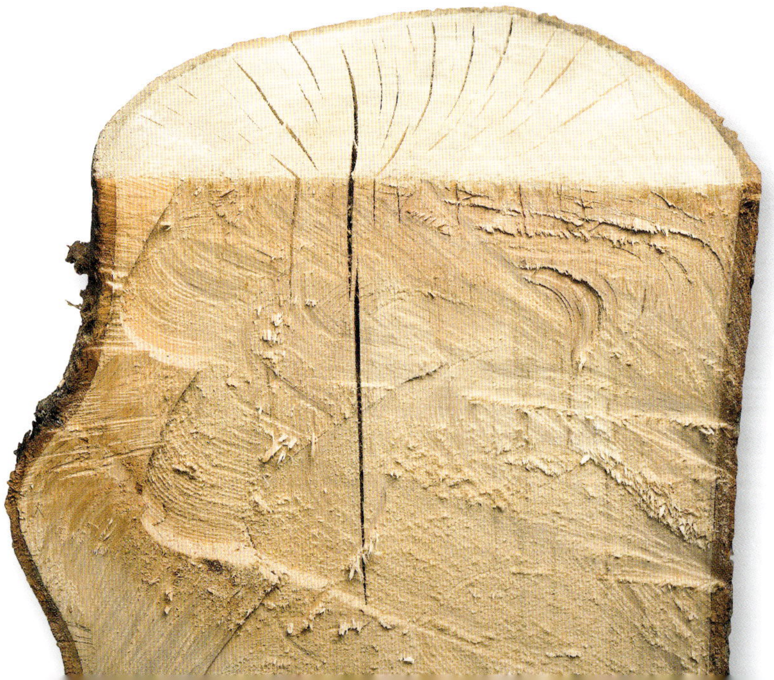

Das richtige Schnitzholz

Grundsätzlich gibt es eine Vielzahl an Holzarten, die sich gut zum Schnitzen eignen. Zu den weichen, beliebten, einheimischen Hölzern zählen beispielsweise die Linde, Birke, Erle, Zirbel- und Weymouthskiefer. Hartes Holz zum Schnitzen liefern zum Beispiel Eiche, Pflaume, Ulme, Ahorn und Kastanie. Die Wahl der Holzart ist vor allem abhängig davon, welcher Gegenstand geschnitzt werden soll. Auch die abschließende Oberflächengestaltung (siehe Kapitel 6) sollte bei der Holzauswahl mit berücksichtigt werden. Etliche Hölzer sind darüber hinaus kaum erhältlich oder sehr teuer, zum Beispiel Hölzer aus den Tropen. Daher wurden sie in diesem Buch nicht berücksichtigt.
Die gängigsten und sehr gut zu verarbeitenden Hölzer sind in der folgenden Übersicht dargestellt:

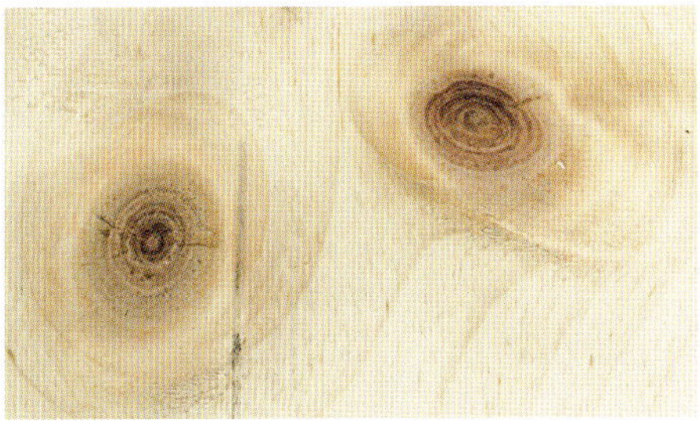

Weymouthskiefer (Strobe)

Das Holz hat eine blassgelbe bis hellbraune Farbe, manchmal mit einem leichten Stich ins Rötliche. Es weist eine feine, gleichmäßige Struktur und einen geraden Faserverlauf auf. Jahresringe sind wenig ausgeprägt. Das Holz der Weymouthskiefer ist leicht, trocknet schnell und lässt sich ausgezeichnet bearbeiten. Mit zunehmender Alterung dunkelt das Holz stark nach.

Zirbelkiefer (Arve)

Die Zirbelkiefer ist ein Kernholz-Baum. Der schmale Splint ist gelblich, das Kernholz rötlich gefärbt und dunkelt stark nach. Das Holz ist harzreich, weich, zäh, sehr dauerhaft und verströmt einen angenehmen Duft. Bei gleichmäßiger Härte weist es eine höhere Festigkeit als das Holz der Weymouthskiefer auf.

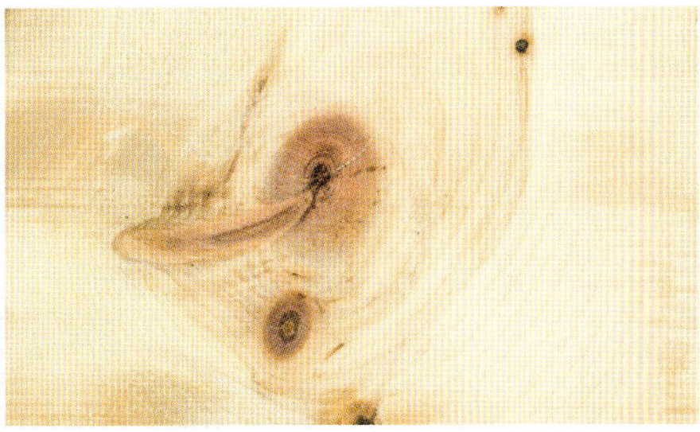

Linde

Das in Mitteleuropa beliebteste und am meisten verwendete Schnitzholz. Es ist gekennzeichnet durch eine helle, weißliche bis bräunliche Färbung ohne auffällige Maserung. Lindenholz ist weich, aber auch zäh. Es eignet sich besonders gut für kleinere Motive, Details und Schriften.

Eiche

Das Holz hat eine hellgelbbraune Farbe und ist in der Regel geradfaserig. Die Eigenschaften sind stark vom Wachstum des Baumes abhängig: Rasch gewachsenes Holz ist häufig leichter und weniger fest. Langsam gewachsenes Holz ist eher dicht und hart und damit schwerer zu bearbeiten.

Tipps & Tricks

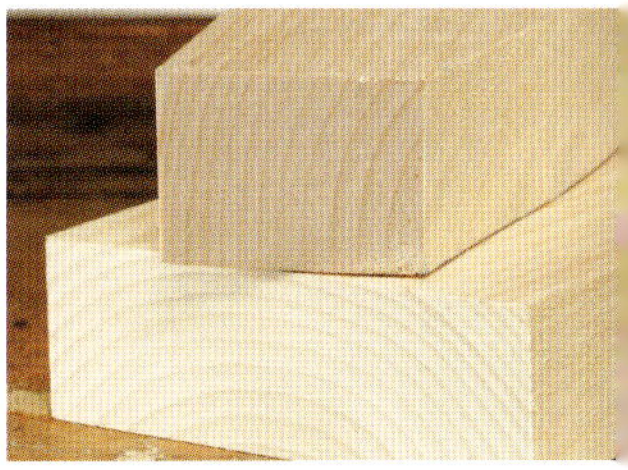

- Achten Sie beim Holzkauf auf stehende Jahresringe (oben im Bild), da sich Holz mit liegenden Jahresringen (darunter liegend) rund verziehen kann.
- Vermeiden Sie es, Holz von den Enden eines Stammes zu kaufen, da diese zur Rissbildung neigen. Denn durch Sonneneinstrahlung und Wind trocknen die Stammenden besonders schnell. Der dadurch einhergehende schnelle Volumenverlust führt zu vermehrter Rissbildung.

Hinweis

◆ Viele Holzbildhauer vermeiden es, Holzarten zu verwenden, die durch Raubbau mit der Natur inzwischen knapp geworden sind.

Tipps & Tricks

◆ Fragen Sie beim Schreiner nach kurzen Balkenresten, aus denen Sie Ihre ersten Objekte schnitzen und ein Gespür für das Holz entwickeln können.

Ahorn

Der Ahornbaum liefert helles und meist geradfaseriges Holz, das langsam, aber gut trocknet. Das Holz des Berg-Ahorns zählt zu den wertvollsten Edellaubhölzern. Es ist gelblich-weiß bis weiß gefärbt, die Jahresringe sind leicht erkennbar, Splint und Kern setzen sich jedoch nicht voneinander ab, sondern sind farbgleich. Das mittelschwere, elastische, zähe, harte Holz schwindet nur gering, die Biegefestigkeit ist gut. Die Oberfläche des Holzes lässt sich gut bearbeiten, leicht polieren, beizen und einfärben. Auch die Behandlung mit Lacken ist problemlos.

Birke

Birke ist ein feinstrukturiertes und nahezu weißes Holz. In der Regel zeichnet es sich durch gerade verlaufende Fasern aus und ist fast ohne Zeichnung. Birke ist ein sehr schweres Holz, zäh und gut zu bearbeiten.

Erle

Frisch geschnittenes Holz der Erle hat eine blasse Farbe, bei Einwirkung von Luft und Licht nimmt es eine leuchtend orangebraune Färbung an. Das Holz weist eine feine Struktur auf, jedoch keine ausgeprägte Maserung. Erlenholz trocknet leicht, ist einfach zu schneiden und gut zu bearbeiten, sofern die Schnitzwerkzeuge gut geschärft sind. Das Holz ist nicht dauerhaft.

Obsthölzer

Birnbaum Ein ideales Schnitzholz mit heller, rötlichbrauner Färbung, das eine sehr einheitliche und feine Struktur aufweist. Das Holz trocknet langsam und neigt zum Verwerfen, insbesondere bei unregelmäßigem Faserverlauf. Das feste Holz ist sehr zäh und schlecht zu spalten.

Apfelbaum Es liefert blass- bis mittelrötlich-braunes Holz, das eine sehr feine Struktur besitzt, jedoch nicht ganz so fein ist wie Birnbaum. Das macht es besonders für detailgenaue Arbeiten sehr geeignet. Das harte und feste Holz ist zäh und schwer zu spalten. Es lässt sich gut schneiden und nimmt eine schöne Oberfläche an.

Pflaumenholz Die Farbe des Holzes schwankt zwischen Rosabraun und Violettbraun, der Splint ist gelblich. Das Holz ist hart, dicht und spröde. Es schwindet sehr stark und ist im Freien nicht dauerhaft. Pflaumenholz ist sauber zu bearbeiten und zu schnitzen.

Aufbereitungsformen von Schnitzholz

Stammholz

Stammholz ist die originärste, ursprünglichste Form, Schnitzholz zu kaufen. Forstbetriebe geben Tipps zum Kauf der Hölzer. Bitte beachten Sie beim Kauf unbedingt die Hinweise zur fachgerechten Trocknung und Lagerung sowie zu Holzschäden und -fehlern.

Brett

Als Brett wird ein aus einem Stamm gesägtes Holzstück bezeichnet, das mindestens 8 mm, maximal 4 cm stark ist.

Bohle

Als Bohle wird ein aus einem Stamm gesägtes Holzstück ab einer Stärke von 4 cm bezeichnet.

Rohzuschnitt

Als Rohzuschnitt wird ein an seiner Umrisskante grob ausgesägtes Motiv bezeichnet. Rohzuschnitte können Sie beim Schreiner zusägen lassen.

Der sichere Arbeitsplatz

Die ideale Voraussetzung für das Schnitzen ist ein separater Arbeitsplatz oder -raum. Hier können alle wichtigen Werkzeuge griffbereit und übersichtlich aufbewahrt werden. Auch wenn kein eigener Raum für das Hobby zur Verfügung steht, kann man sich leicht einen geeigneten Platz zum Arbeiten einrichten.

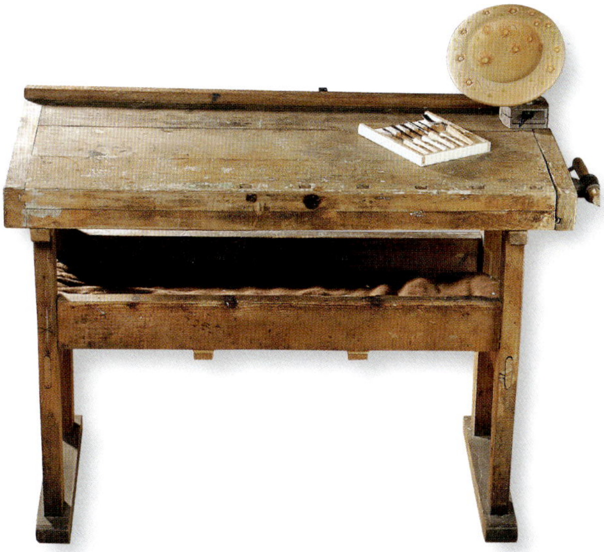

Am wichtigsten ist neben einem stabilen Holztisch bzw. einer Werk- bzw. Hobelbank ein Arbeitsplatz mit einer gleichmäßigen, hellen Beleuchtung, die je nach Schnitzarbeit variabel einsetzbar ist, z. B. durch eine mobile, höhen- und winkelverstellbare Tischlampe. Welche Beleuchtung jeweils die richtige ist, werden Sie bei ersten Übungs- und Probeschnitzarbeiten herausfinden.

Klappbare Werkbank

Wer eine Werkbank zum Arbeiten schätzt, aber nur wenig Platz hat, sollte ein platzsparendes, klappbares Modell wählen, das in großer Auswahl im Fachhandel erhältlich ist. Einige Modelle sind bereits mit einer Einspannvorrichtung (hölzerne Schraubstockbacken oder Kunststoffanschläge, siehe Abb.) ausgestattet, können aber auch mit einer anschraubbaren Einspannvorrichtung versehen werden.

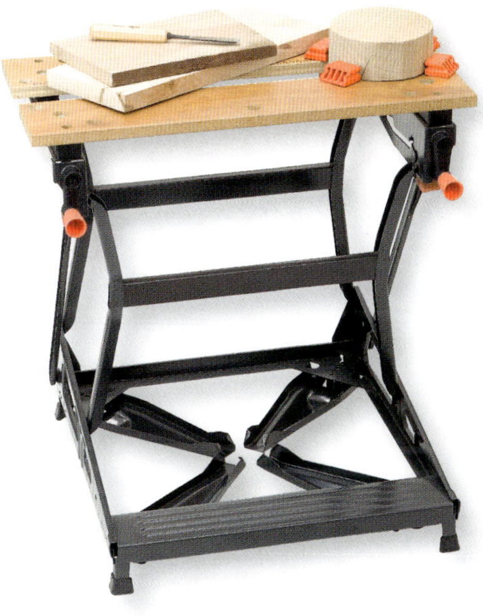

Die Einspannvorrichtung

Für kleinere Werkstücke ist eine mobile Einspannvorrichtung zum Anschrauben hilfreich. Die Einspannvorrichtung kann an verschiedenen Untergründen bis zu 8 cm Stärke angeschraubt werden. Selbst an einem einfachen Küchentisch ist das Arbeiten damit möglich. Dank eines Kugelgelenks kann die Auflagefläche, auf der das zu bearbeitende Holzstück festgeschraubt ist, stufenlos gedreht und fixiert werden.

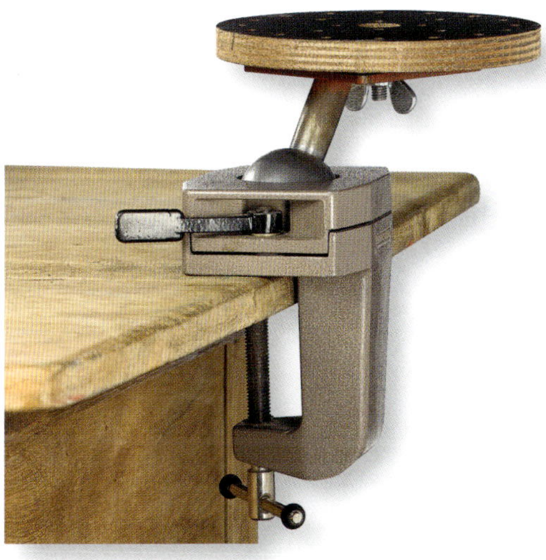

Hinweise

◆ Das Herzstück einer gut ausgestatteten, geräumigen Werkstatt für die Bearbeitung von Holz ist eine Werk- bzw. Hobelbank (siehe Abb. links). Sie sollte sehr stabil und robust sein, eine für den Benutzer geeignete Höhe sowie eine ebene Oberfläche haben. Die klassische Hobelbank besitzt zwei Spannvorrichtungen bzw. Spannbacken sowie Bankhaken, die in rechteckigen Aussparungen der Tischplatte stecken. Damit können vor allem längere Holzstücke gut eingespannt werden. Im Gestell der Bank und im Bankkasten lassen sich häufig benötigte Hilfsmittel und Utensilien, Zeichengeräte usw. unterbringen.

◆ Einen Fliesen-, Beton- oder Steinfußboden sollten Sie mit Teppich, Linoleum oder einem gummierten Fußbodenbelag abdecken. Herabfallende Schnitzeisen werden dadurch nicht so schnell stumpf oder gar beschädigt.

◆ Die klappbare Werkbank steht sicherer, wenn ein Fuß auf die höhenverstellbare Stufe gestellt wird. Wegen der relativ leichten Konstruktion ist die Bank für die Bearbeitung großer, massiver Werkstücke (mit dem Bildhauerklüpfel, siehe Seite 16) allerdings nicht geeignet.

Werkzeuge & Hilfsmittel

Grundausstattung

Zum Übertragen von Vorlagen, Anfertigen von Schablonen oder Erstellen eigener Entwürfe sind **Stifte**, ein **Radiergummi**, **Transparentpapier**, **Kopier-** oder **Blaupapier** und **Pappe** hilfreich. Mit dem **Zollstock** können Sie Holzstücke, Bohlen und Bretter ausmessen und eckige Formen anzeichnen. Etwas genauer misst der **Stahlmaßstab**. Er hat eine Halbmillimetereinteilung und kann auch zum Anzeichnen von Geraden verwendet werden. Mit dem **Anschlagwinkel**, auch Schreinerwinkel genannt, können rechte Winkel überprüft und angezeichnet werden. Zum Anreißen drücken Sie den Anschlagblock, das ist der kürzere Teil des Werkzeugs, an die Werkstückkante und fahren mit einem Bleistift am langen Schenkel entlang. **Zirkel** sind unerlässlich, um Kreise sowie runde oder geschwungene Formen, beispielsweise beim Kerbschnitt, auf das Holz zu zeichnen.

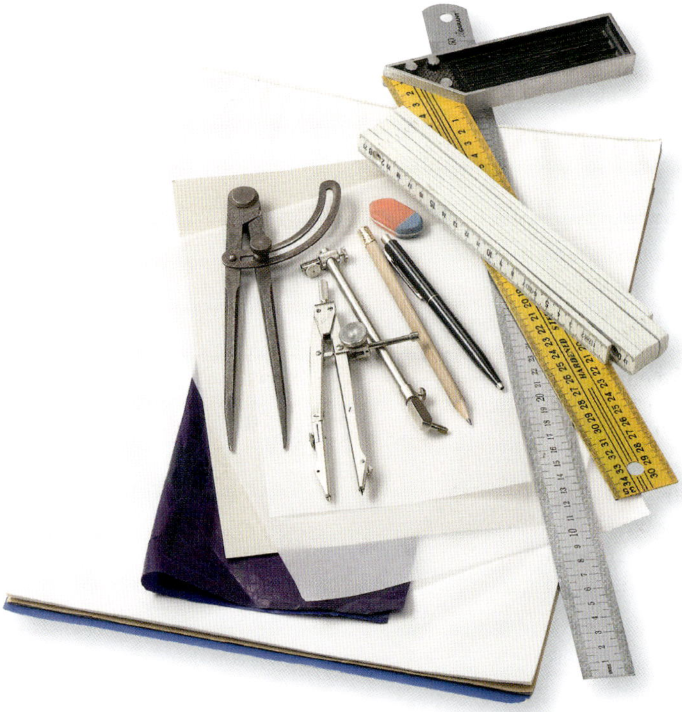

Dekupiersäge und Klappsäge

Zum Zusägen von Holz bis 5 cm Stärke eignet sich eine **Dekupiersäge** sehr gut. Eine wichtige Größe bei der Dekupiersäge ist die Ausladung, das ist der Abstand zwischen Sägeblatt und Sägerücken. Dieser begrenzt die Schnitttiefe beim Arbeiten, wenn das Werkstück gedreht wird.
Mit einer arretierbaren **Klappsäge**, die nach dem Aufklappen einrastet, können kleinere Holzstücke und Äste gesägt werden.

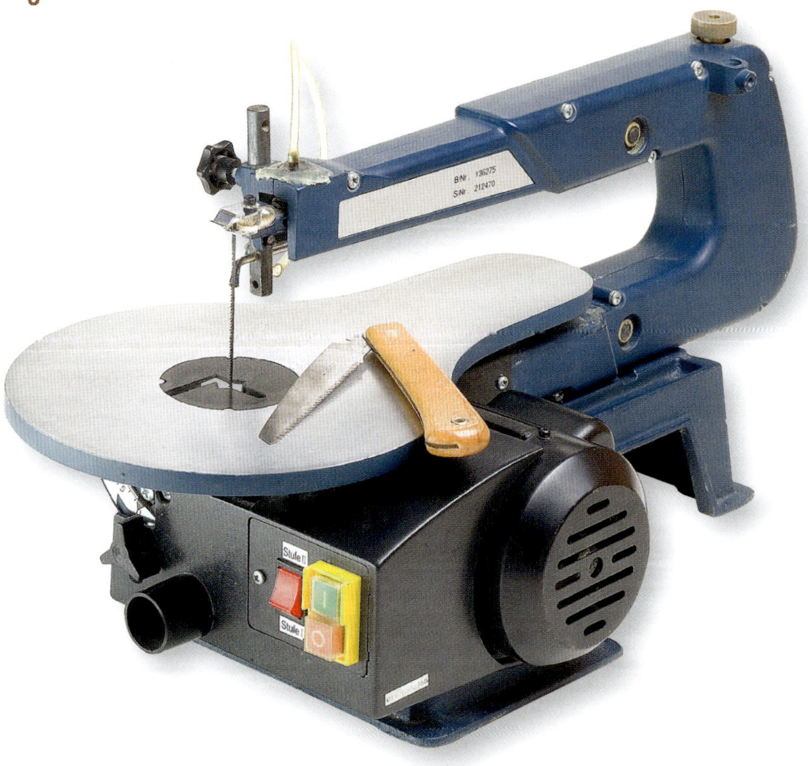

Tipps & Tricks

- Der Umgang mit Sägen und Schnitzwerkzeugen ist nicht ganz ungefährlich. Halten Sie daher an Ihrem Arbeitsplatz immer einen Erste-Hilfe-Kasten griffbereit.

Hinweise

- Wenige, große Zähne, die weit auseinander stehen, bewirken ein schnelleres Sägen, aber auch Ausreißen des Holzes. Kleine, feine Zähne ergeben einen feineren Schnitt.

- Beachten Sie bei genauen Schnitten, dass das Sägeblatt – vor allem ein feines – immer versuchen wird, der Faserrichtung zu folgen.

Bohrmaschine, Hammer, Klemmzwingen & Co.

Mit einer **Bohrmaschine** bzw. einem **Akku-Bohrschrauber** lassen sich schnell und ohne Kraftanstrengung Löcher bohren, die zum Befestigen des Holzstückes auf der Einspannvorrichtung notwendig sind. Als Bohreinsätze sind Spiralbohrer aus Hochleistungsstahl zu empfehlen. Spezielle **Holzspiralbohrer** haben eine Zentrierspitze und so genannte Vorschneider. Diese verhindern, dass der Bohrer im Bohrloch verrutscht. Holzspiralbohrer sind ab einem Durchmesser von etwa 4 mm erhältlich.

Abgebrochene oder abgesplitterte Holzteile können mit **Holzleim** wieder fixiert werden. Normaler Holzleim braucht mehrere Stunden zum Abbinden. Schneller geht es mit Expressleim, der bereits nach wenigen Minuten abbindet. Soll ein verleimtes Schnitzobjekt im Freien aufgestellt werden, eignet sich wasserfester Holzleim.

Mit Holzleim verbundene Teile werden bis zum Abbinden fixiert. Bei sehr kleinen Teilen genügt dafür **Kreppklebeband**, für größere Teile werden **Leimzwingen** oder **Klemmzwingen** verwendet.

Mit dem **Hammer** können nicht korrekt eingespannte Werkstücke präzise in Position gebracht werden.

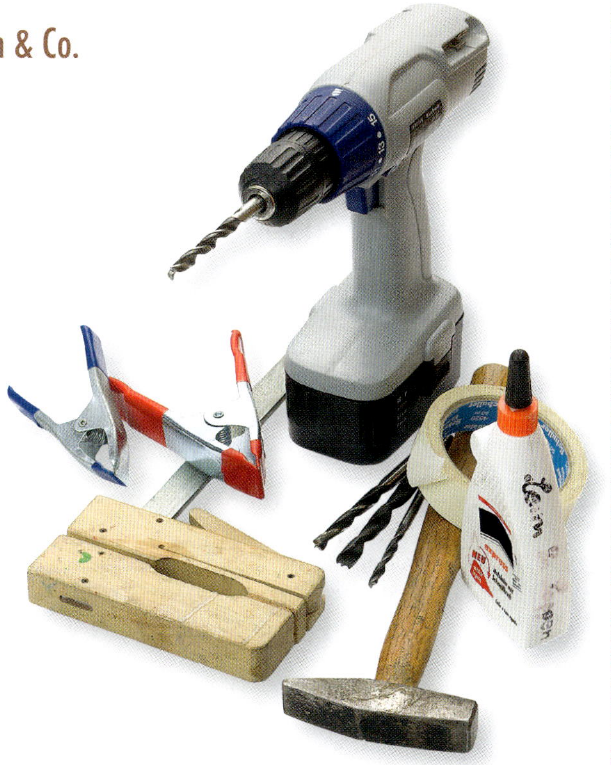

Schleifpapier, Feile und Raspel

Mit **Schleifpapier**, auch Schmirgelpapier oder Sandpapier genannt, werden Holzoberflächen geglättet und gesäubert. Schleifpapier gibt es in unterschiedlichen Körnungen, deren Nummer auf der Rückseite aufgedruckt ist. Je höher die Zahl, umso feiner ist das Schleifpapier.

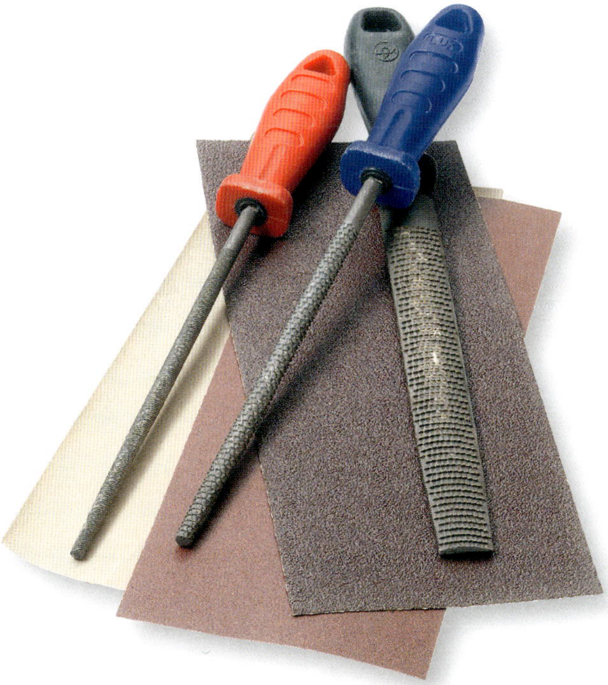

Die **Feile** wird zum Entgraten, Abrunden von Kanten und zur Gestaltung von strukturierten Oberflächen der Schnitzobjekte verwendet. Soll eine sehr raue, grobe Struktur erzielt werden, ist der Einsatz einer groben Raspel empfehlenswert. Bei der Feile liegen die Zähne, auch Hiebe genannt, in durchgehenden Reihen. Für weiches Holz werden einhiebige Feilen verwendet, hier liegen die Hiebreihen nebeneinander. Für festeres Material eignen sich zweihiebige Feilen, die Hiebreihen liegen hier gekreuzt. Bei **Raspeln** wird der Hieb von Reihen einzeln stehender Zähne gebildet, mit denen schnell viel Holz abgetragen werden kann. Sowohl bei der Feile als auch bei der Raspel wird auf Stoß, also vom Körper weg gearbeitet. Das Werkstück muss dabei fest eingespannt sein.

Feilen und Raspeln sind in vielen unterschiedlichen Formen und Größen erhältlich. Vom Querschnitt des Werkzeuges leitet sich der Name ab: So gibt es zum Beispiel flachstumpfe, flachspitze, halbrunde, dreikantige oder runde Feilen.

Tipps & Tricks

- Als preisgünstige Alternative zur netz- oder akkubetriebenen Bohrmaschine kann auch eine Handbohrmaschine verwendet werden.
- Zum Schleifen größerer Flächen wird das Schleifpapier um einen Schleifblock aus Kork oder ein Holzstück gelegt.
- Schneiden Sie Schleifpapier nicht mit einem Messer oder einer Schere, diese werden dabei stumpf. Legen Sie es besser auf eine Tischkante und reißen Sie es dann nach unten ab.
- Setzen Sie Schleifpapier nach Möglichkeit erst nach dem Beenden der Schnitzarbeiten ein. Im Holz vorhandene Schleifkörner können das Schnitzeisen schnell stumpf machen.

Achtung!

Verwenden Sie Schleifpapier sparsam, denn der entstehende Schleifstaub – ein Gemisch aus Holzfasern und Schleifkornabrieb – kann gesundheitsschädlich sein. Der Staub sollte daher unbedingt abgesaugt oder im Freien abgeklopft werden.

Die wichtigsten Schnitzwerkzeuge

Das wichtigste Werkzeug beim Schnitzen ist das Schnitzeisen, auch Bildhauereisen oder Beitel genannt. Schnitzeisen sind in sehr vielen verschiedenen Formen, Krümmungen und Breiten erhältlich, die für unterschiedliche Ausformungen der Holzoberfläche eingesetzt werden und sich durch eine spezielle Nummerierung unterscheiden. Die Nummerierung, auch Stich oder Stichform genannt, bezieht sich jeweils auf die Krümmung der Schneide und der Klinge. Die Breite der Schneide wird in Millimeter angegeben. Dieses Kapitel gibt eine Einführung in die wichtigsten Typen von Eisen, die zum Schnitzen von Kerbschnitten, Reliefs, Schalen und Figuren verwendet werden. Eine hilfreiche Übersicht der gängigen Schnitzeisen finden Sie am Ende dieses Buches.

Aufbau eines Schnitzeisens

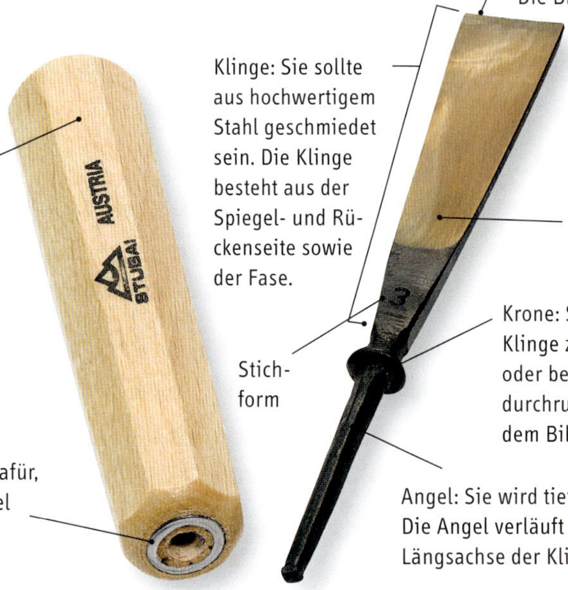

Kerbschnitzmesser und Balleisen

Das klassische **Kerbschnitzmesser** besteht aus einer kurzen, festsitzenden Klinge mit widerstandsfähiger Spitze. Wie es der Name andeutet, wird dieses Messer hauptsächlich für Kerbschnitzarbeiten, also zum Einschneiden von Kerben in das Holz, verwendet. Das hier abgebildete Messer wird auch Rosenmesser genannt. Als **Balleisen** werden Schnitzeisen mit gerader, ungewölbter Schneide bezeichnet. Sie sind mit einer geraden oder schräg geschliffenen Schneide erhältlich und werden oft für Kerbschnitzarbeiten verwendet. Balleisen werden mit Stich 1 (= gerade) und 2 (= schräg) bezeichnet und sind in verschiedenen Breiten erhältlich.

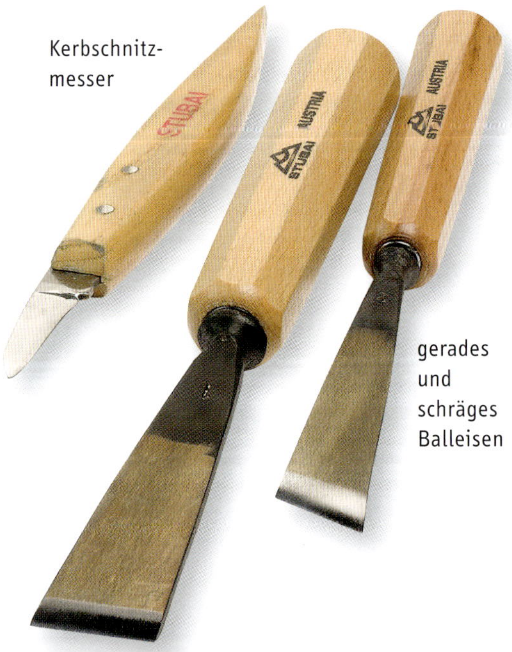

Wichtiger Hinweis

◆ Schnitzeisen werden üblicherweise mit Zahlen benannt, die man Stiche nennt. Dadurch sind die Schneidenform und Klingenform gekennzeichnet. Zur Orientierung finden Sie auf Seite 17 und 145 eine Bezeichnungsübersicht auf der Grundlage von Schnitzeisen der Marke Stubai. Die Stiche 1 bis 11 haben gerade Klingen mit veränderter Schneidenform von gerade bis etwa halbrund. Bis Stich 20 werden die Klingen als gebogen, bis Stich 32 als gekröpft bezeichnet. Die Übersicht am Ende des Buches verdeutlicht, dass z. B. die Schneidenform der Stiche 11, 20 und 32 gleich ist, jedoch die Klingen gerade, gebogen und gekröpft sind.
Diese Bezeichnungen dienen der Orientierung, sind jedoch keineswegs landesweit oder europaweit für alle Schnitzeisenproduzenten einheitlich. Herstellerfirmen haben ihre eigene Markenidentität und Bezeichnungen und grenzen sich damit von anderen Anbietern ab. Selbst innerhalb einer Herstellerfirma kommt es zu Formenabweichungen. Wenn z. B. die Schnitzeisen handgeschmiedet sind, ist eine Maßhaltigkeit der Stichform bei gleicher Bezeichnung oft nur annähernd erreichbar.

>>

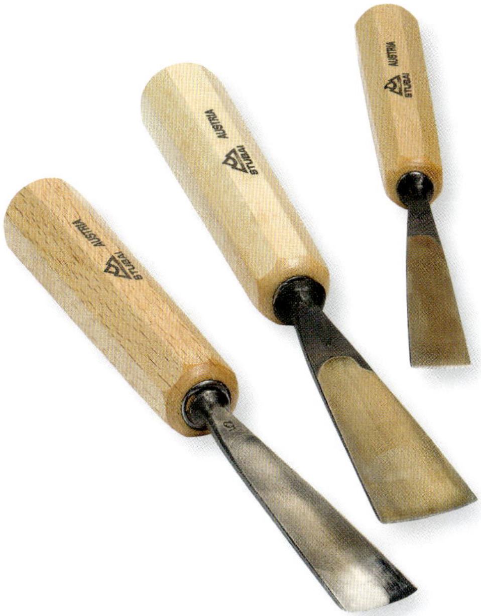

Flacheisen

Flacheisen sind Eisen mit einer leichten Wölbung der Schneide und werden auch als Stiche 3, 4 und 5 bezeichnet. Je höher die Stichzahl, desto stärker ist die Wölbung der Schneide. Auch sie werden in unterschiedlichen Breiten angeboten. Flacheisen werden oft zum Grund- und Flächenabtrag eingesetzt. Stiche mit sehr breiten Schneiden werden zum Anlegen und Herausarbeiten großer Figuren, z. B. aus einem Stamm, verwendet.

Hohleisen

Diese Schnitzeisen tragen die Stichbezeichnung 6 bis 8 und weisen eine stärkere Wölbung als die Flacheisen auf. Die verschiedenen Stiche werden sowohl zum Glätten von Flächen als auch zum Abtragen von Holz verwendet. Hohleisen gehören zur Standardausrüstung jedes Schnitzers und kommen sehr häufig zum Einsatz.

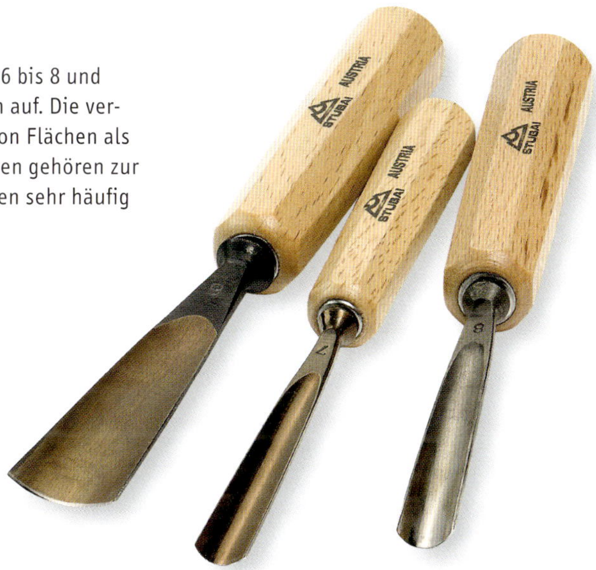

Bohrer

Als Bohrer werden Schnitzeisen mit einer sehr starken Wölbung bezeichnet. Bei diesen Werkzeugen, die mit zunehmender Wölbung als Stich 9 bis 11 bezeichnet werden, ist die Schneide in Form eines Halbkreises gewölbt. Der am stärksten gewölbte Stich 11 hat die Form eines U. Bohrer eignen sich sehr gut zum Schnitzen von rillenförmigen Vertiefungen und für Hinterschneidungen, z. B. bei Hochreliefs und Figuren, da die Klinge beim drehenden Einschneiden in das Holz keine Splitter erzeugt.

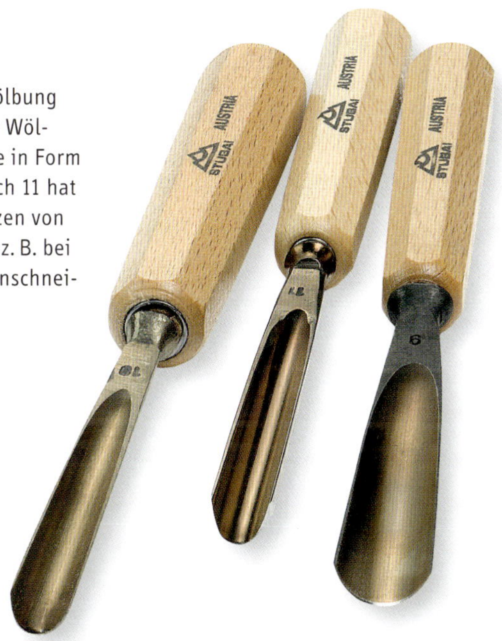

>>
Schnitzeisen sind Traditionsprodukte und unterliegen in Bezeichnungen stetigen Veränderungen.
Ungeübte Einsteiger in das Schnitzhobby finden kaum Beurteilungskriterien für die Stahlqualität oder Handlichkeit der Werkzeuge.
Selbst für geübte Schnitzer ist ein Teil der Kaufentscheidung neben physikalisch technischer Messbarkeit auch ein emotionaler Hintergrund.
Hilfreich für Ihre Auswahl ist eine fachkundige Beratung, die Ihre Interessen und vorhandenen Kenntnisse für Ihr Schnitzprojekt erfasst und die Auswahl einleuchtend und überzeugend vermittelt: Wichtige Fragen, die Sie sich stellen müssen sind also z. B.: Für welches Projekt benötige ich welche Mindestanzahl von Schnitzeisen bei welcher finanziellen Mindestausgabe? Welche Alternativen gibt es?

◆ Klingen und Griffe bzw. Hefte können auch getrennt gekauft werden. Bitten Sie auf jeden Fall Ihren Händler, die ausgewählten Griffe zu befestigen.

Hinweise

- Nur mit qualitativ hochwertigen Schnitzeisen erzielen Sie auf die Dauer sehr gute Ergebnisse und haben Freude an der Arbeit. Achten Sie daher darauf, keine minderwertigen Werkzeuge zu kaufen, da die Eisen oftmals keine lange Lebensdauer aufweisen oder oft nachgeschliffen werden müssen, was sehr zeitaufwändig ist.

- Für den Anfang sind einige wenige Werkzeuge ausreichend. Viele Hersteller bieten speziell zusammengesetzte Anfängersätze an (z. B. 6- oder 12-teilig), mit denen Kerbschnitt- und Reliefarbeiten sowie Figuren und Schalen gearbeitet werden können. Allerdings enthalten derartige Zusammenstellungen erfahrungsgemäß oft mindestens ein Schnitzeisen, das Sie nur sehr selten gebrauchen werden.
Eine Empfehlung für eine Grundausstattung an Schnitzeisen finden Sie auf Seite 17.

Sonderformen

Geißfüße, aufgrund ihrer Klingenform auch „V-Eisen" genannt, sind Werkzeuge, die sich hervorragend zum Schnitzen von Linien sowie Ecken und Kanten eignen. Die Schneiden eines Geißfußes können im spitzen bis stumpfen Winkel zueinander gestellt sein. Üblich sind Winkelstellungen von 45°, 60°, 75° und 100°.
Schwer zugängliche Stellen können mit **gebogenen** und **gekröpften Eisen** geschnitzt werden, die in den Stichformen 1 bis 11 sowie als Geißfüße erhältlich sind.
Beim gebogenen Eisen (manchmal auch langgekröpfte Form genannt) ist die komplette Klinge leicht gebogen. Als gekröpft wird ein Eisen bezeichnet, dessen Klinge nur im vorderen Teil gebogen ist. Es ist vor allem geeignet, um Schalen und Vertiefungen zu schnitzen.

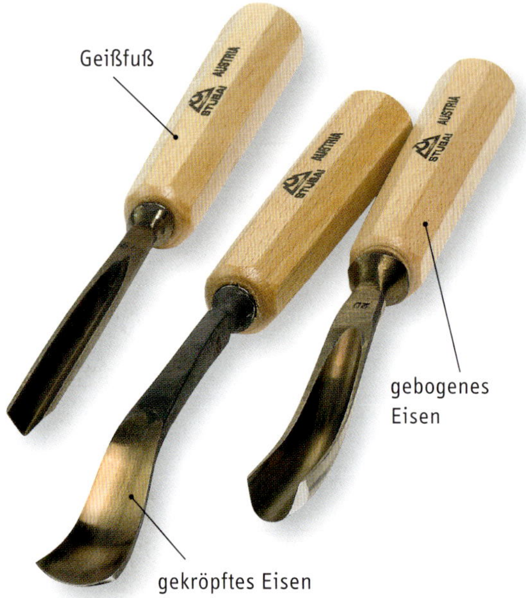

Bildhauerklüpfel

Wenn Sie viel Holz abtragen oder sehr hartes Holz bearbeiten wollen, ist es manchmal hilfreich, die Schnitzeisen mit einem Bildhauerklüpfel in das Holz zu treiben. Auch zum Ausführen kleiner, präziser Schnitte ist sein Einsatz empfehlenswert. Der Bildhauerklüpfel hat einen schweren zylindrischen Kopf, mit dem Sie in jedem Winkel auf das Heftende eines Schnitzeisens schlagen können (zur Anwendung des Bildhauerklüpfels siehe auch Seite 21, Schritt 5).

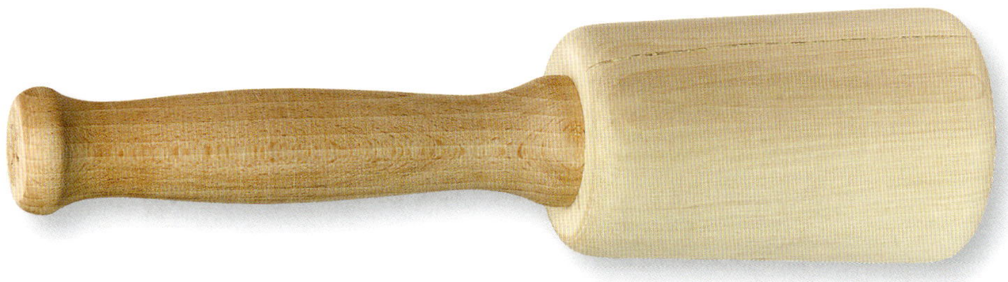

Aufbewahrung der Werkzeuge

Da die Schneiden der Schnitzeisen sehr empfindlich sind, ist es unerlässlich, die Werkzeuge mit Vorsicht zu handhaben und sorgfältig aufzubewahren. Keinesfalls sollten die Schnitzeisen lose in eine Schublade oder in ein Kistchen gelegt werden, da die geschärften Schneiden dann miteinander in Berührung kommen und schnell beschädigt oder stumpf werden können. Ideal ist ein Kasten mit Ablageeinsatz, bei dem die Eisen parallel zueinander abgelegt werden.
Eine einfache und praktische Alternative ist eine Werkzeugtasche, bei der die Taschen für die Eisen versetzt angeordnet sind, sodass die Schneiden geschützt zwischen den Heften der gegenüberliegenden Werkzeuge liegen.

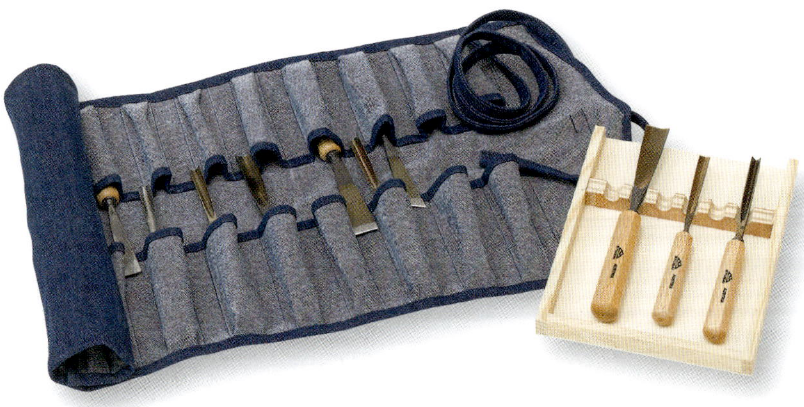

Schnitzeisen – Grundausstattung

Die untenstehende Tabelle beinhaltet eine Übersicht der Sammelbezeichnungen unterschiedlicher Arten von Schnitzeisen (Balleisen bis Bohrer) sowie die davon verfügbaren Stiche (Stiche 1 bis 32).
Schnitzeisen werden immer mit dem Stich und der Schneidenbreite angegeben. Diese Breite wird von Ecke zu Ecke gemessen, d. h. Stich 3/10 mm bezeichnet ein Flacheisen Stich 3 mit einer 10 Millimeter breiten Schneide.

Mit der im rechten Teil der Tabelle aufgeführten Stiche (Grundausstattung) können alle im Workshop und Ideenpool vorgestellten Modelle geschnitzt werden. Zusätzlich benötigen Sie einen 5 mm breiten Geißfuß im Winkel von 45° sowie ein Kerbschnitzmesser (Rosenmesser). Wichtig: Alle Stichbezeichnungen dieser Tabelle beziehen sich auf Eisen der Marke Stubai. Die abweichenden Bezeichnungen der unterschiedlichen Hersteller (siehe Hinweis Seite 14/15) haben jedoch keine Auswirkung auf die im Buch vorgestellten Arbeiten. Da der Gebrauch der Schnitzeisen ganz individuell ist und sich mit zunehmender Übung und Erfahrung immer wieder verändert, soll die hier vorgestellte Grundausstattung keine „Pflichtanschaffung“ sein, sondern vielmehr eine hilfreiche und kostensparende Zusammenstellung für den Einsteiger ohne Vorkenntnisse und Schnitzwerkzeug. Abweichungen in der Stichbezeichnung kommen erst beim professionellen Ornamentschnitzen, bei der exakten Ausarbeitung filigraner Formen (z. B. Laubmotive, Schwünge), oder wenn die Schnitzarbeit nicht von der historischen Vorlage (z. B. bei Restaurationsarbeiten) abweichen darf, zum Tragen.

	Bezeichnungen der Stubai-Schnitzeisen Verfügbare Stichformen			Schnitzeisen-Grundausstattung Mit diesen Schnitzeisen können alle Projekte in Workshop und Ideenpool verwirklicht werden		
	gerader Stich	gebogener Stich	gekröpfter Stich	gerade	gebogen	gekröpft
Balleisen	Stich 1	–	Stich 21			Stich 21/8 mm
	Stich 2	–	Stich 22 Stich 23	Stich 2/10 mm		
Flacheisen	Stich 3	–	–	Stich 3/5 mm Stich 3/10 mm Stich 3/16 mm		
	Stich 4	Stich 12	Stich 24	Stich 4/25 mm		
	Stich 5	Stich 14	Stich 26	Stich 5/8 mm Stich 5/14 mm Stich 5/18 mm		
Hohleisen	Stich 6	–	–			
	Stich 7	Stich 16	Stich 28	Stich 7/10 mm	Stich 16/16 mm	
	Stich 8	–	–			
Bohrer	Stich 9	Stich 18	Stich 30	Stich 9/8 mm	Stich 18/14 mm	
	Stich 10	–	–	Stich 10/6 mm Stich 10/10 mm		
	Stich 11	Stich 20	Stich 32	Stich 11/2 mm Stich 11/20 mm	Stich 20/12 mm	

Zusätzlich: Geißfuß, 45°/5 mm und 10 mm sowie Rosenmesser

Hinweis: Auf den folgenden Seiten wurde bei der Angabe der Stichbreiten aus Platzgründen auf die Maßeinheit „mm“ verzichtet.

Tipps & Tricks

- Achten Sie beim Einkauf von Schnitzeisen auf die Qualität der Zwinge. Bei einer außen liegenden Zwinge befindet sich zwischen eingeschlagener Angel und der Zwinge mehr Holz als bei einer innen liegenden Zwinge. Da Holz arbeitet, kann bei dauerhafter Beanspruchung die Angel aus einem Heft mit außen liegender Zwinge gelegentlich herausrutschen. Wenn Sie Ihre Schnitzeisen sehr häufig gebrauchen, sind Modelle mit innen liegender Zwinge empfehlenswert.

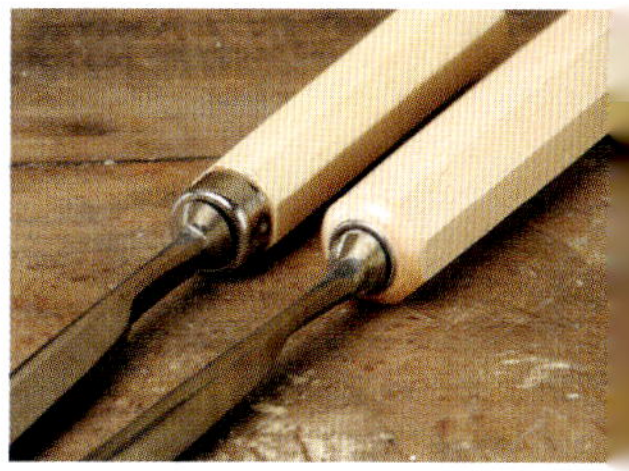

- Große und mit dem Klüpfel geschlagene Schnitzeisen halten länger, wenn das Schlagende gut geschützt ist. Ein selbst aufmontierter Schlagkopf hilft zusätzlich, den Druck vorteilhaft auf das gesamte Ende zu verteilen. Dafür einfach einen Möbelgleiter aus dem Baumarkt in das mittig vorgebohrte Heftende einleimen.

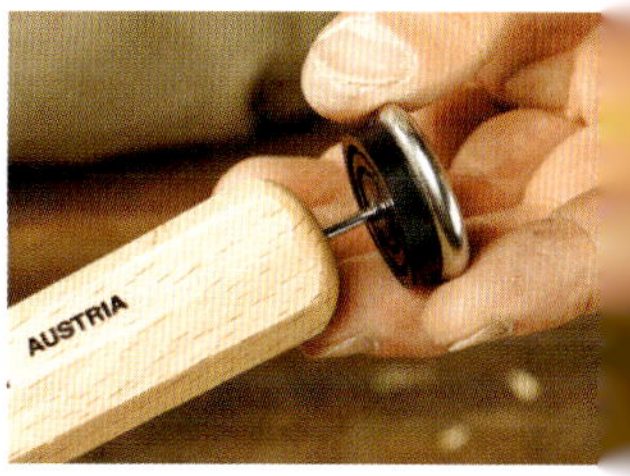

Schärfen der Eisen

Nur scharfe Schnitzeisen ermöglichen ein sorgfältiges, ermüdungsfreies und sicheres Arbeiten. Eine gleichmäßig geschliffene Fase ist die Voraussetzung dafür. Da sich die empfindlichen Schneiden schnell abnutzen oder beschädigt werden können, ist regelmäßiges Schärfen für erfolgreiche Schnitzprojekte unerlässlich. Der Schärfvorgang unterteilt sich in zwei Schritte, das Schleifen und das Abziehen. Eisen können sowohl von Hand als auch – einfacher und schneller – mit einer elektrischen (Nass-)Schleifmaschine geschärft werden.

Das Schärfen von Hand

Zum Schärfen von Eisen mit geraden oder gebogenen Schneidkanten sind Schleifsteine, die mit Wasser oder Öl getränkt werden, besonders geeignet. Der Stahl gleitet darauf und feine Abriebe werden fortgespült.

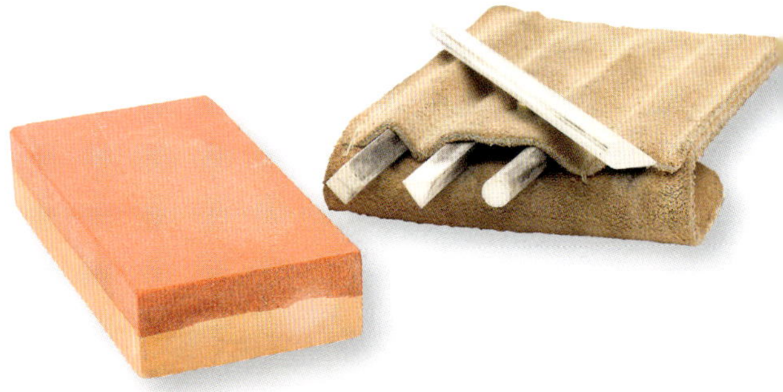

1

Vorschliff an der Fase mit kombiniertem Wasserstein
Den Wasserstein gut durchfeuchten und fixieren, sodass die raue Seite oben liegt. Das Schnitzeisen, hier im Bild ist ein Flacheisen zu sehen, mit der Fase in kreisförmigen Bewegungen sanft über den Wasserstein fahren. Dabei mit der anderen Hand einen sanften Druck auf den vorderen Teil der Klinge ausüben. Je nach Stich sollte das Eisen beim Schärfen regelmäßig hin- und hergekippt werden. Das Ergebnis ist eine stark aufgeraute Oberfläche an der Fase.

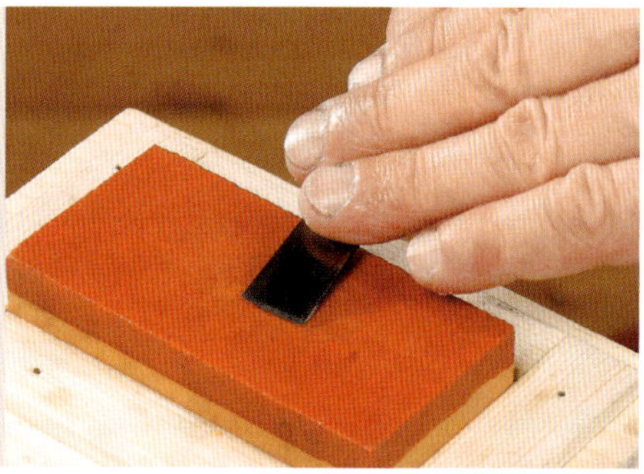

2

Feinschliff an der Fase
Den Schleifvorgang auf der feinen Seite (400er Körnung) des Steines fortführen. Die Oberfläche mit Wasser benetzen und mit der Fase wieder in kreisenden sowie in seitlichen Bewegungen darüberfahren. Auf diese Weise erfolgt ein feiner Abtrag des Stahls, der für eine scharfe Schneide sorgt. Je besser der Vorschliff durchgeführt wurde, umso schneller und einfacher ist der Feinschliff.

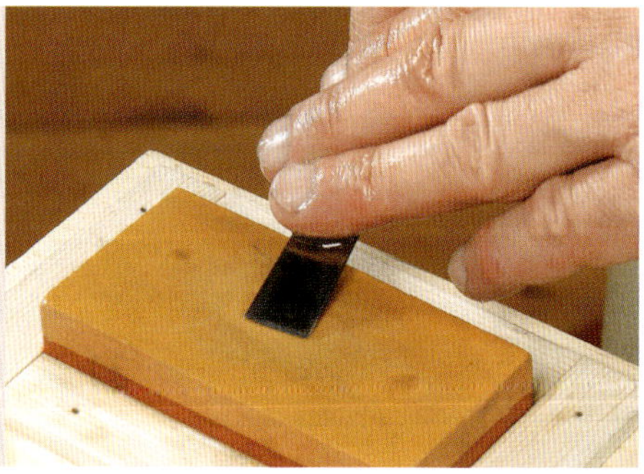

3

Grat an der Spiegelseite entfernen
Durch das Schleifen hat sich an der Schneidkante über die ganze Breite ein feiner Grat gebildet, der entfernt werden muss. Einen Formstein, dessen Profil der Form des zu schleifenden Eisens angepasst ist, auf die Spiegelseite legen und in kreisenden Bewegungen darüberfahren. Hin und wieder mit dem Finger oder einer Schnittprobe prüfen, ob noch Reste des Grats vorhanden sind.

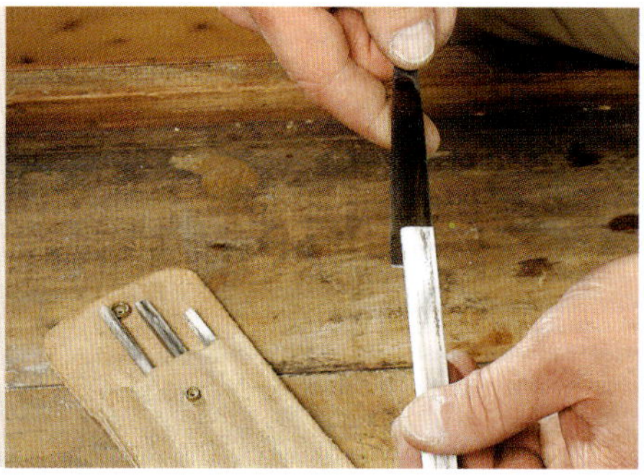

Hinweise

- Den Winkel, in dem die Fase angeschliffen wird, nennt man Fasenwinkel. Als Näherungswert kann für den Fasenwinkel (= Schleifwinkel) bei weichem Holz ein Bereich von 15°–25° angegeben werden, bei Hartholz ist ein Winkel von 25°–35° empfehlenswert. In der Regel sollte der Fasenwinkel möglichst klein sein.
- Schleifsteine werden meist als rechteckige Blöcke verkauft, die auf der Werkbank oder auf einer Einspannvorrichtung befestigt werden können.
- Die länglichen Formsteine sind in vielen verschiedenen Profilen erhältlich. Je nachdem, welcher Stich geschärft werden soll, können Sie quadratische, dreieckige, halbrunde, runde oder tropfenförmige Formsteine verwenden.

Tipps & Tricks

- Im Handel sind auch Kombinationsschleifsteine erhältlich, bei denen zwei Steine unterschiedlicher Körnung aufeinandergeklebt sind. Kombinationen aus natürlichen und synthetischen Abziehsteinen sind ebenfalls erhältlich.

4

Grat an der Fasenseite entfernen (= Abziehen)
Der an der Fase verbliebene Grat wird mithilfe eines Abziehsteins (z. B. ölgetränkter bzw. gewässerter Arkansasstein bzw. Belgischer Brocken) oder Abziehleders abgezogen. Zum Abziehen das Schnitzeisen zum Körper hin ziehen. Dabei das Werkzeug beim Abziehen stets in einem gleichbleibenden Winkel halten.

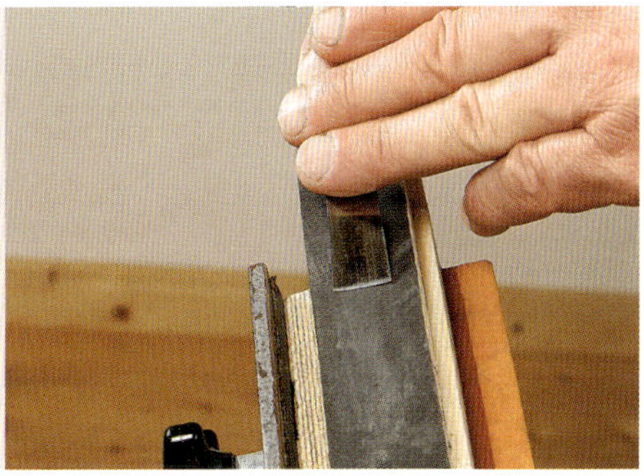

Das Schärfen mit der Schleifmaschine

Wesentlich schneller und viel präziser lassen sich Eisen mit einer Nassschleifmaschine schärfen. Selbst komplizierte Formen wie z. B. gekröpfte Eisen lassen sich mühelos schleifen und abziehen. Da der Schleifstein im Wasser läuft, wird beim Schleifen die Schneide gekühlt und so eine Überhitzung des Stahls vermieden. Weil keine Funken entstehen, ist das Arbeiten auch in feuergefährdeten Räumen problemlos möglich.

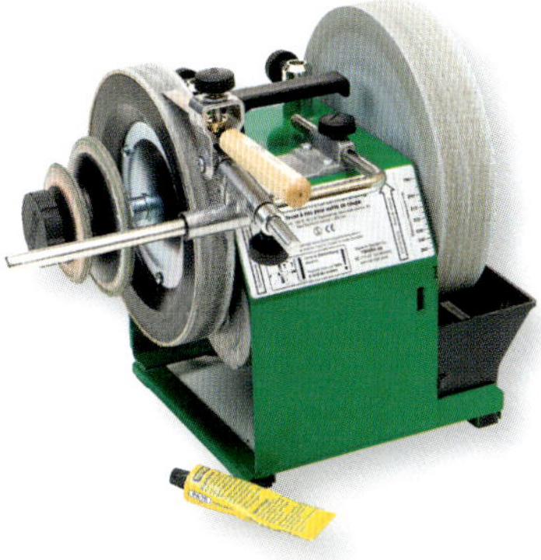

1

Schleifen am wassergekühlten Stein
Das zu schärfende Eisen in die Schleifvorrichtung der Maschine legen, die Maschine anschalten und das Eisen mit der Fasenseite auf den Stein legen.

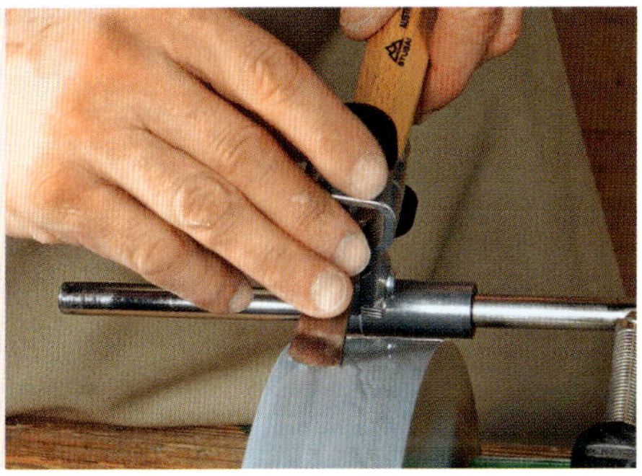

2

Drehbewegung beim Schleifen
Das Eisen beim Schleifvorgang kontinuierlich langsam an der Fase entlang seitlich drehen.
Das Schleifergebnis zwischendurch kontrollieren, indem das Eisen aus der Schleifvorrichtung genommen wird. Durch diese Vorrichtung kann das Werkzeug in derselben Position bzw. im selben Winkel wieder angelegt und weitergeschliffen werden.

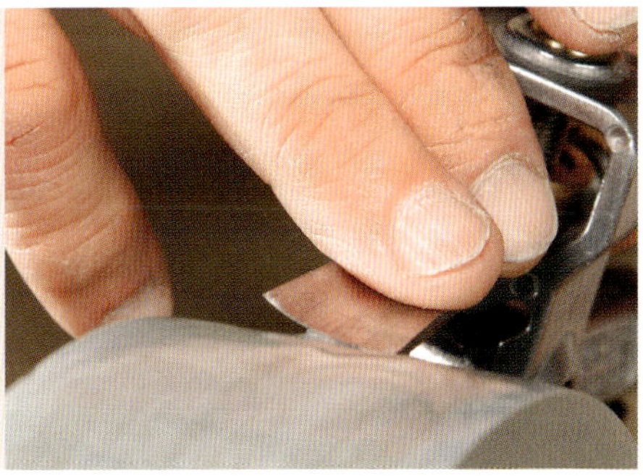

3

Abziehen an der Lederscheibe
Zum Abziehen des Grates das Leder mit einer Abziehpaste bestreichen. Das Schnitzeisen wieder in der Haltevorrichtung befestigen und an die Lederscheibe anlegen. Da der Einstellwinkel der Haltevorrichtung beibehalten wird, wird der Grat in nur wenigen Sekunden im selben Winkel abgezogen wie es geschärft wurde. Das Ergebnis ist eine messerscharfe Schneide.

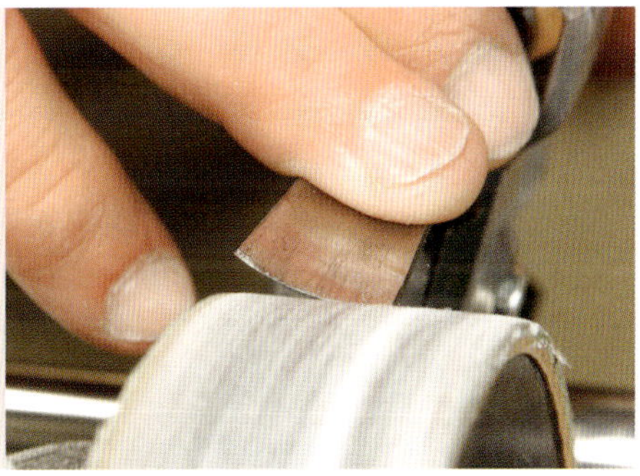

Hinweis

◆ Achten Sie darauf, dass der Schleifstein bei längerem Stillstand der Maschine nicht im Wasser hängt. Da der Stein das Wasser aufsaugt, entsteht mit der Zeit eine Unwucht, die dazu führt, dass bei der späteren Benutzung ein ungleichmäßiger Abschliff entsteht.

Tipps & Tricks

◆ Eine praktische Alternative zum Schärfen mit der wassergekühlten Schleifmaschine ist die Verwendung einer Maschine mit einem langsam drehenden, nicht wassergekühlten Schleifstein (Kunststein). Der dabei entstehende Grat an der Schneide, der größer als beim wassergekühlten Schleifen ist, kann z. B. mit Arkansassteinen entfernt werden. Dabei wird mit einer Hand das Eisen gehalten und mit der anderen der Stein mit einer Auf- und Abbewegung darüber hinweggeführt. Der Stein darf bei diesem Vorgang jedoch nicht über die Schneide kippen und diese abrunden, sondern muss immer wechselseitig an der Fase und an der Spiegelseite entlanggeführt werden.

◆ Bei schnelldrehenden Maschinen besteht die Gefahr, dass die erhitzte Schneide beim Ausglühen brüchig wird.

Hinweis

◆ Erst die Übung macht den Meister! Je intensiver Sie sich im Umgang mit Schnitzeisen und unterschiedlichen Holzarten üben, desto schneller und besser werden Sie Ihre Stärken kennenlernen und herausfinden, mit welcher Arbeitsweise und welchen Werkzeugen Sie am besten zurechtkommen. Mit der sicheren Beherrschung der wichtigsten Grundtechniken und der Bereitschaft, neue Wege und Möglichkeiten zu erkunden und immer wieder durch Erfahrung zu lernen, kommen Sie Ihrem Ziel schon bald einen großen Schritt näher.

Tipps & Tricks

◆ Zwei kreuzförmig aufgebrachte Pflaster mindern eine Blasenbildung auf der Handinnenfläche.

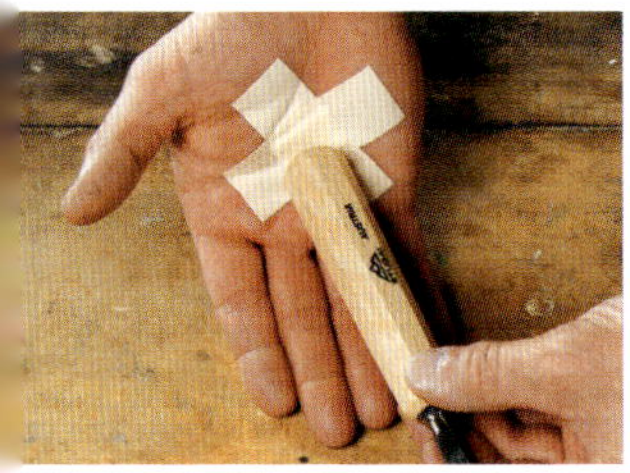

Handhabung und Führung der Eisen

Bevor Sie mit dem Schnitzen der im Workshop beschriebenen Modelle beginnen, sollten Sie sich mit der Handhabung eines Schnitzeisens vertraut machen, denn eine wichtige Voraussetzung für erfolgreiche Schnitzprojekte ist das richtige Führen und Beherrschen der Werkzeuge.

Holzstück auf Einspannvorrichtung montieren
Schrauben Sie die Halteplatte mit dem Schraubendreher oder Akku-Bohrschrauber auf das Schnitzholz.

1a

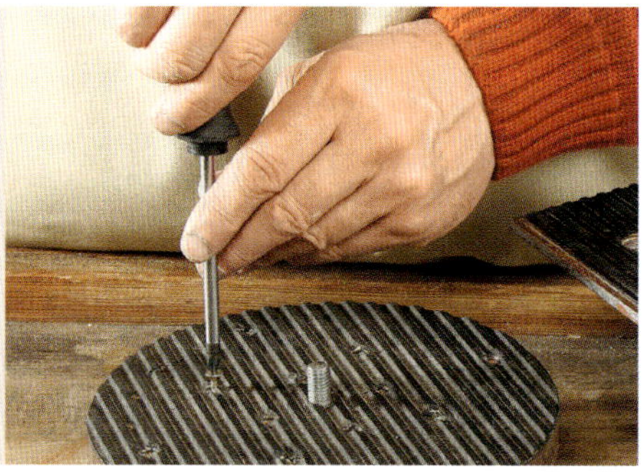

Halteplatte auf Spannvorrichtung festschrauben
Wenden Sie die Platte und setzen Sie diese auf die Halterung der Einspannvorrichtung. Schrauben Sie die Halteplatte von der Unterseite gut auf der Einspannvorrichtung fest.

1b

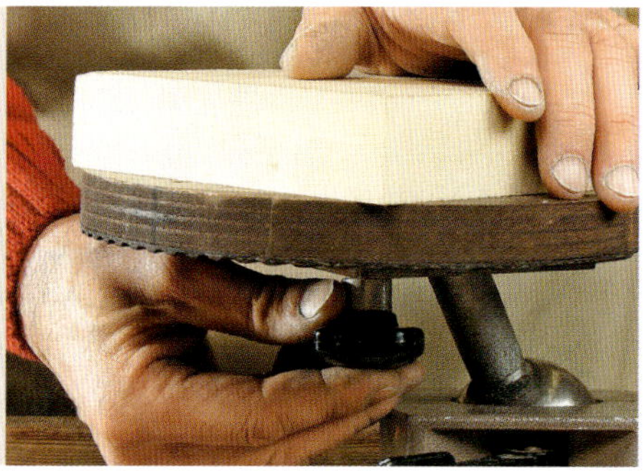

Ablage des Heftes in der Handinnenfläche
Das Schnitzeisen so mit der Hand fassen, dass mit der Handinnenfläche Druck auf das Werkzeug ausgeübt werden kann und das Werkzeug gleichzeitig sicher in der Hand liegt.
Probieren Sie aus, mit welcher Haltung Sie sich am sichersten fühlen.

2

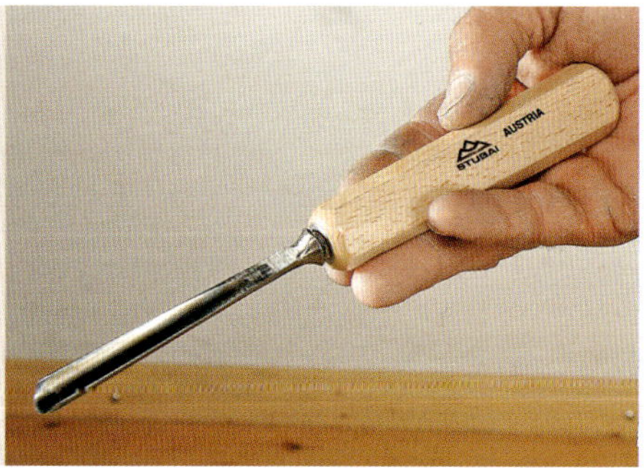

Führender Schnitt
Eine Hand umfasst wie in Schritt 2 beschrieben das Heft, die andere die Klinge. Die an der Klinge liegende Hand sollte mit dem Handballen am Werkstück anliegen, sodass eine Hand schiebt und die andere „bremst“, um jederzeit das Eisen unter Kontrolle zu haben. Ist ein Aufliegen des Handballens nicht möglich, sollte der Unterarm festen Halt auf der Arbeitsfläche oder dem Werkstück haben.

3

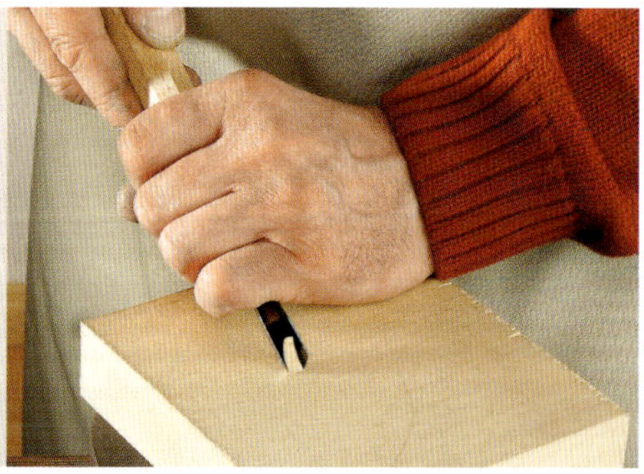

4

Begrenzender Schnitt
Diese Technik ist für feine, detaillierte Schnitzarbeiten besonders hilfreich. Hier umfasst die rechte (bei Linkshändern entsprechend die linke) Hand das Heft, die linke (bzw. rechte) Hand wird mit dem Zeigefinger begrenzend gegen das Werkstück gelegt. Auf diese Weise können Sie im vorderen Bereich der Klinge die Bewegung des Eisens gezielt steuern und führen, Eisen und Hand können auf dem Holz nicht wegrutschen.

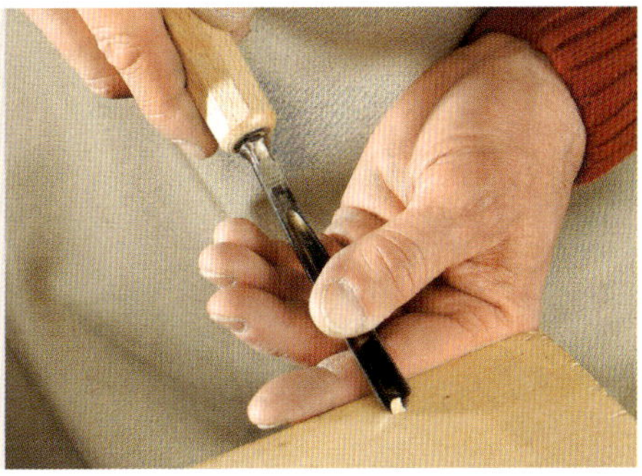

5

Arbeiten mit dem Bildhauerklüpfel
Setzen Sie die Klinge des Schnitzmessers im gewünschten Winkel an das Holz und führen Sie den Bildhauerklüpfel in kurzen, festen Schlägen auf das Ende des Hefts. Kontrollieren Sie dabei immer wieder den Winkel und die Richtung der Klinge, indem Sie Ihr Handgelenk während der Schlagbewegungen leicht drehen und beugen.

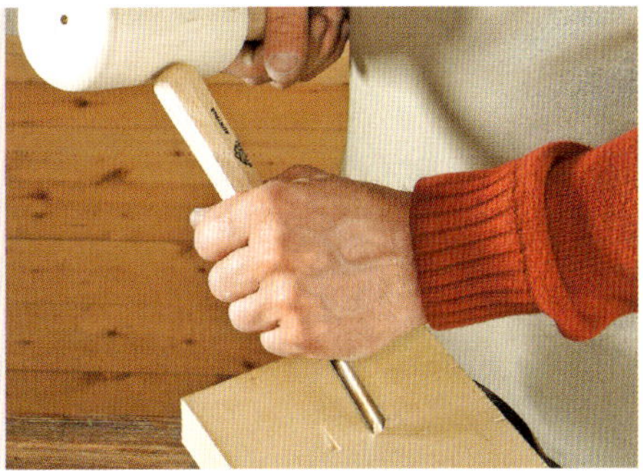

Die Auswirkung des Faserverlaufs auf die Schnittführung

Beim Spalten von Holz werden Rillen, Furchen und längliche, faserige Holzsplitter sichtbar. Die Faserbündel sind, ähnlich wie die Haare eines Pinsels, parallel verlaufend im Stamm angeordnet. Sie geben dem Baum Festigkeit. Ein Stammabschnitt kann problemlos längs zum Faserverlauf, jedoch nur mit Mühe quer gespalten werden. Die Fasern verlaufen daher in Brettern und Bohlen immer parallel zur Längskante. Daraus ergibt sich eine wichtige Grundregel für das Schnitzen:

Schneiden entlang der Fasern

Die schwarzen Pfeile in der Abbildung kennzeichnen den Faserverlauf des Holzstückes. Längs bzw. parallel zur Faser lässt sich das Holz gut und einfach schnitzen. „Mit der Faser" zu schnitzen bedeutet, immer vom höchsten Punkt der Arbeit zum tieferliegenden zu schnitzen.

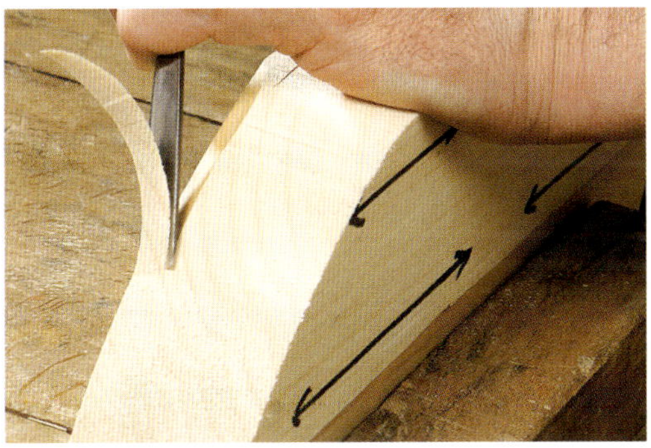

Schneiden quer und gegen die Fasern

Wird hingegen quer oder sogar gegen – in diesem Beispiel von unten nach oben – die Fasern geschnitzt, splittert das Holz. Ein glatter, sauberer Schnitt ist nicht möglich.

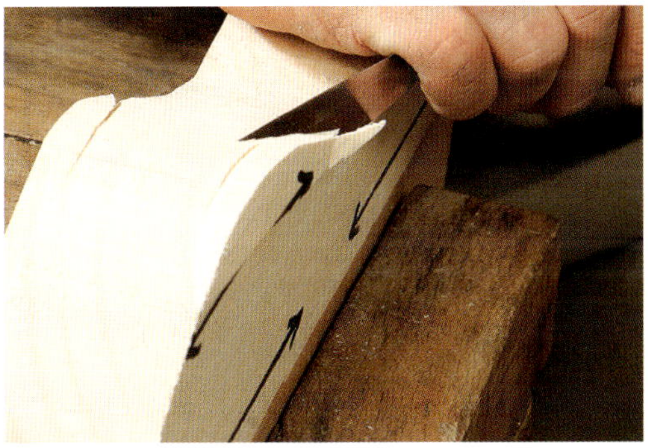

Tipps & Tricks

- Halten Sie sich nicht zwanghaft an die dargestellten Handhaltungen und Führungen. Schon nach kurzer Zeit und ein wenig Übung werden Sie feststellen, dass Ihnen eine bestimmte Haltung mehr oder weniger liegt und Sie vielleicht mit einer „ungewöhnlichen" Herangehensweise besser arbeiten können.

Hinweise

- Bitte beachten Sie die Unterscheidung der Begriffe „Maserung" und „Faser": „Maserung" bezeichnet das Gesamterscheinungsbild einer Holzfläche und bezieht sich auf die sichtbare Vielfalt der aneinander grenzenden Fasern. Die Fasern werden im Sprachgebrauch üblicherweise auch als „Leitungskanäle" bezeichnet.

- Sehr deutlich wird dieser Sachverhalt bei einer „Fühlprobe" mit einem dicken Rundpinsel. Streicht man von der Zwinge aus über die Pinselhaare zu deren Enden, fühlt es sich glatt an, fährt man aber in der entgegengesetzten Richtung von den Haarenden bis hin zur Zwinge, ist ein Widerstand spürbar, die Pinselhaare stellen sich auf oder werden zerdrückt.

Hinweis

◆ Schnitzen ist ein Handwerk, das von räumlichem Vorstellungsvermögen, vom richtigen Blick, vom Erkennen des Wesentlichen lebt. Kein Schnitzobjekt gleicht dem anderen. Vorlagen dienen nur als Anregung, als Hilfestellung und grobe Vorgabe. Das Ziel wächst im Prozess der Arbeit, falsch angesetzte Schnitte müssen nicht das Ende der Arbeit sein. Sie können korrigiert werden und zu neuen Perspektiven und Ansichten oder Ideen, ja Ergebnissen führen.

Tipps & Tricks

◆ Ohne Kopierer können Sie Vorlagen mit einem Raster vergrößern. Zeichnen Sie auf einem Blatt – es sollte so groß wie die Originalgröße des Motivs sein (siehe angegebene Motivhöhe bzw. -größe) – ein Gitter im angegebenen Rastermaß. Verwenden Sie am besten Karo- oder Millimeterpapier. Nach dem Zeichnen des Rasters kann die Vorlage Quadrat für Quadrat übertragen werden. Arbeiten Sie am besten mit einem Bleistift (HB), dann können Sie schnell korrigieren, wenn ein Strich einmal nicht auf Anhieb sitzt.

Vorlagen übertragen und eigene Motive entwerfen

Im folgenden Kapitel lernen Sie verschiedene Möglichkeiten kennen, vorgegebene Motive bildhaft zu machen, aber auch eigene Ideen umzusetzen – vom Abzeichnen eines Motivs bis hin zum eigenen, freien Entwurf.

Größe des Holzstückes bestimmen

Für die im Buch vorgestellten Modelle finden Sie in den jeweiligen Materiallisten genaue Maßangaben des benötigten Holzstückes. Wenn Sie selbst entworfene Motive arbeiten wollen, müssen Sie zuerst die Höhe und Breite bzw. Länge und Tiefe Ihres Objektes genau bestimmen. Planen Sie dann immer mindestens so viel Holz ein, dass Sie es zum sicheren Arbeiten noch einspannen können. Das Holzstück sollte aber nicht wesentlich größer als Ihr späteres Modell sein, da Sie sonst unnötig viel Holz abtragen bzw. absägen müssen.

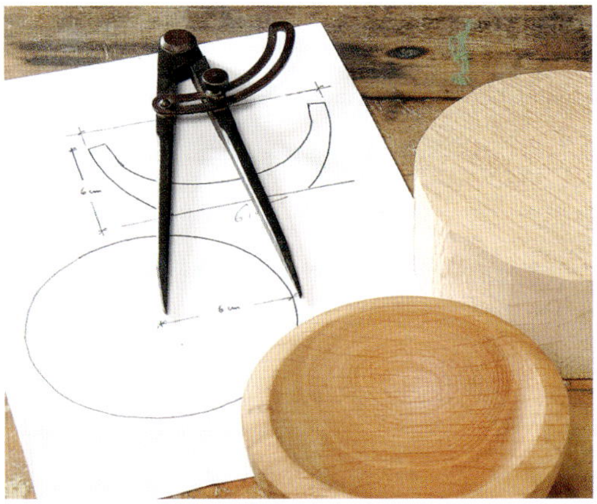

Vorlagen vergrößern

Die Vorlagen sind meist verkleinert im Buch abgebildet, Sie können sie aber leicht mit dem angegebenen Kopierfaktor vergrößern. So erhalten Sie die Originalgröße des Musters. Diese ist in der Materialliste des Werkstücks unter Motivhöhe bzw. -größe angegeben.
Fotokopien können Sie in einem Kopiergeschäft anfertigen lassen. Bei besonders großen Motiven pausen Sie die Vorlage am besten ab, zerteilen sie in mehrere Stücke und setzen sie nach dem Vergrößern wieder zusammen.

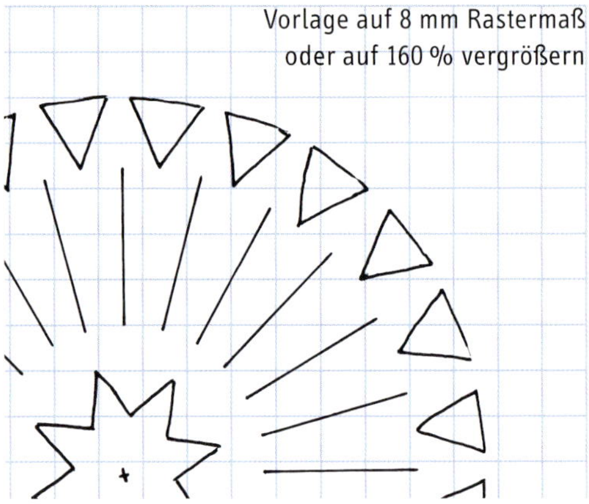

Übertragen mit Blau- und Transparentpapier

Das Transparentpapier auf die (kopierte und ggf. vergrößerte) Vorlage legen und abpausen. Das Blaupapier mit der beschichteten Seite nach unten auf das Holz legen, das Transparentpapier darüber platzieren. Alles mit Kreppklebeband fixieren und die Linien mit einem Stift nachziehen. Dadurch überträgt sich das Motiv auf das Holz. Diese Übertragungsmethode bietet sich vor allem dann an, wenn viele und kleine Details geschnitzt werden sollen.

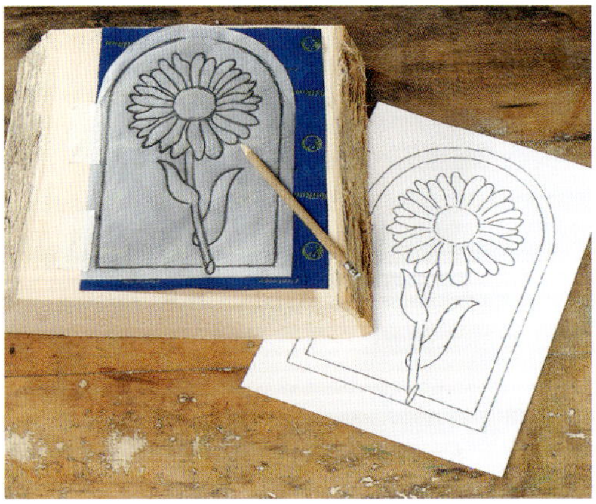

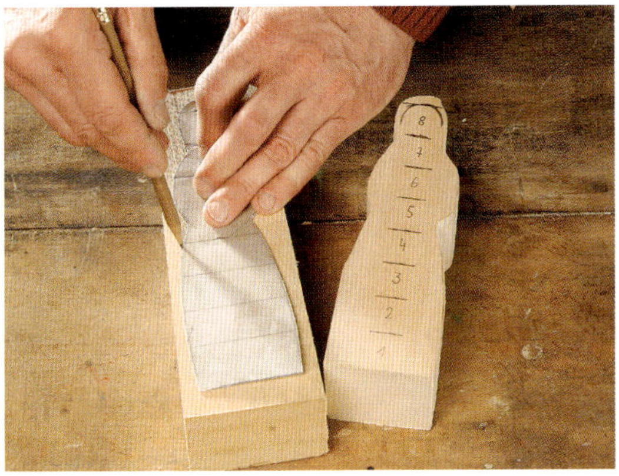

Übertragen mit Schablonen

Die Vorlage mit Bleistift auf Transparentpapier übertragen, das Transparentpapier auf dünnen Karton kleben und ausschneiden. Die so entstandene Schablone auf das Holz legen und mit einem weichen Bleistift die Umrisse umfahren. Diese Übertragungsmethode eignet sich vor allem für kleine Motive mit einfachen, klaren Konturen und wenn ein Modell mehrfach geschnitzt werden soll.

Fotos als Vorlage verwenden

Sie haben ein bestimmtes Lieblingsmotiv und wissen nicht, wie Sie es als Schnitzarbeit umsetzen können? Legen Sie zuerst die gewünschte Größe Ihres Werkstückes fest. Machen Sie anschließend ein Foto in der Frontal- und eines in der Seitenansicht in der gewünschten Größe. Natürlich können Sie ein Foto auch mit dem Kopierer nach Wunsch vergrößern oder verkleinern. Pausen Sie nun die Umrisse des Motivs so exakt wie möglich auf Transparentpapier ab und übertragen Sie diese mithilfe von Blaupapier oder Schablonen auf das Holz.

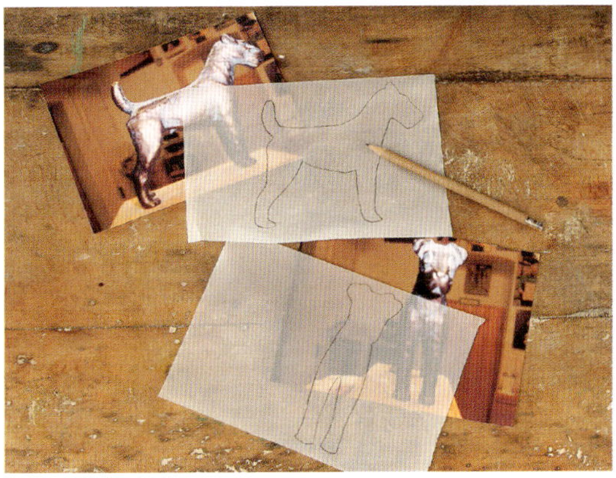

Erfassen von dreidimensionalen Formen

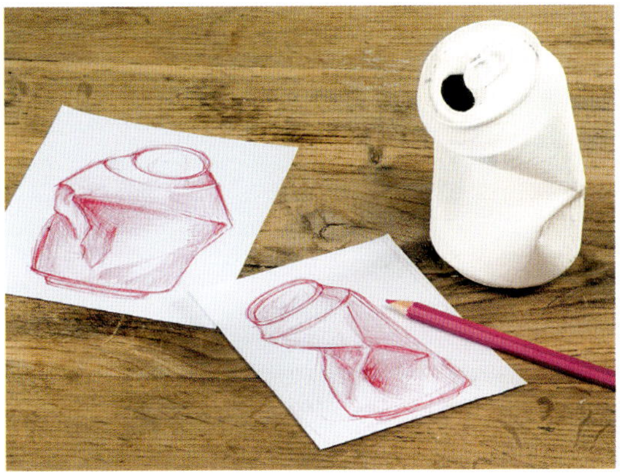

Freies Zeichnen

Neben dem Fotografieren ist auch das Zeichnen eine Möglichkeit, sich der individuellen Formgebung und räumlichen Dimension, beispielsweise von Alltagsgegenständen zu nähern. Soll, wie auf Seite 69 gezeigt, eine zerdrückte Getränkedose nachgeschnitzt werden, muss diese zuerst unter Konzentration auf eine Lichtquelle mit dreidimensionaler Wirkung nachgezeichnet werden. Dies gelingt am besten, wenn die Dose zuvor einfarbig matt, z. B. in Weiß, gestrichen wurde, um die Formen besser erfassen zu können. Das Zeichnen des Objektes aus mindestens zwei Perspektiven hilft, die Formen besser dreidimensional ins Holz umzusetzen.

Proportionslehre

Proportionslehren dienen vor allem der groben Einteilung eines Motivs und sind beim Schnitzen von Figuren bzw. Skulpturen von großer Bedeutung. Ein festes Einteilungsschema ist jedoch wenig nützlich, wenn bestimmte Körperhaltungen und Bewegungen herausgearbeitet werden sollen, weil perspektivische Verkürzungen und Tiefenwirkungen individuell veränderte Proportionen erzeugen. Die menschliche Gestalt wird etwa nach dem klassischen Modell in acht Maßeinheiten eingeteilt, deren Ausgangspunkt der Kopf ist. Jeweils eine Kopfhöhe voneinander entfernt liegen die Brustwarzen, der Nabel, der Schritt, die Oberschenkelmitte und die Fingerspitzen, die Knieunterkante und die Unterschenkelmitte. Nabel, Taille und Ellenbogen liegen in etwa auf einer Höhe. Die Schulterbreite beim Mann wird als doppelte Kopfhöhe veranschlagt (siehe Skizze im Vorlagenteil auf Seite 122).

Hinweis

- Achten Sie beim Übertragen der Vorlage darauf, in welcher Richtung die Holzmaserung verläuft. Bruchgefährdete Teile wie Tierbeine sollen in der stabileren Längsrichtung des Holzes verlaufen.

- Mehr zur Gestaltung von Proportionen bei Figuren erfahren Sie im Kapitel „Plastisches Schnitzen" in der Tippleiste ab Seite 43.

Tipps & Tricks

- Anstelle von Blaupapier können Sie auch handelsübliches Kohlepapier verwenden. Es verreibt weniger auf der Oberfläche als Blaupapier. Sehr hilfreich bei farbabweisenden, glatten oder kontrastarmen Holzoberflächen kann Schneiderkopierpapier sein. Dieses ist in unterschiedlichen Farben in Hobbyfachgeschäften erhältlich.

- Sind Sie unsicher, ob Sie beim Arbeiten mit Blau- oder Kohlepapier alle Linien der Vorlage übertragen haben? Zum Überprüfen lösen Sie eine Seite der Vorlage vorsichtig ab und heben sie an. So können Sie alle Seiten überprüfen. Lösen Sie die Vorlage aber nicht ganz, das genaue Platzieren ist dann nicht mehr möglich und fehlende Linien können nicht mehr passgenau nachgezogen werden.

2 KERBSCHNITZEN

Hinweis

◆ Schon die Wikinger waren mit der Kunst des Kerbschnitzens vertraut und verzierten, wie zahlreiche zeitgeschichtliche Dokumente belegen, mit viel Hingabe und Können nicht nur Gegenstände des täglichen Lebens, sondern auch ihre Waffen und Schiffe mit den prachtvollsten Runen und Ornamenten.

Das Kerbschnitzen ist vermutlich die älteste Technik des Schnitzens und des dekorativen Bearbeitens von Holz. Wie der Name bereits vermuten lässt, werden bei dieser Technik Kerben in das Holz geschnitzt, die z. B. ein grafisches Muster, ein Ornament oder eine Schrift bilden. Über Jahrtausende hat sich das Kerbschnitzen von Generation zu Generation weiterentwickelt und bis heute eine große Vielfalt an Formen und Mustern hervorgebracht, mit denen häufig Gebrauchsgegenstände wie Teller, Schüsseln, Dosen, Brettchen oder sogar Schränke, Türen, Säulen und vieles mehr verziert werden.

Der Kerbschnitt ist nicht nur die grundlegendste, sondern auch die technisch einfachste Art, das Schnitzen mit all seinen Techniken und Gestaltungsmöglichkeiten zu erlernen und die Eigenschaften des Holzes zu erspüren und zu erkennen. Anhand erster, einfacher Übungen können Sie schon sehr schnell ein Gespür dafür entwickeln, wie das Holz beschaffen ist und wie es auf die verschiedenen Schnitte „reagiert".
Wenn Sie bisher noch nicht mit Holz gearbeitet haben, empfehlen wir Ihnen, sich zu Beginn intensiv mit dem Kerbschnitzen zu befassen und einige Muster zur Probe zu schnitzen.

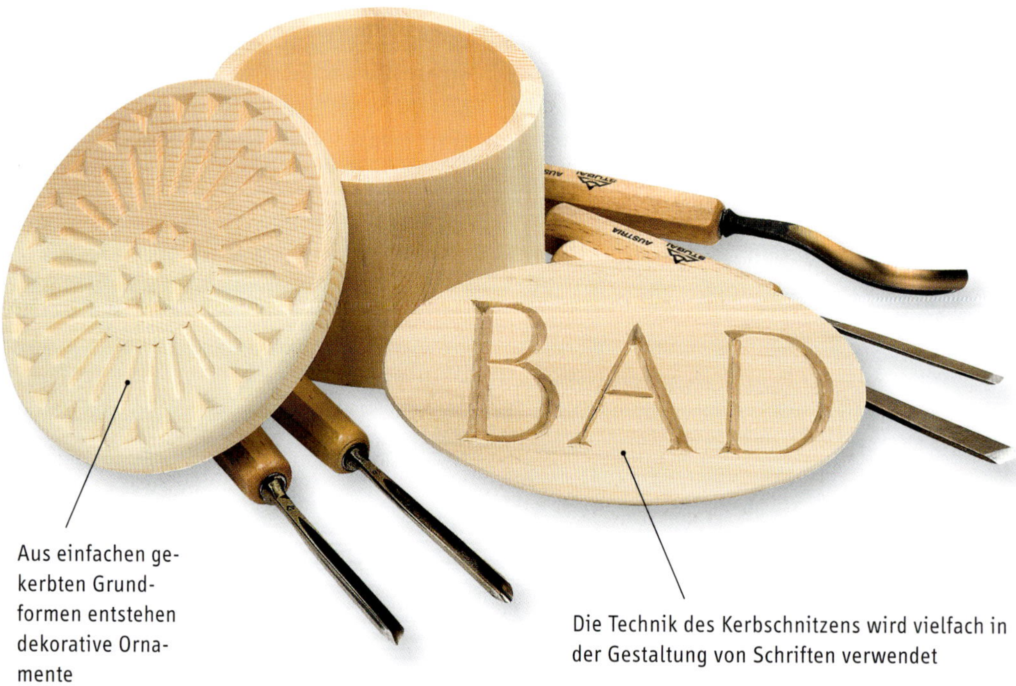

Aus einfachen gekerbten Grundformen entstehen dekorative Ornamente

Die Technik des Kerbschnitzens wird vielfach in der Gestaltung von Schriften verwendet

Ornamente gestalten

Im folgenden Beispiel lernen Sie drei grundlegende Schnittarten, mit denen Sie zahlreiche dekorative Formen arbeiten können. Dazu gehören der Dreiecksschnitt, der Nagelschnitt und das Ausbohren von kreisrunden Flächen. Die entstehenden Grundformen lassen sich zu vielen Ornamenten anordnen.

Vorlage übertragen
Die Vorlage des Ornaments (siehe Seite 122) wie auf Seite 22 beschrieben mit Transparent- und Kohlepapier auf den Dosendeckel übertragen.

1

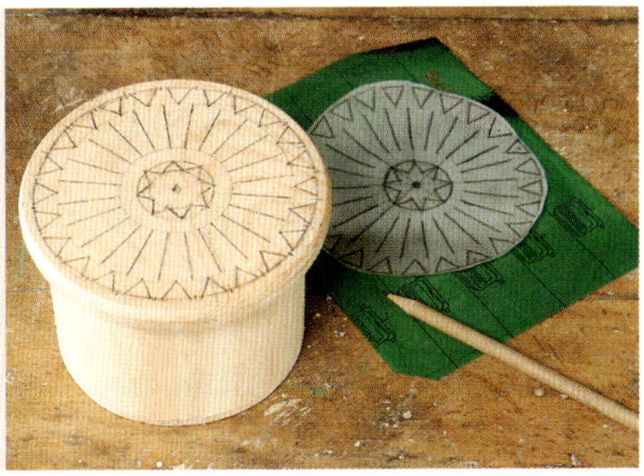

Dosendeckel einspannen
Den Dosendeckel auf der Halteplatte der Spannvorrichtung einspannen. Dafür drei kleine, formangepasste Sperrholzstücke eng an den Deckel schrauben, sodass dieser während der Arbeit fest fixiert ist.

2

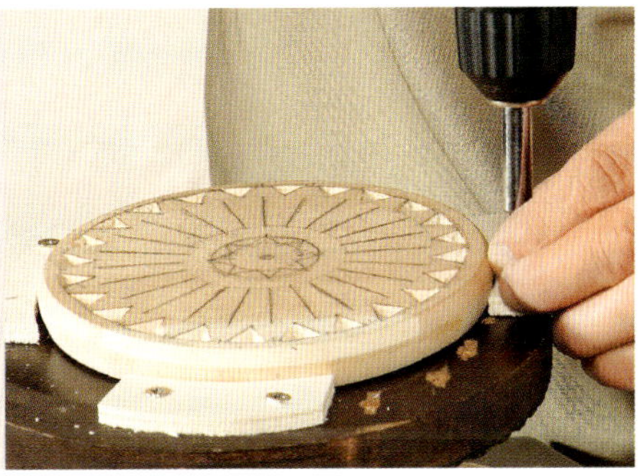

Dreieck ausarbeiten: 1. Schnitt
Zuerst die außen liegenden Dreiecke schnitzen: Mit dem Geißfuß 45°/5 mm von einer Ecke des Dreiecks eine Kerbe zur Mitte hin schnitzen. Dabei immer zuerst die Schnitte quer oder schräg zur Faserrichtung ausführen, dann den Schnitt mit der Faserrichtung, da sonst das Holz ausreißen kann.

3a

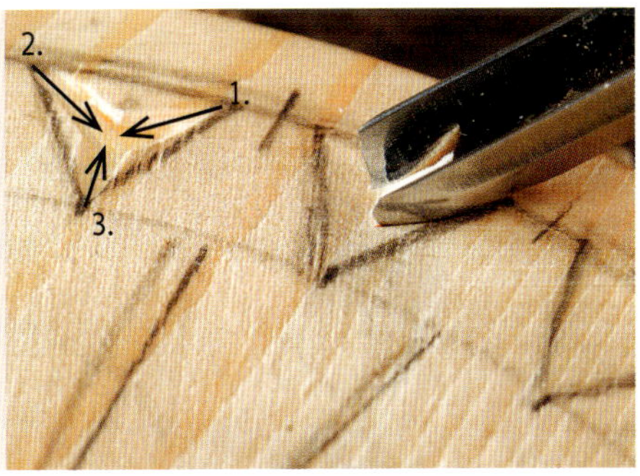

Dreieck ausarbeiten: 2. und 3. Schnitt
Ebenso von den anderen beiden Ecken zur Mitte hin schneiden. Wenn Sie unsicher sind, wie das Holz reagiert, den Geißfuß etwa im Winkel von 20° einstechen und bis zu einem Winkel von 40° nacharbeiten. Wichtig: Während des Schnittvorganges einen gleichmäßigen Schneidewinkel beibehalten.

3b

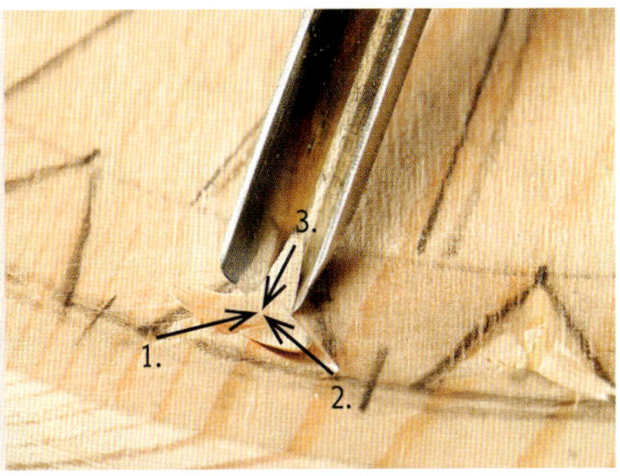

Tipps & Tricks

- Beim Ausarbeiten der Dreiecke mit dem Geißfuß können Sie als Hilfe auch die Winkelhalbierenden mit dem Bleistift vorzeichnen.

Hinweise

- Zum Aufzeichnen von Mustern und Ornamenten von Hand sollte ein weicher, frisch gespitzter Bleistift sowie ein sauberes Lineal (idealerweise ein Metalllineal), das ganz glatt auf dem Holz aufliegt, verwendet werden. Messen Sie genau und zeichnen Sie immer nur Strich für Strich, das vereinfacht eventuelle Korrekturen. Für Rosetten und geschwungene Formen ist ein guter Zirkel mit weicher, spitzer Mine empfehlenswert. Achten Sie darauf, dass das Loch, das Sie mit dem Zirkel einstechen, nicht zu groß wird, da es sich später nur schwer kaschieren lässt.

Tipps & Tricks

- Damit die Dreiecke alle schön gleichmäßig werden, sollten Sie darauf achten, die mit Kohlepapier übertragenen Konturen nicht wegzuschnitzen.

- Die Mitte des Dreiecks muss der tiefste Punkt, die Ränder müssen immer die höchsten Punkte sein. Die Mitte darf nicht zu tief geschnitten werden.

4a

Abtragen des Randes, 1. Stich
Die Seitenflächen mit dem schrägen Balleisen Stich 2/10 flächig gestalten. Dafür das Eisen mit der Spitze der Schneidkante so ansetzen, dass eine gleichmäßige, dreieckige Fläche abgetragen und die Spitze zum Mittelpunkt des Dreiecks geführt wird. Achtung: Mit der Faser schneiden, so entsteht ein glatter, sauberer Schnitt.

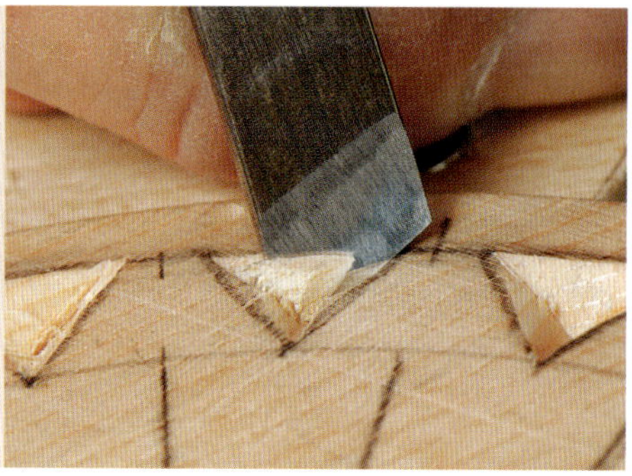

4b

Abtragen des Randes, 2. und 3. Stich
Auf diese Weise auch die beiden anderen Seitenflächen des Dreiecks arbeiten. Die vorgekerbten Flächen aller Dreiecke ebenso ergänzen, bis ein gleichförmiger Kreis von Dreiecken am Deckelrand entsteht. Dabei darauf achten, dass die Schnitte so exakt und identisch wie möglich gesetzt werden, damit eine schöne, gleichmäßige Optik entsteht.

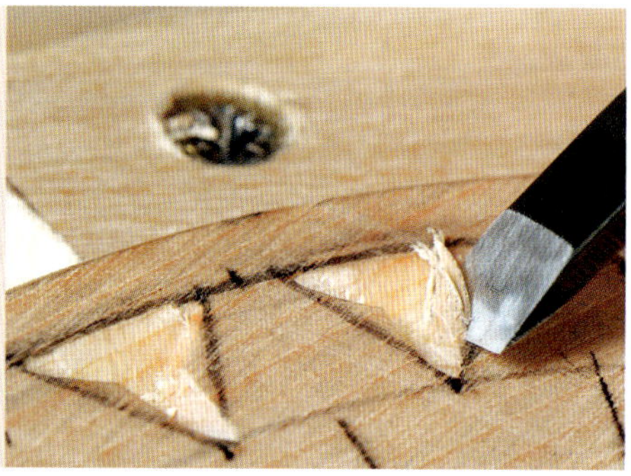

5

Dreiecke am Stern arbeiten
Die Dreiecke im Deckelzentrum wieder mit dem Geißfuß vorkerben (siehe Schritt 3a und b). Dann die Seitenflächen mit Stich 2/10 (siehe Schritt 4a und b) nacharbeiten. Da die Dreiecke aneinander angrenzen und nicht „verschwimmen" sollen, müssen die Einstiche besonders behutsam und sorgfältig angesetzt werden.

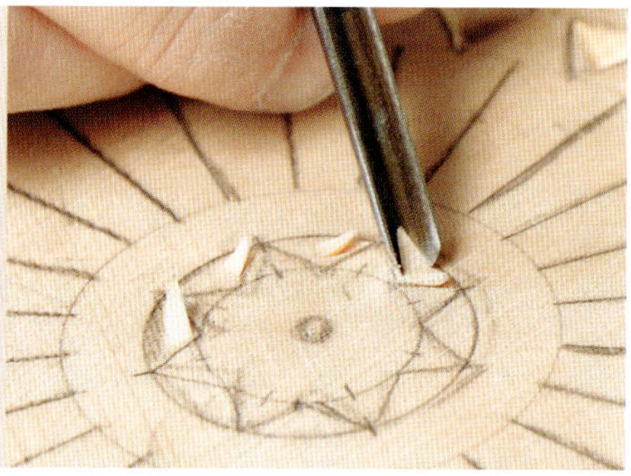

6

Sternmitte ausbohren
Für die Sternmitte den Bohrer Stich 10/6 senkrecht auf dem Dosendeckel ansetzen, etwa 15° zur Seite neigen und mehrmals um die Mitte drehen. Durch die leichte Neigung beim Drehen wird eine Halbkugel herausgeschnitten.

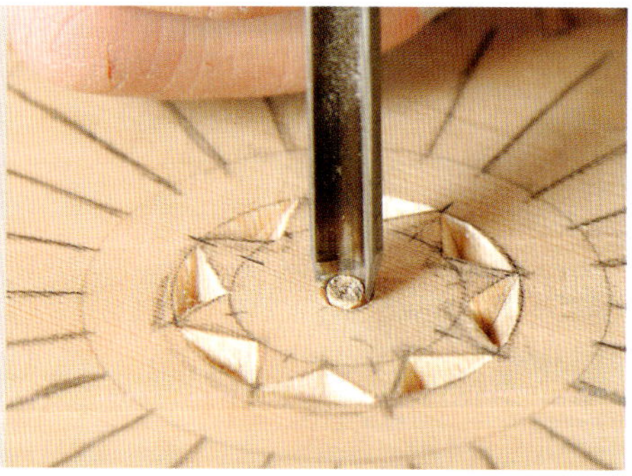

7a

Nagelschnitt – Begrenzungslinie durch senkrechtes Einstechen
Mit demselben Bohrer auf der kreisförmigen Linie senkrecht zur Oberfläche halbkreisförmige Einstiche setzen. Diese begrenzen die vorgezeichneten geraden Linien.

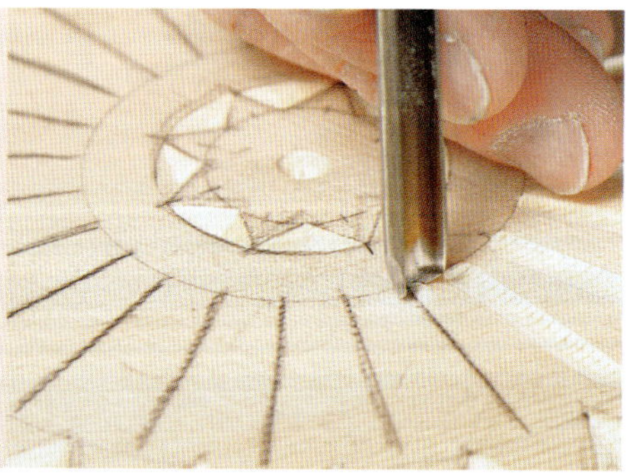

7b

Ausschneiden der Form bis zur Begrenzung

Am anderen Ende der geraden Linien mit dem gleichen Bohrer ansetzen, ins Holz einstechen und mit gleichbleibender Tiefe (!) bis zum Ende schneiden. Achtung: Bei jeder Linie ändert sich der Einschnittwinkel zur Faserrichtung des Holzes, deshalb vorsichtig auf etwa 1 mm Tiefe vorschneiden und anschließend gleichmäßig auf ca. 2 mm bis 3 mm Tiefe ausarbeiten. Ggf. die halbkreisförmige Begrenzungslinie nochmals nachstechen.

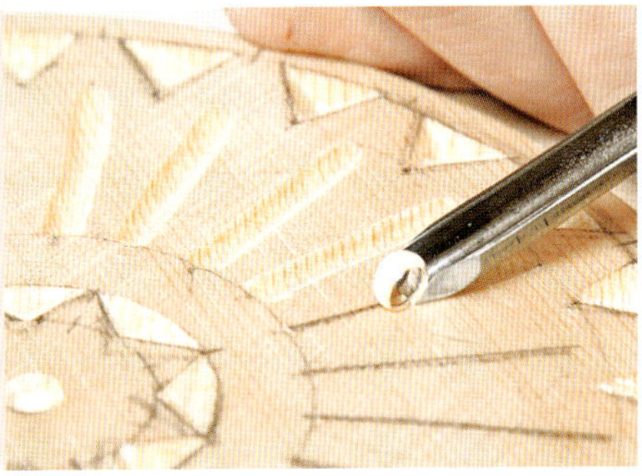

Profitipps

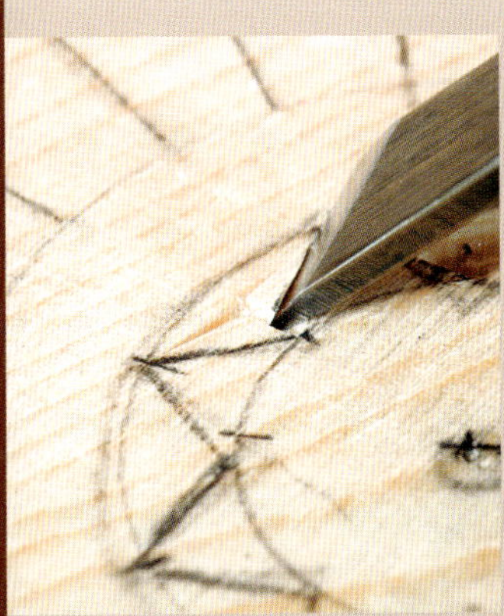

Ornamente mit dem Balleisen kerben

Die Dreiecke können auch statt mit dem Geißfuß mit dem Balleisen Stich 2/10 vorgekerbt werden. Dafür die Winkelhalbierenden einzeichnen. Das Balleisen mit der Spitze der Schneidkante auf der Winkelhalbierenden am Dreiecksmittelpunkt ansetzen. Die Balleisenachse muss beim Einstich senkrecht zur Deckeloberfläche stehen. Nun die Flächen schneiden, indem das Balleisen schräg von den Dreiecksseiten mit der Spitze zum Mittelpunkt des Dreiecks schneidet.

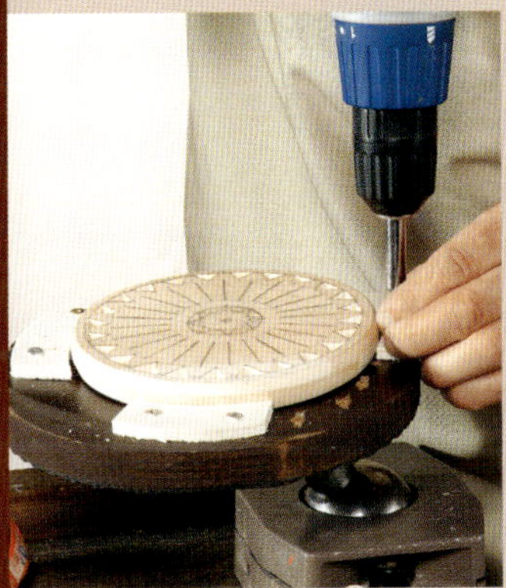

Stufenloses Arbeiten

Da beim Schnitzen des Musters häufig die Faserrichtung wechselt, bietet sich hier eine mobile Einspannvorrichtung (siehe Seite 11) besonders an, denn mit ihr kann das Werkstück auf der Stelle stufenlos gedreht werden. Sie ermöglicht Ihnen ein gleichmäßiges, sauberes Arbeiten ohne mühsames Aus- und Einspannen.

Tipps & Tricks

- Wenn es der Faserverlauf erfordert und das Holz auszubrechen droht, sollten Sie den Nagelschnitt auch von innen nach außen führen.

Schriften kerben

Mithilfe relativ einfacher Grundtechniken des Kerbschnitzens lassen sich auch Buchstaben bzw. Schriften effektvoll gestalten. Bevor jedoch mit der Ausarbeitung begonnen wird, sind einige Vorüberlegungen zum Aufbau von Buchstaben und zur Gestaltung von Schriften hilfreich. Die in der untenstehenden Skizze für den Schriftzug BAD bezeichneten Buchstabenbestandteile sind von wesentlicher Bedeutung für das formschöne und exakte Ausarbeiten von Schriften.

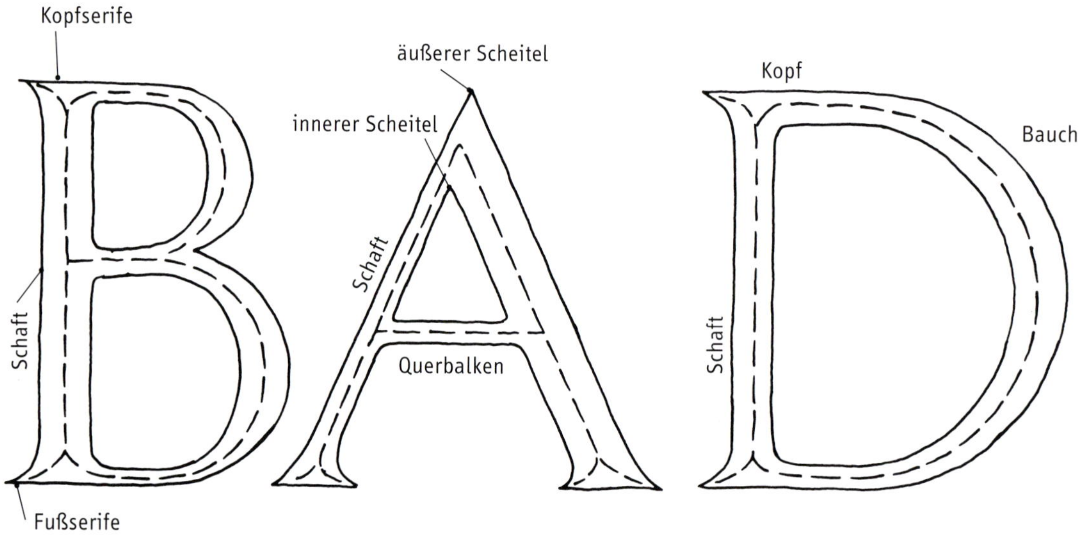

Die gestrichelten Linien deuten den Grund der mit dem Geißfuß geschnittenen Kerbe an.

Tipps & Tricks

◆ Für den Einstieg in das Schnitzen von Schriften eignen sich vor allem Schriften, die in spitzen Serifen auslaufen und gerade Linien (= Schäfte) aufweisen: Spitze Serifen erleichtern gegenüber dem breiten Linienbeginn den Einstich des Schnitzeisens. Durch eine gerade Linienführung kann man den oftmaligen Wechsel der Schnittrichtung aufgrund des sich ändernden Faserverlaufs vermeiden. Gekrümmte Linien verlangen ein Drehen des Schnitzeisens und damit auch der Hand bei gleichzeitig fester Auflage. Diese Technik sollte geübt werden, bevor Sie kompliziertere Schriften schnitzen.

◆ Je höher der Einstechwinkel (ca. 40°–60°) des Eisens, desto ausdrucksstarker wird das Gesamtbild der Schrift. Je tiefer aber geschnitzt wird, desto schwieriger gestaltet sich das Sauberschneiden.

◆ Nützliche Vorlagen sind beispielsweise die gängigen Computerschriften. Kursive Schriften, die Leichtigkeit und Schwung vermitteln, bieten sich für den Einstieg in das Schriftenschnitzen ebenso an.

1

Vorlage übertragen
Die Vorlage für den Schriftzug auf das Holz übertragen und das Brett sicher einspannen. Eine ggf. (gestrichelt) eingezeichnete Mittellinie in den Buchstaben (siehe obige Skizze) markiert die tiefste Stelle der Einkerbung (siehe Schritt 2–4).

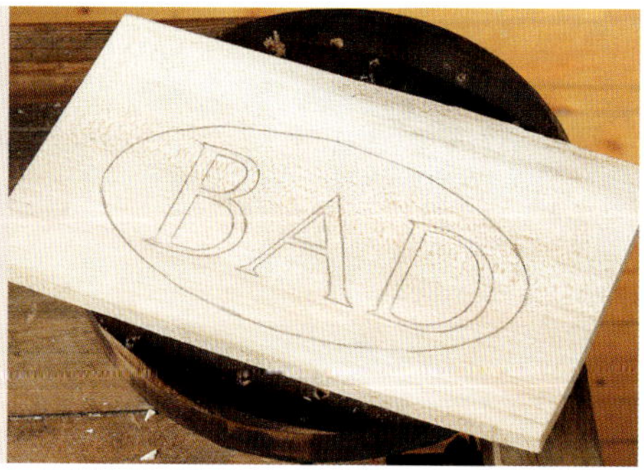

2

Serifen mit dem Geißfuß vorstechen
Die Serifen, d. h. die auslaufenden Buchstabenenden bis zur Mitte des Schafts mit dem Geißfuß 45°/5 mm vorstechen. Dafür den Geißfuß mit einer Neigung von ca. 20° an der Spitze der auslaufenden Serife ansetzen. Den Schnitt bis zu einem Einstechwinkel von etwa 40° nacharbeiten.

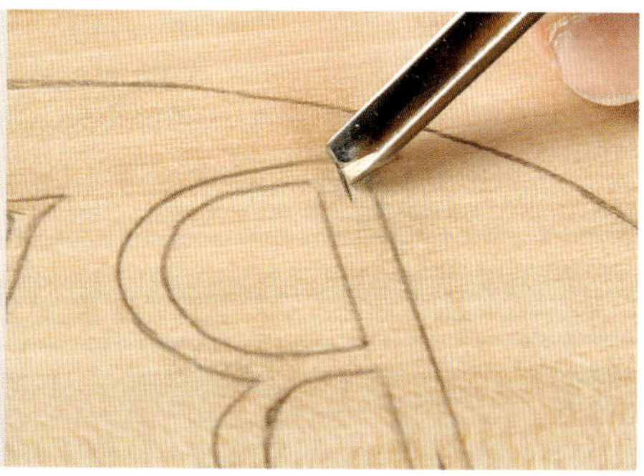

3

Gerade Linien mit dem Geißfuß schneiden
Alle geraden Linien entlang der Mittellinie mit dem Geißfuß vorschneiden. Die Linien in einem ersten Durchgang bis zu einer Tiefe von 1 mm vorschneiden, dann die Linien schrittweise bis auf eine Tiefe von 3 mm absenken.

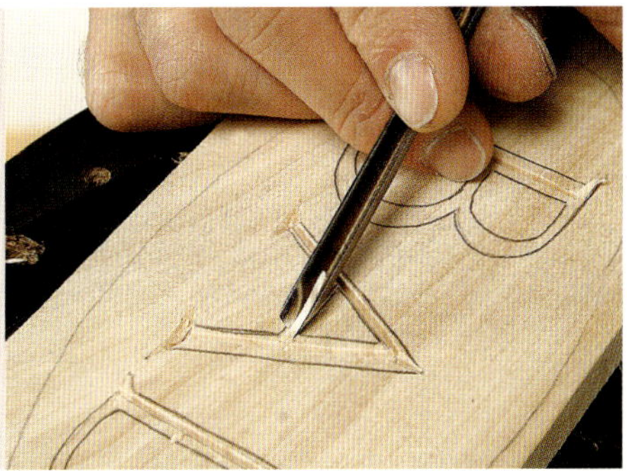

4

Außenwölbung mit dem Geißfuß kerben
Die Außenwölbung bzw. den „Bauch" von B und D entlang der Mittellinie in derselben Tiefe mit dem Geißfuß vorschneiden. Da stets vom Körper weg geschnitzt werden soll, muss das Eisen zwischendurch abgesetzt und das Brett auf der Einspannvorrichtung gedreht werden.

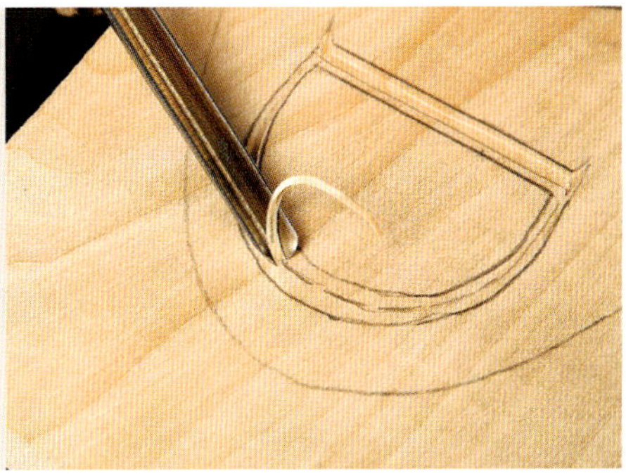

5a

Außenwölbung abstechen
Die nach innen weisende Seitenfläche der Rundungen wird von der gezeichneten Seitenlinie bis zur vertieft liegenden Mittellinie gekerbt. Damit dies sauber und exakt gelingt, unbedingt formangepasste Schnitzeisen verwenden: Beim B dieser Schriftart und Größe ist der Einsatz der Hohleisen Stich 7/10 und 16/16 empfehlenswert, bei der schwächeren Wölbung des D Stich 5/8.

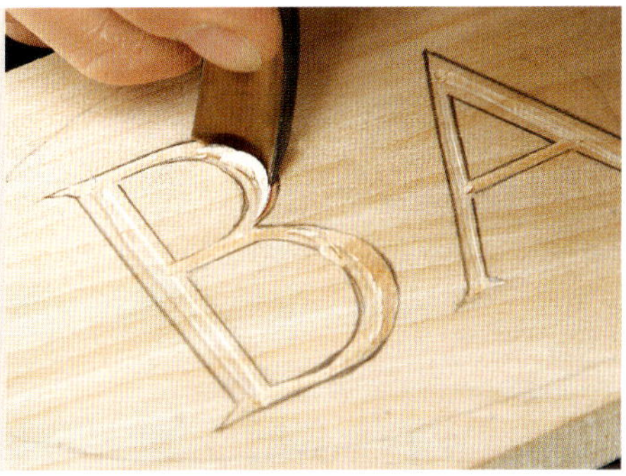

5b

Innenwölbung abstechen
Die nach außen weisenden Wölbungen mit dem Flacheisen Stich 3/5 gestalten: Dafür mit der Spiegelseite (Fase zur Mittellinie gewendet) auf der angezeichneten Linie ansetzen und schräg bis zur eingekerbten Mittellinie schneiden. Auf diese Weise auch den Bauch des Buchstabens D schnitzen.

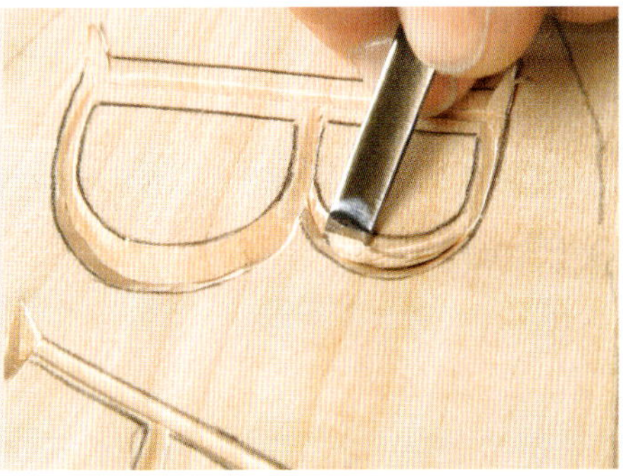

6

Schaft seitlich abstechen
An allen geraden Linien, d. h. den Schäften von B, A und D sowie dem Querbalken des A, von außen und innen mit demselben Flacheisen schräg zur gekerbten Mittellinie hin einstechen. Zum Schluss sämtliche Scheitel und Ecken spanfrei sauber schneiden.

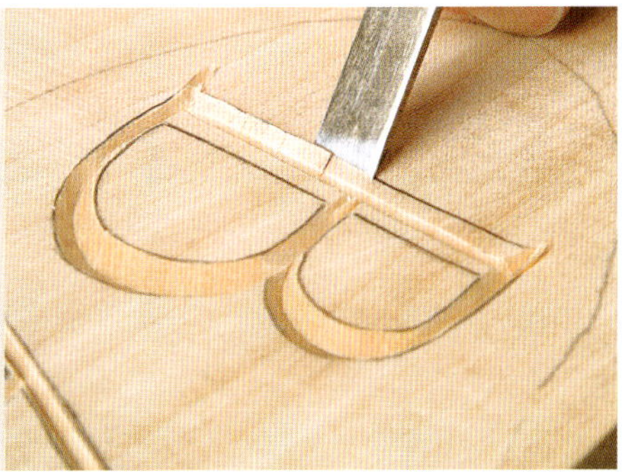

Tipps & Tricks

◆ Achten Sie stets auf einen ausgeglichenen, einheitlichen Abstand zwischen den einzelnen Buchstaben. Stehen diese zu eng beieinander, wirkt dies störend, ebenso, wenn sie zu weit auseinander stehen oder sich weitere und engere Abstände abwechseln. Ein Idealmaß für die Festlegung einer Schrift gibt es allerdings nicht, da jeder Buchstabe zu einem anderen in einem bestimmten Verhältnis steht. Zeichnen Sie das von Ihnen zu schnitzende Wort oder den Text am besten zuerst mit Hilfslinien auf Papier und ermitteln Sie so die idealen Abstände. Außerdem spielt auch hier wieder die Textur (= Abbild der Maserung) des verwendeten Holzes eine große Rolle. Bei starker Maserung ist ein größerer Abstand zwischen den Buchstaben sinnvoll, um die Lesbarkeit zu erhöhen.

LOS GEHT'S

DOSE

Motivgröße
ø ca. 14 cm,
ca. 10 cm hoch

Material
- Dose aus Fichten- oder Kiefernholz, ø 14 cm

Schnitzeisen
- Balleisen: 2/10
- Bohrer: 10/6
- Geißfuß: 45°/5 mm

Vorlage
Seite 122

Den Deckel der Dose wie auf den Seiten 25–27 beschrieben mit dem Ornament verzieren.
Eventuell noch sichtbare Linien des Kohlepapiers mit einem sehr feinen Schleifpapier abtragen.

Tipps & Tricks

- Entwerfen Sie aus diesen Grundformen eigene Ornamente und verzieren Sie damit z. B. auch den Rand der Dose, Kleiderbügel, Brettchen und vieles mehr.

FRÜHSTÜCKSBRETT

Motivgröße
ca. 23 cm x 12 cm

Material
- Brettchen aus Buchenholz, ca. 23 cm x 12 cm

Schnitzeisen
- Bohrer: 10/6
- Geißfuß: 45°/5 mm

Vorlage
Seite 122

Das Brett arbeitssicher einspannen. Das Ornament und den Schriftzug gemäß Vorlage auf das Brett übertragen. Mit dem Geißfuß den Namen einkerben und mit dem Bohrer die Nagelschnitte ausführen (siehe Seite 26/27, Schritte 7a und b sowie Seite 28/29).

Tipps & Tricks

- Gestalten Sie für Ihre Familie, Freunde und Bekannte individuelle Brettchen. Die Vielfalt an Gestaltungsmöglichkeiten mit den dargestellten Grundformen bzw. einfachen, gekerbten Linien ist schier grenzenlos.

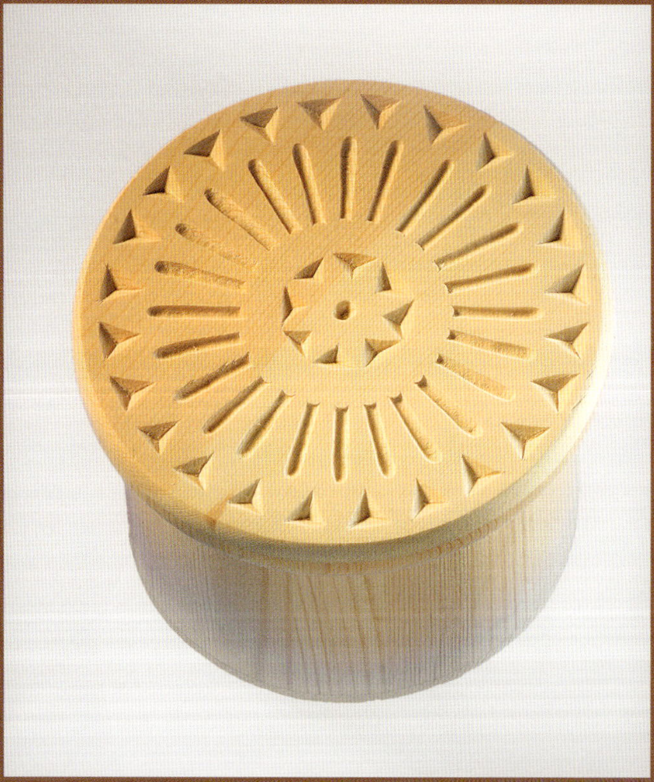

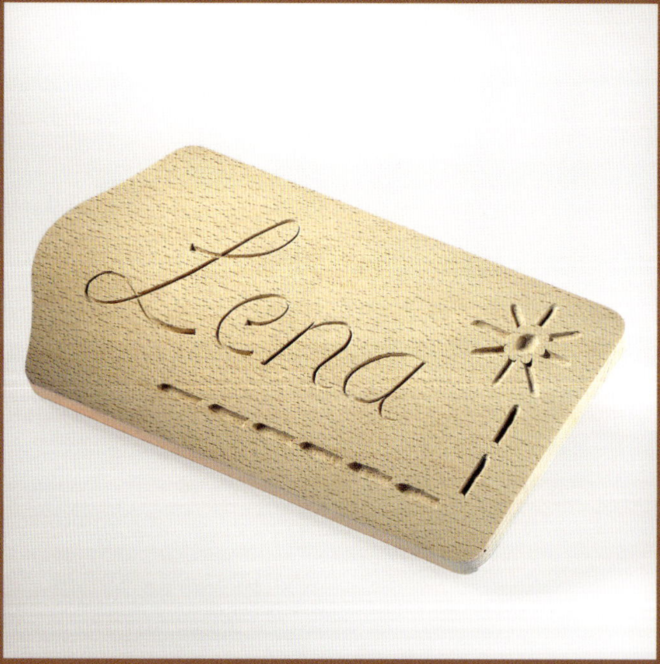

KERBSCHNITZEN

BUCHSTÜTZEN „SONNENRAD"

Motivhöhe
ca. 9 cm

Material pro Buchstütze
- Quader aus Lindenholz, ca. 6 cm x 9 cm x 5 cm

Schnitzeisen
- Rosenmesser
- Flacheisen: 3/5
- Geißfuß: 45°/5 mm

Vorlage
Seite 123

Variante
siehe Titelseite

Das Motiv auf den Lindenholzquader übertragen und diesen fest einspannen. Die Mittellinien mit dem Geißfuß vorschneiden (siehe Beschreibung der Dreiecke des Dosendeckels Seite 25/26). Die zwölf Strahlen mit dem Flacheisen ausformen, gekerbte Enden mit dem Geißfuß schnitzen. Kleine, stehengebliebene Späne mit dem Rosenmesser entfernen. Das Zentrum der Sonne mit dem Flacheisen runden, ggf. kleine Späne mit dem Rosenmesser nacharbeiten.

PFANNENWENDER

Motivgröße
ca. 30 cm lang

Material
- Pfannenwender aus Buchenholz, ca. 30 cm lang

Schnitzeisen
- Flacheisen: 3/5
- Geißfuß: 45°/5 mm

Vorlage
Seite 122

Den Pfannenwender an den Enden mit kleinen Schraubzwingen am Arbeitsplatz befestigen, ein Holzstückchen oder Pappe als Unterlage verwenden, damit keine Abdruckstellen durch die Schraubzwingen entstehen. Das Kerbschnittmotiv übertragen und die Mittellinien der Dreiecke aufzeichnen. Diese mit dem Geißfuß vorschneiden. Mit dem Flacheisen die zum Dreiecksmittelpunkt „gekippten" Flächen schnitzen. Mit dem Geißfuß einen Rahmen um die Dreiecke schneiden.

Tipps & Tricks

- Da Buche ein Hartholz ist, können immer nur kleine Späne weggeschnitzt werden! Auf eine geringe Arbeitstiefe achten!

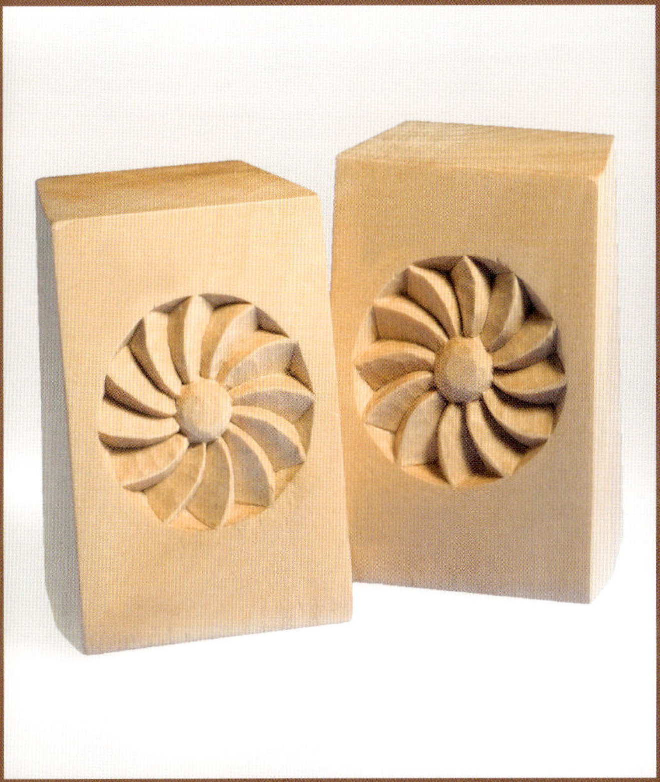

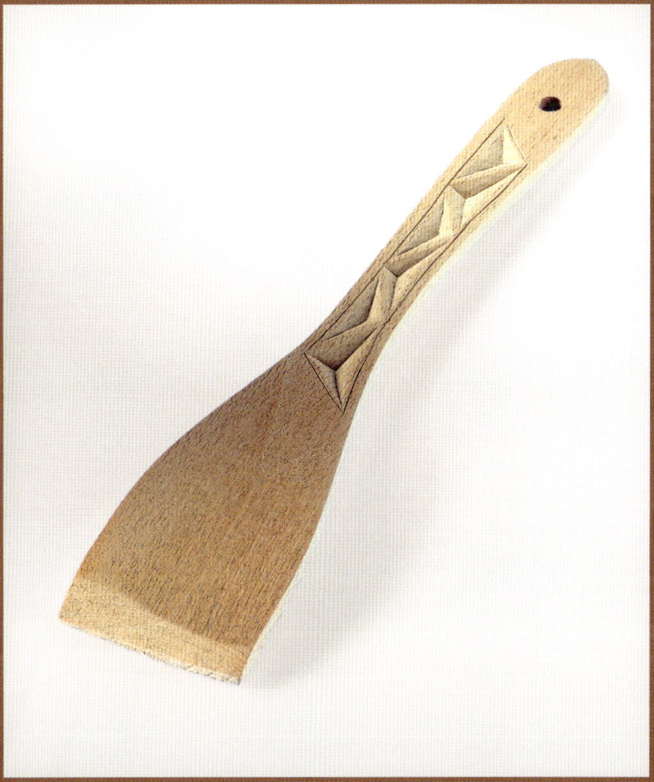

3 RELIEFSCHNITZEN

Hinweise

- Laut Duden bezeichnet das aus dem Französischen stammende Wort Relief „ein über eine Fläche erhaben hervortretendes Bildwerk".

- Schon den Ägyptern war das Reliefschnitzen als holzbearbeitende Technik bekannt. Doch erst im 17. und 18. Jahrhundert wurde es zur Kunstform erhoben, als immer mehr Werke von Holzbildhauern geschaffen wurden. Heute wird das Reliefschnitzen gerne bei Möbelverzierungen und zur Gestaltung von Schriften und bildhaften Wanddekorationen verwendet.

- In der professionellen Reliefschnitzerei, etwa bei der Anfertigung von Auftragsarbeiten, der Ausarbeitung von Dekorationen an Häuserfasaden oder in Kirchen ist absolute Präzision gefragt. Hieraus ergeben sich auch zwangsläufig wenig Freiheiten bei der Wahl der Schnitzeisen.

Beim Reliefschnitzen werden keine Muster in das Holz eingearbeitet, wie es beim Kerbschnitzen der Fall ist, sondern der Hintergrund um das gewünschte Objekt wird tiefer geschnitten, sodass dieses selbst in den Mittelpunkt rückt. Auf diese Weise entsteht ein „erhabener", bildartiger Eindruck. Durch unterschiedliche Neigungen der Oberfläche, sich verjüngende Linien und verschachtelte Formen werden Spannung, Bewegung und damit Lebendigkeit erzeugt. In Bezug auf die räumliche Tiefe unterscheidet man im Allgemeinen zwei Arten von Reliefschnitzarbeiten: Beim Flachrelief hebt sich das Objekt vom Hintergrund nur leicht ab, während beim Hochrelief das Motiv deutlich stärker und plastischer aus dem Hintergrund herausgearbeitet wird. Wie beim Kerbschnitt ist auch beim Erarbeiten eines Reliefs aus dem Hintergrund ein zeichnerischer Entwurf oder eine Vorlage eine hilfreiche Grundlage. Sie geben das Motiv detailliert wieder und dienen während des Arbeitens als Vorlage. Das Motiv muss nicht unbedingt präzise nachgearbeitet werden, wenn jedoch das geschnitzte Modell nicht wirkt, können durch Vergleich von Vorlage und Modell Fehler gefunden und korrigiert werden.

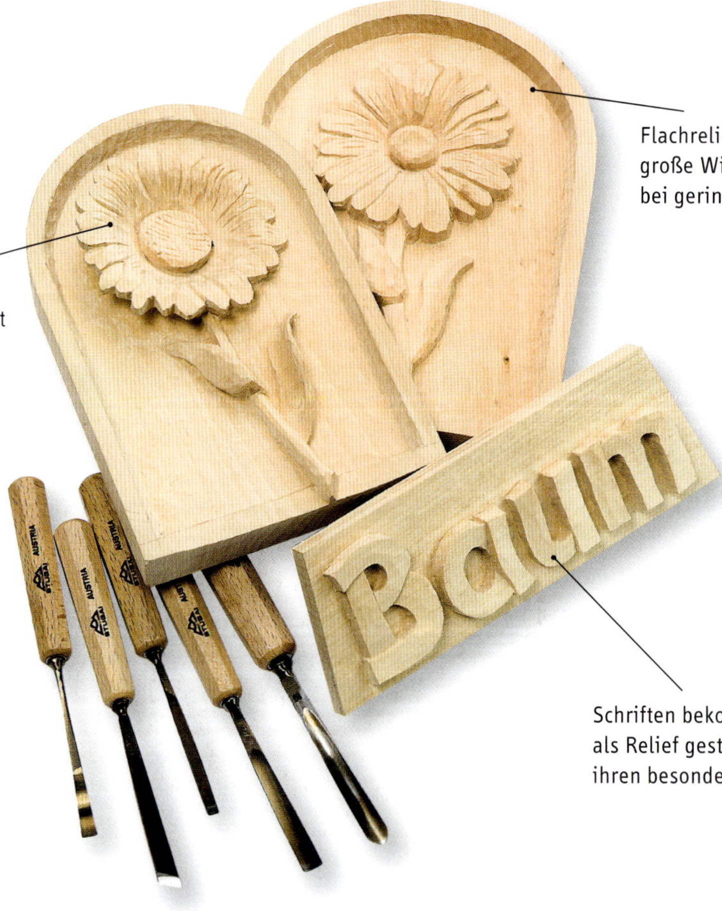

Flachrelief – große Wirkung bei geringer Tiefe

Hochrelief – das Motiv scheint fast losgelöst vom Hintergrund

Schriften bekommen – als Relief gestaltet – ihren besonderen Reiz

Schriften gestalten

Schriften lassen sich nicht nur mithilfe der Kerbschnitttechnik vielseitig gestalten, sie wirken auch als Relief, z. B. auf Wegweisern, sehr dekorativ. Während sich für die Kerbschnitttechnik gebrochene Schrifttypen und Schriften mit Serifen anbieten, sollte bei der Gestaltung von erhabenen Schriften mit breiten, blockhaften Typen begonnen werden. Durch eine plastische, höhenversetzte Gestaltung der Oberfläche bekommen die Buchstaben Schwung und Leichtigkeit.

1

Schriftzug umschneiden
Den Schriftzug gemäß Vorlage auf Seite 124 auf ein ca. 2 cm starkes Holzbrett übertragen und dieses fest einspannen. Die Buchstaben mit dem Bohrer Stich 10/6 grob ca. 1 cm tief umschneiden. Zur besseren Orientierung ist es empfehlenswert, am äußeren Rand des Bretts bei 1 cm (siehe Bild) ringsum eine Tiefenbegrenzungslinie aufzuzeichnen, die parallel zur Oberkante verläuft.

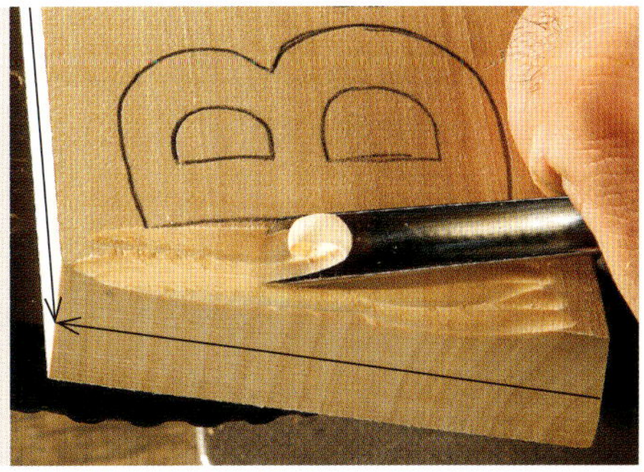

2

Äußere Konturen im Detail ausarbeiten
Winklige Einkerbungen der Buchstaben annähernd senkrecht mit dem Geißfuß 45°/5 mm herausschneiden. Die Schnitte sollten etwa in einem Winkel von 15° nach außen gerichtet ausgeführt werden. Die Buchstaben werden dadurch zum Hintergrund hin etwas breiter.

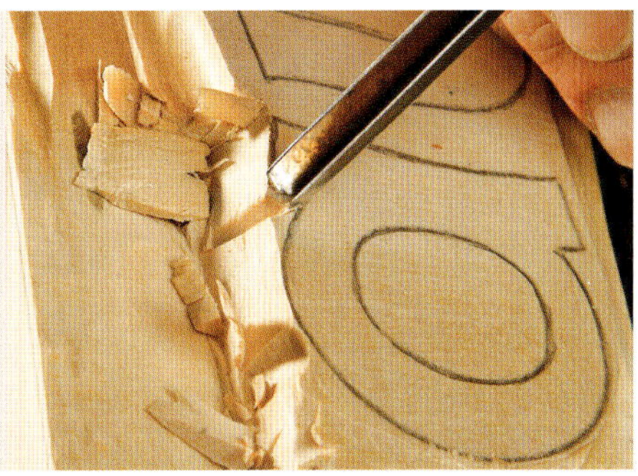

3

Innenflächen tiefschneiden
Die Innenflächen der Buchstaben schnitzen. Zuerst mit dem Bohrer Stich 10/6 in die Tiefe arbeiten, dann kantige Innenbereiche mit dem Geißfuß winklig schneiden. Rundungen der Wölbung entsprechend mit dem Bohrer, dem Hohleisen Stich 7/10 oder dem gebogenen Stich 16/16 arbeiten. Eingeschlossene Vertiefungen wie beim „a“ sind schwierig zu glätten. Das gekröpfte Balleisen Stich 21/8 (oder schmaler) leistet hier wertvolle Dienste.

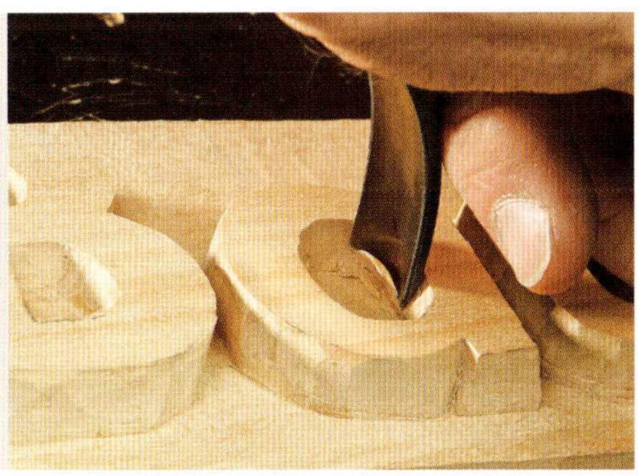

4

Absenken von Flächen
Die Oberflächen der Buchstaben absenken. So entsteht ein schwungvolles – fast geschriebenes – Gesamtbild. Zuerst die Buchstabenlinien, an denen gedanklich der Stift abgesetzt wird, mit dem Flacheisen Stich 3/10 horizontal absenken, dann zur Begrenzung senkrecht einstechen (siehe Abb.). Ggf. vor dem Absenken schon eine Begrenzungslinie ziehen.

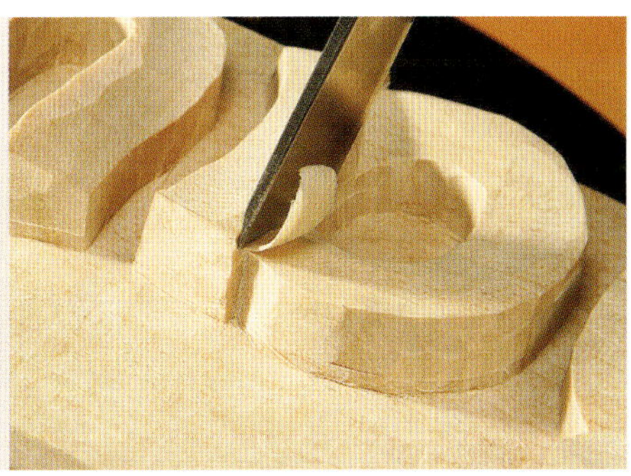

Tipps & Tricks

- Bei Reliefschriften spielt der Hintergrund eine wichtige Rolle. Deshalb sollte die Orientierungslinie sorgfältig aufgezeichnet und der Hintergrund auf eine gleichmäßige Tiefe abgesenkt werden.
- Ist das Absenken und Ausarbeiten des Hintergrundes nicht wie gewünscht gelungen, können kleine Ungenauigkeiten durch eine entsprechende Oberflächenbehandlung kaschiert werden. Für die Strukturierung von Hintergründen bietet sich vor allem das Punzieren (siehe Seite 57) an.
- Mit dem gekröpften Balleisen kann der Grund in den Buchstaben leichter sauber geschnitten werden als mit einer geraden Klinge.
- Um beim Absenken der Oberfläche das Aussplittern des Holzes zu vermeiden, sollte abwechselnd von oben und von der Seite Millimeter für Millimeter in die Tiefe gearbeitet werden.
- Eventuell noch vorhandene Markierungen mit sehr feinem Schleifpapier abtragen.

Das Flachrelief

Tipps & Tricks

◆ Beispiele für sehr flache Reliefs sind zum Beispiel die Prägungen auf Münzen und Medaillen. Wenn Sie sich diese einmal von oben und von der Seite näher ansehen, stellen Sie fest, dass diese nur einen Bruchteil eines Millimeters hervortreten und dennoch einen räumlichen Eindruck vermitteln.

◆ Zur besseren Übersicht kann der herauszuschneidende Hintergrund auch mit Bleistift schraffiert werden.

Hinweis

◆ Als Flachrelief lässt sich im Grunde jedes nur erdenkliche Motiv schnitzen. Allerdings sind Menschen und Tiere aufgrund ihrer Körperformen und Gesichter komplizierter zu arbeiten und daher für den Einsteiger nicht zu empfehlen.

Als Beispiel für ein Flachrelief, das sich etwa 1 cm weit vom Untergrund abhebt, wird eine Margerite mit zwei Blättern geschnitzt. Schon diese relativ geringe Tiefe vermittelt eine interessante plastische Wirkung, die sich vor allem durch den Schattenwurf und die dadurch entstehenden Hell-Dunkel-Effekte ergibt. Die dreidimensionale Optik kommt hier durch das Absetzen der die Blume umgebenden Fläche sowie deren naturalistische Oberflächengestaltung zustande.

1

Hintergrund tieferlegen
Das Margeritenmotiv von Seite 123 auf das zugesägte, ca. 3 cm starke Holzbrett übertragen und dieses sicher einspannen. Mit dem Bohrer Stich 10/6 zuerst quer zum Faserverlauf zwei Begrenzungslinien schneiden (1.). Anschließend mit demselben Eisen in Richtung des Faserverlaufs den Bereich zwischen Motiv und vorgezeichnetem Rand ca. 1 cm tief herausschneiden (2.). Dabei etwa 1 cm Abstand zum Motiv lassen, damit keine feinen Risse entstehen.

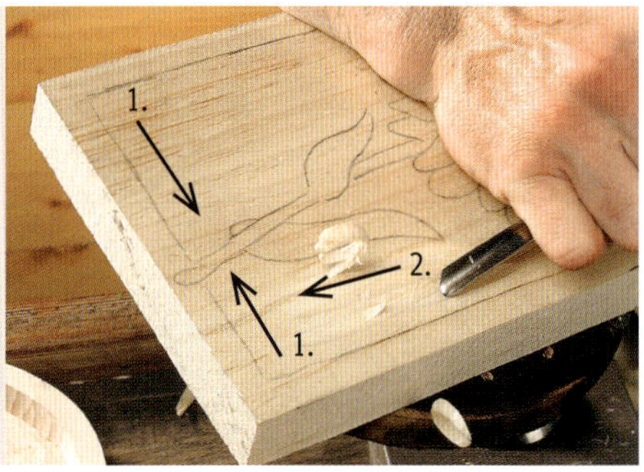

2

Margerite freilegen
Im zweiten Schritt den Boden auf eine Arbeitstiefe von max. 1,5 cm herausschnitzen und bis an das Motiv und den Rand heranarbeiten. Zur Beschleunigung kann für den flächigen Teil ein größerer Bohrer verwendet werden, z. B. Stich 11/20. Der Bildhauerklüpfel ermöglicht hier durch gezielte Schläge ein sehr exaktes Arbeiten.

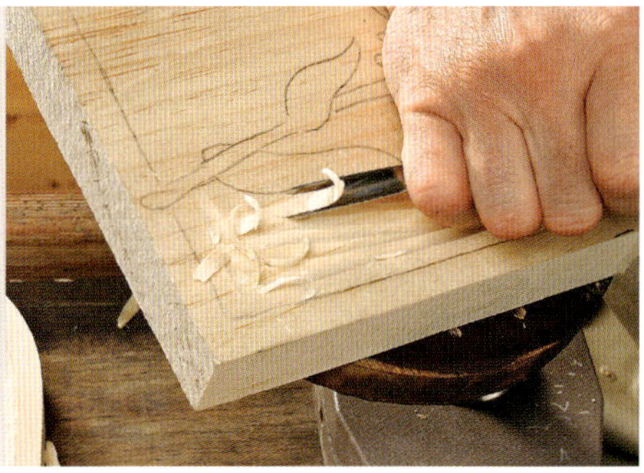

3

Ränder senkrecht abstechen und Blätter ausformen
Das blockhaft entstandene Motiv und den Rand nun senkrecht abgrenzen. An engen Stellen, Ecken und Kanten den Geißfuß 45°/5 mm verwenden, an geraden oder rund gewölbten Flächen das Hohleisen Stich 7/10. Die beiden Blätter am Stiel mit dem Flacheisen Stich 3/10 scharfkantig senkrecht abgrenzen.

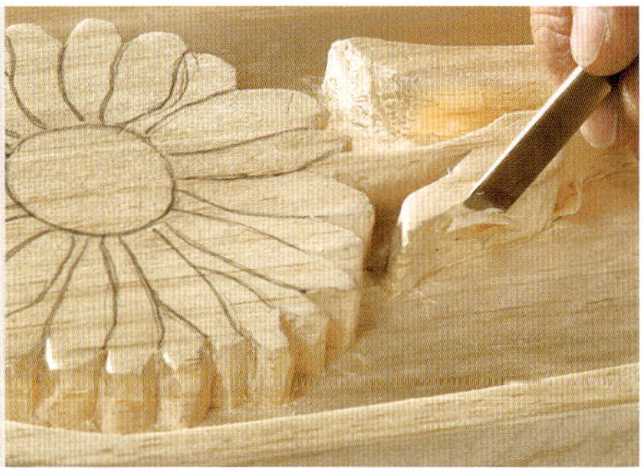

4

Blütenmitte ausformen
Die Blütenoberfläche mit dem Flacheisen Stich 5/14 zur Mitte hin wölben. Den dadurch entstehenden Kranz um die Blütenmitte ggf. mit einem gebogenen Hohleisen Stich 16/16 noch plastischer ausformen (siehe Abb.). Die Blütenmitte wieder mit dem Flacheisen Stich 5/14 gleichmäßig abrunden.

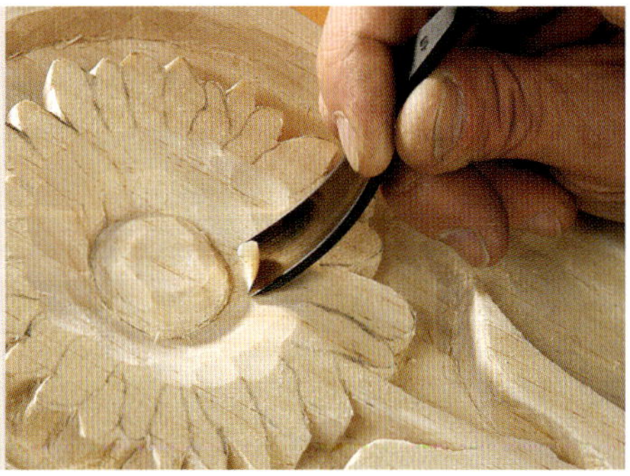

5

Blütenblätter tieferlegen
Mit demselben Flacheisen die Blütenblätter nach außen zum Rand hin absenken und plastisch wölben. Dabei vom höchsten Punkt der Blütenblätter zum Rand hin arbeiten und immer nur sehr wenig Holz abtragen. Die Blütenränder sollten etwa 5 mm bis 8 mm hoch sein.

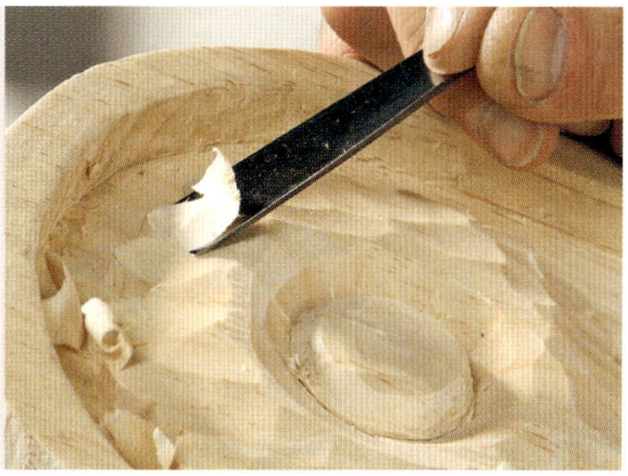

6

Blätter am Stiel tieferlegen
Die Blätter mit dem Flacheisen oder dem gebogenen Hohleisen schwungvoll ausformen und dem Stiel mit dem gebogenen Hohleisen Stich 16/16 einen gleichmäßig gebogenen Verlauf geben. Dabei unbedingt den Faserverlauf beachten, um ein Splittern zu vermeiden.

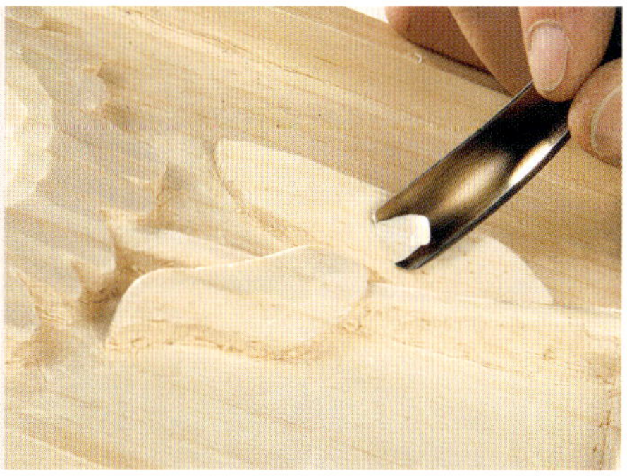

7

Endgültige Formgebung der Blütenblätter
Ein naturalistischer Eindruck wird erzielt, indem die einzelnen Blütenblätter mit dem Geißfuß 45°/5 mm voneinander abgesetzt und im Detail nochmals stellenweise abgesenkt werden. Einzelne, schwungvoll angesetzte, ungleichmäßige Rillen verstärken den lebendigen Eindruck.

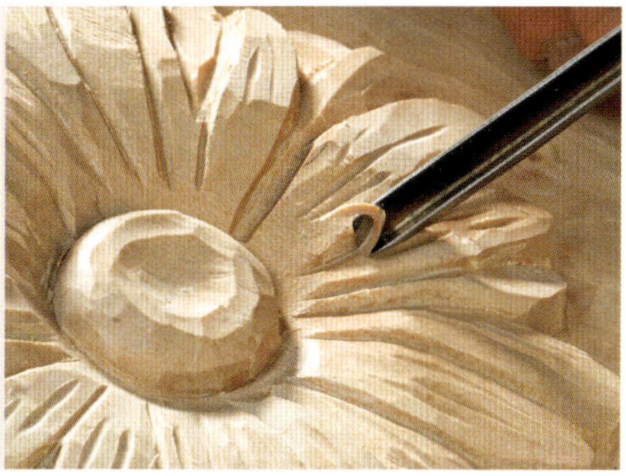

8

Querschnitt des Flachreliefs
An diesem Querschnitt wird noch einmal die geringe Tiefe und gleichzeitig verblüffend plastische Dimension des Motivs deutlich. Die Margerite ist im blockhaften Zustand nur etwa 15 mm hoch, später werden vor allem die Ränder nochmals deutlich abgesenkt. Das Motiv bleibt auch nach der plastischen Ausgestaltung an allen Stellen mit dem Untergrund „verbunden“.

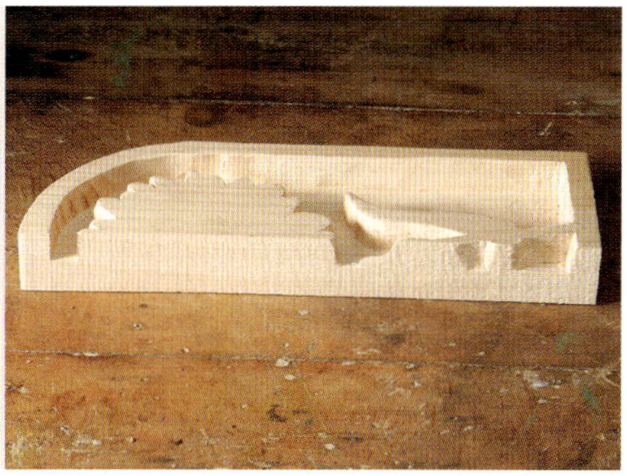

Hinweis

- Unterschiedliche Motivhöhen erfordern oft ein Wechseln der Schnittrichtung, um nicht gegen die Faser zu schneiden.

Tipps & Tricks

- Verwenden Sie für Ihre ersten Projekte Linde, Zirbelkiefer oder Weymouthskiefer. Faserige und harte Hölzer sollten Sie erst bei fortgeschrittenem Können verarbeiten.

Hinweis

◆ Im Vergleich zum Querschnitt des Flachreliefs auf Seite 35 unten ist beim Querschnitt der Margerite als Hochrelief (noch nicht hinterschnitten) die höhere Raumtiefe gut erkennbar. Der abgesenkte Rand lässt das Motiv noch deutlicher in den Vordergrund treten. Die späteren Hinterschneidungen, d. h. Zwischenräume, die von vorn nicht sichtbar sind, aber beim seitlichen Betrachten, lassen das Motiv optisch höher und natürlicher erscheinen.

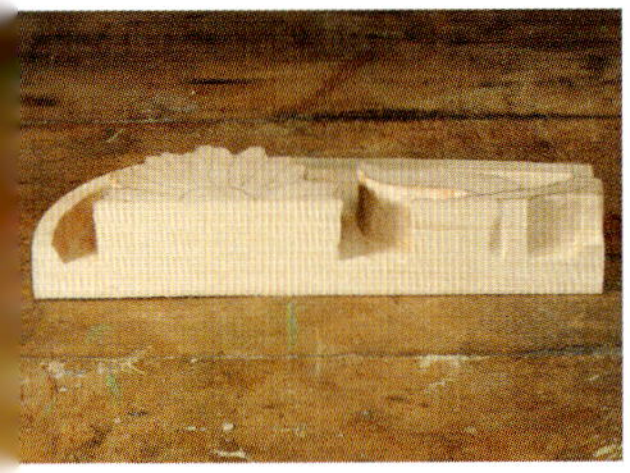

Tipps & Tricks

◆ Hinterschneiden Sie nur so weit, wie Sie eine glatte Schnittfläche erzielen.

◆ Die Wiedergabe natürlicher Perspektiven erfordert einen genauen Blick und etwas Übung, um durch gezieltes Unter- bzw. Hinterschneiden dreidimensionale, realistische Darstellungen auszuarbeiten.

Das Hochrelief

Die Weiterentwicklung vom Flach- zum Hochrelief bedarf einiger zusätzlicher Überlegungen: Hier ragen die abgesetzten Motive höher aus dem Untergrund empor, es muss also mehr Holz abgetragen werden. Mit der zunehmenden Höhe ändern sich auch die Formen und Ansichtswinkel. Die Objekte wirken deutlich realistischer und scheinen an manchen Stellen fast losgelöst vom Untergrund zu „stehen".

1

Hintergrund tieferlegen
Das Margeritenmotiv von Seite 123 auf das zugesägte, ca. 5 cm starke Holz übertragen und dieses sicher befestigen. Wie beim Flachrelief das Umfeld der Margerite mit dem Bohrer Stich 10/6 und dem Geißfuß abtragen. Den Hintergrund dafür zuerst auf etwa 1,5 cm Tiefe absetzen, anschließend die Fläche etwa 3 cm tief eben ausarbeiten. Den Boden mit dem gekröpften Balleisen Stich 21/8 glätten.

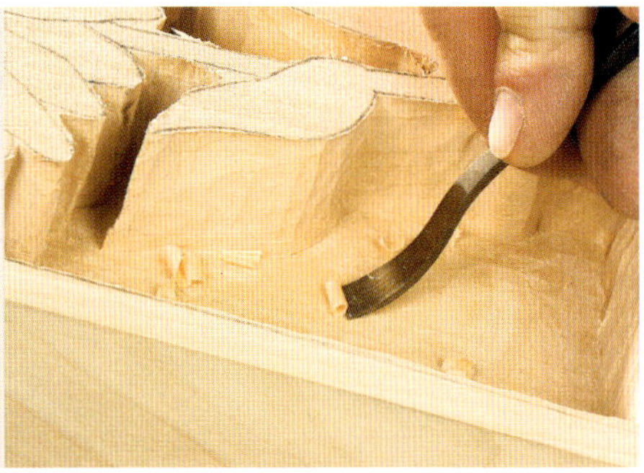

2

Rahmenhöhe anpassen
Den Rahmen mit dem Flacheisen Stich 5/14 auf eine Höhe von ca. 1 cm abtragen. Dabei auf die Faserrichtung achten, damit das Holz nicht splittert. Ggf. die Schnitzrichtung wechseln (siehe Seite 21, Die Auswirkung des Faserverlaufs auf die Schnittführung).

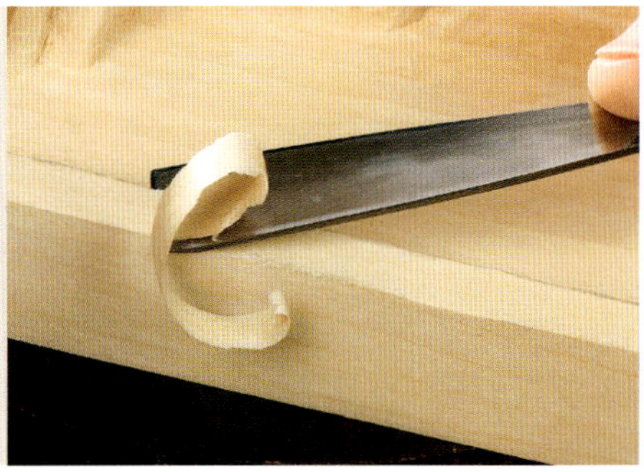

3

Blätter und Stiel ausformen
Stiel und Blätter um etwa 1,5 cm mit demselben Flacheisen absenken. Blätter und Stiel grob vorformen, dabei sollten die drei Teile (Stiel und zwei Blätter) durch trennende Linien (hierfür ebenfalls das Flacheisen verwenden) erkennbar werden. Der Stiel sollte durchgehend eine gleichförmige Wölbung aufweisen und auf dem abgesenkten Rahmen des Motivs enden.

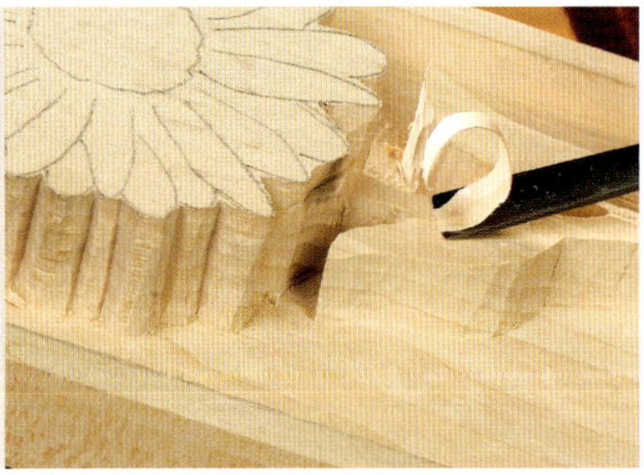

4

Blüte abflachen
Die Blüte nach rechts außen stark absenken, die tiefer gelegte Außenseite sollte am Schluss eine Höhe von etwa 1 cm haben. So entsteht die Voraussetzung für die räumliche Wirkung der zur Seite geneigten Blüte. Das Holz wieder mit dem Flacheisen Stich 5/14 abtragen.

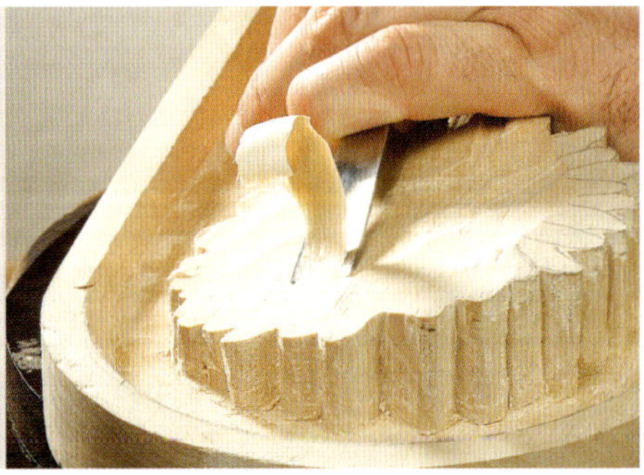

5

Blütenmitte herausarbeiten

Die Blütenblätter zur Mitte hin mit dem Flacheisen Stich 5/14 absenken. Die Blütenmitte rund und gewölbt, mit einer leichten Einbuchtung in der Mitte, ausformen und erhaben aus dem Umfeld herausarbeiten. Sie ist dann ca. 2 cm niedriger als der Außenrand der Blüte.

6

Blätter am Stiel plastisch ausgestalten

Stiel und Blätter und lebendig ausformen. Den Stiel nochmals tieferlegen und das obere Blatt so ausgestalten, dass es sich über den Stiel wölbt. Das untere Blatt mit einem gezielten senkrechten Stich vom Stiel trennen und zum Stiel hin etwas absenken. Dem äußeren Teil des Blattes Schwung verleihen. Die Oberseite und den Rand von Blüte, Stiel und Blättern auf harmonische Übergänge prüfen und ggf. nacharbeiten. Für diese Schnitte sind die Stiche 5/8, 5/14 und 7/10 empfehlenswert.

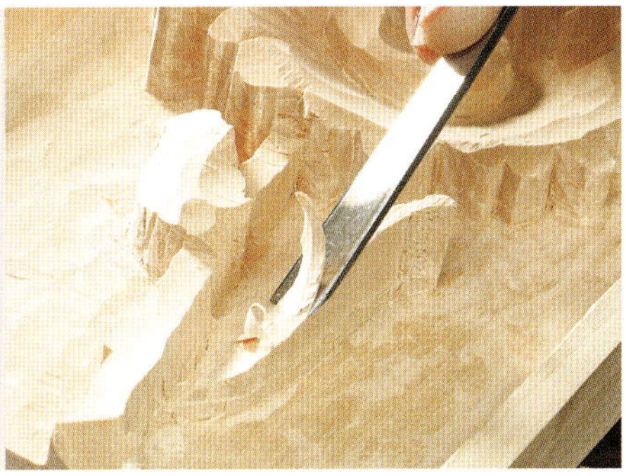

7

Blüte plastisch ausgestalten

Mit dem Hinterschneiden der Blüte beginnen. Die Blütenblätter sollen etwa 7 mm stark ausgearbeitet werden. Zur Orientierung kann an der Seite der Blüte ca. 7 mm von der Oberfläche entfernt eine parallel verlaufende Hilfslinie gezeichnet werden. An dieser Linie das Flacheisen Stich 5/14 ansetzen und damit bis etwa 3 mm vor den Boden schräg nach unten hin einstechen und somit Blütenblatt für Blütenblatt kranzförmig freilegen.

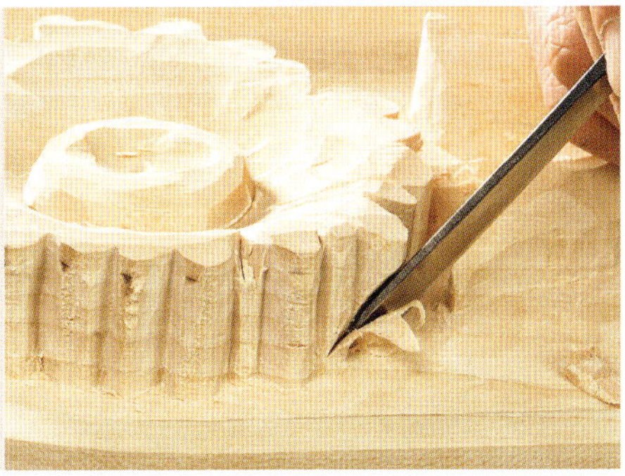

8

Blüte rundum hinterschneiden

Die stehen gebliebenen, nicht vollständig abgetrennten Holzsplitter rundherum entfernen. Dafür den Bohrer 11/20 waagerecht an den Splittern ansetzen und diese mit gezielten Schnitten abtragen. Mit zunehmender Tiefe zu Stich 10/10 und 11/2 wechseln. Dabei nicht in den Boden einstechen, da die bereits ausgearbeitete Tiefe nicht mehr überschritten werden sollte. Der Bohrer sollte beim Entfernen der Holzreste parallel zum Boden geführt werden.

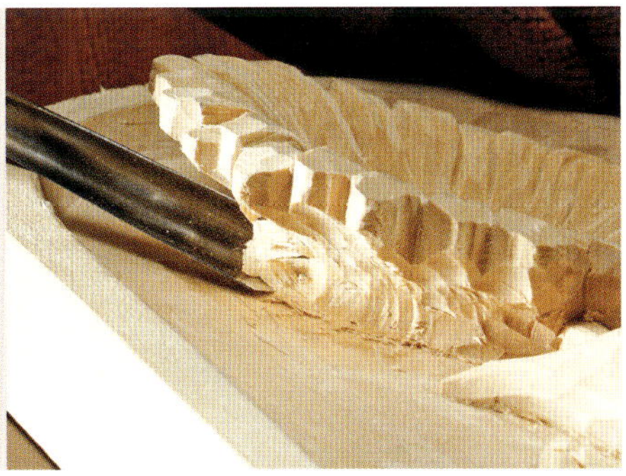

9

Blüte nach innen hin aushöhlen

Mit zunehmender Tiefe beim Hinterschneiden zum gebogenen Hohleisen Stich 16/16 wechseln und den Ansatz der Blüte sowie den Boden mithilfe von Stich 11/2 splitterfrei ausarbeiten und ggf. glätten. Wenn die gewünschte Tiefe erreicht ist, die Oberfläche der Blüte wie beim Flachrelief oder nach Wunsch naturalistisch ausgestalten.

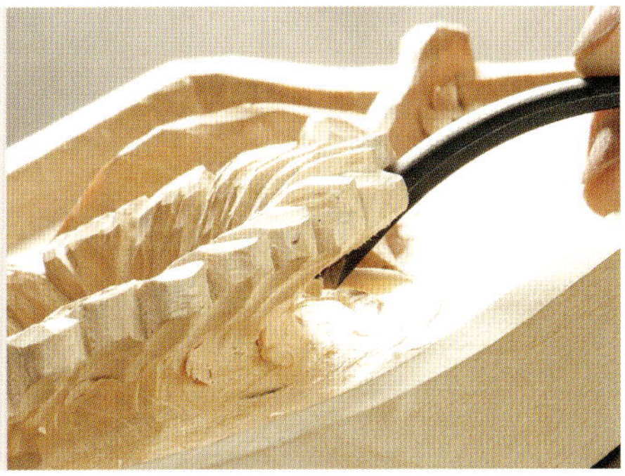

Tipps & Tricks

- Mithilfe eines Tiefenmaßes können Sie prüfen, ob Sie den Hintergrund auf eine gleichmäßige Tiefe abgesenkt haben. Solch ein Tiefenmaß können Sie leicht selbst herstellen: Sie benötigen lediglich ein ca. 2 mm bis 3 mm dünnes, längliches Stück Holz, durch das Sie einen dünnen Nagel schlagen. Legen Sie Ihr Tiefenmaß über den abgesenkten Hintergrund und fixieren Sie den Nagel in der Position, die der gewünschten Tiefe Ihres Reliefs entspricht. Legen Sie nun das Tiefenmaß mit dem so fixierten Nagel an verschiedenen Stellen des Hintergrunds an und korrigieren Sie ggf. die Tiefe.

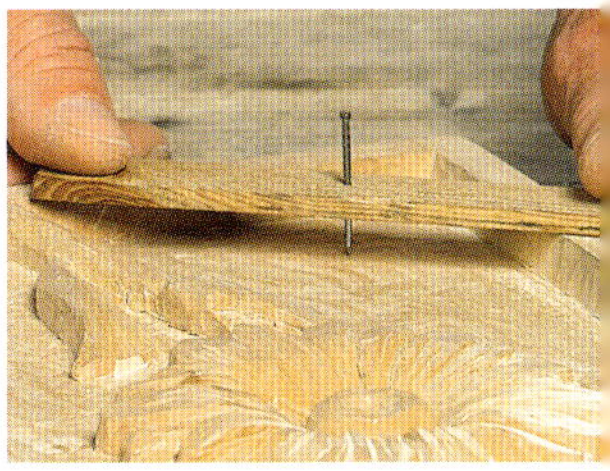

- Die Hinterschneidung in diesem Beispiel ist so tief, dass zwischen Boden und Blütenunterseite ein Daumen passt.

LOS GEHT'S

BUCHSTÜTZE „KELTISCHER KNOTEN“

Motivhöhe
ca. 9 cm

Material

- Quader aus Lindenholz, 6 cm x 9 cm x 5 cm

Schnitzeisen

- Flacheisen: 3/5
- Bohrer: 10/6

Vorlage
Seite 123

Variante
Seite 59

Das Motiv gemäß Vorlage auf den Lindenholzquader übertragen und arbeitssicher befestigen. Den Bereich um den Knoten 5 mm tief mit dem Bohrer Stich 10/6 absenken. Mit dem Flacheisen Stich 3/5 das Motiv senkrecht abstechen und den Boden glätten. Alle unterlaufenden Bandabschnitte absenken (siehe auch Schrift Seite 33). Abschließend die Oberfläche des Motivs mit dem Flacheisen wölben.

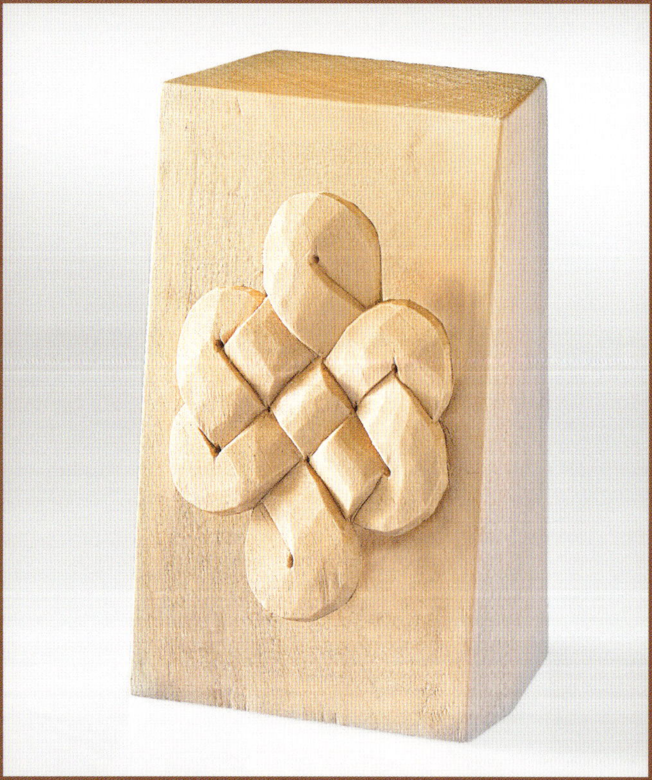

ORNAMENT

Motivgröße
ca. 16 cm x 26 cm

Material

- Brett aus Lindenholz, 16 cm x 26 cm, 2 cm stark

Schnitzeisen

- Flacheisen: 5/14
- Hohleisen: 7/10 und 16/16
- Bohrer: 9/8, 18/14, 10/6, 10/10, 11/20 und 20/10

Vorlage
Seite 123

Die Linien des Motivs gemäß Vorlage auf das Holz übertragen und die Grundtiefe (1 cm) an allen vier Seiten markieren. Mit den Stichen 5/14 und 18/14 die unterschiedlichen Tiefen und gewölbten Flächensegmente bis zum Rand hin herausarbeiten. Zur detaillierten Ausbildung der Höhlungen und Kehlen die Bohrer und Hohleisen verwenden.

Hinweis

- Bei diesem Motiv müssen Sie den häufig wechselnden Faserverlauf berücksichtigen. Schneiden Sie immer mit der Faser, um zu vermeiden, dass die Gratkanten an den Spitzen ausbrechen.

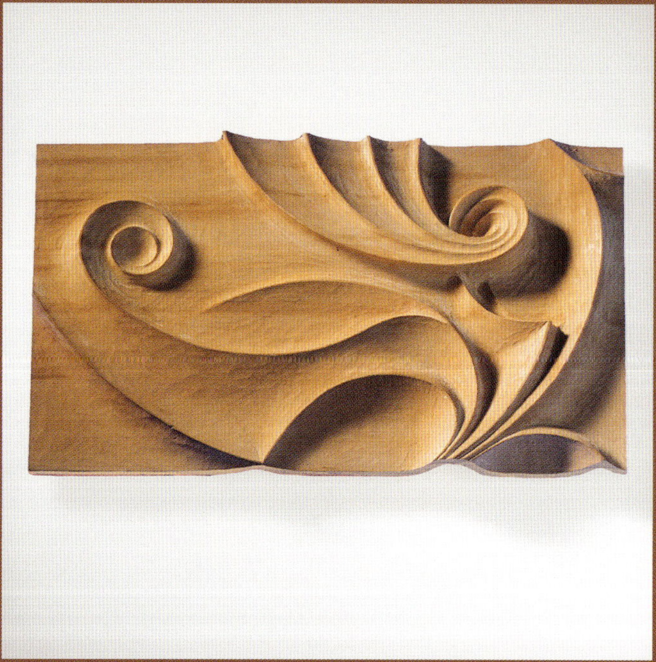

RELIEFSCHNITZEN

SPRUCHBILD

Motivgröße
19,5 cm x 30 cm

Material
- Brett aus Lindenholz, 19,5 cm x 30 cm, 2,5 cm stark

Schnitzeisen
- Flacheisen: 3/5
- Bohrer: 10/6 und 11/2
- Geißfuß: 45°/5 mm

Vorlage
Seite 123

Den Text auf das Brett übertragen und das Textumfeld ca. 7 mm tief bis etwa 3 mm an den Text heran abtragen. Dieser Abstand ist er-forderlich, um den Buchstabenblock zum Hintergrund hin etwa 10°–15° breiter werden und damit fundamentaler erscheinen zu lassen. Die Buchstaben werden mit dem Geißfuß und den Bohrern getrennt und ausgeformt.

HOCH- UND FLACHRELIEF MARGERITE

Motivhöhe
ca. 25 cm

Material pro Relief
- Brett aus Weymouthskiefer, 25 cm x 16 cm, 3 cm bzw. 5 cm stark

Schnitzeisen
- gekröpftes Balleisen: 21/8
- Flacheisen: 3/10, 5/8 und 5/14
- Hohleisen: 7/10 und 16/16
- Bohrer: 10/6, 10/10, 11/2 und 11/20
- Geißfuß: 45°/5 mm

Vorlage
Seite 123

Die beiden Reliefs werden wie auf den Seiten 34 bis 37 beschrieben gearbeitet. Die Blütenblätter und die Blätter am Stiel individuell plastisch herausarbeiten. Mit dem Geißfuß Zierlinien und natürliche Strukturen einkerben.

Tipps & Tricks

- Je nach Stärke des Holzstückes können beim Flach- und Hochrelief unterschiedlich plastische Wirkungen erzielt werden: Beim Flachrelief kann die Blüte auch so herausgearbeitet werden, dass die Konturen sich nur sehr leicht, fast angedeutet, vom Untergrund abheben.

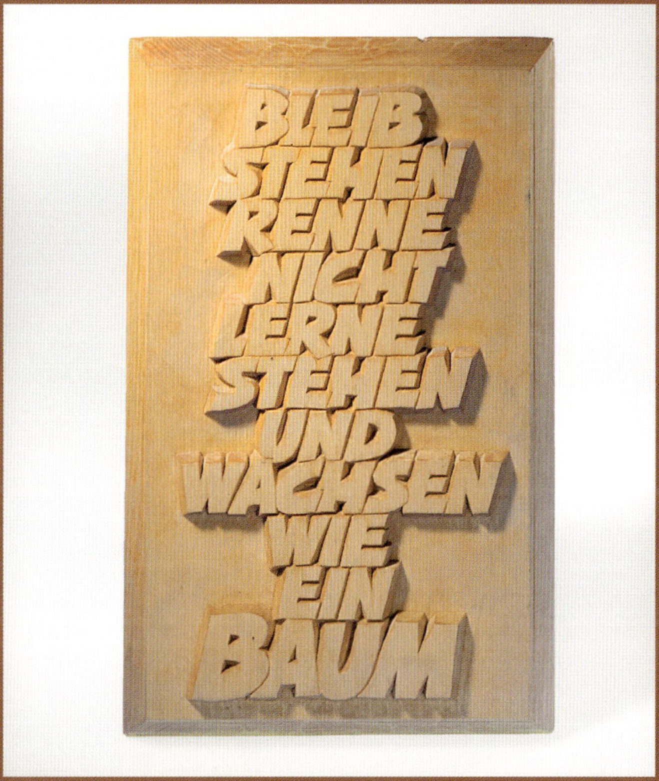

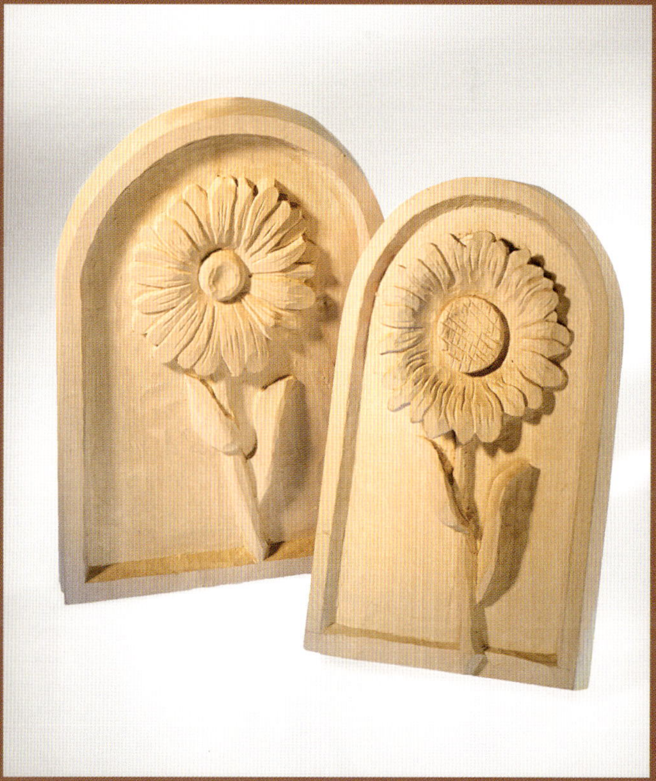

4 PLASTISCHES SCHNITZEN

Hinweis

◆ Eine sehr effektive und „holzsparende" Methode, ein Gespür für harmonierende Proportionen und Formen zu entwickeln, ist das Arbeiten mit Knetmasse, z. B. FIMO® oder Ton. Damit können Sie so lange und oft experimentieren, bis Ihnen die Figur stimmig erscheint und Sie etwas Übung im Aufbauen von Körpern haben. Denn nicht immer sind missglückte Formen im Holz im Nachhinein auszubessern, vor allem, wenn einmal zu viel Holz abgetragen wurde. Auch für das Entwerfen von Schalen und die Bestimmung der geeigneten Wandstärke ist dieses Vorgehen hilfreich. Knetmasse und Ton sind für wenig Geld im Bastelfachhandel und Baumarkt erhältlich.

Unter einer plastischen Schnitzarbeit versteht man im Allgemeinen ein freistehendes, dreidimensionales Objekt, das von jeder Richtung betrachtet ein anderes Erscheinungsbild aufweist. Reliefarbeiten hingegen, die Sie bereits im vorhergehenden Kapitel kennengelernt haben, können zwar eine dreidimensionale, massive Struktur mit einer plastischen, bildhaften Anmutung verbinden, das Kriterium des Freistehens im Raum ist durch die unlösbare Verbindung mit dem flachen Untergrund jedoch nicht gegeben. Diese Grundvoraussetzung müssen Sie bedenken, wenn Sie Skulpturen schnitzen oder selbst entwerfen.

Ein altes Sprichwort unter Schnitzern sagt, dass jede Skulptur schon längst im Holz vorhanden ist und nur das weggeschnitzt werden muss, was nicht zur Skulptur gehört. Dafür benötigt man nicht nur ein gutes räumliches Vorstellungsvermögen, sondern, vor allem beim Schnitzen von Figuren, auch ein Gespür für Proportionen. Eine ideale Möglichkeit, die Grundlagen des plastischen Schnitzens zu erlernen, ist das Ausarbeiten von schlichten Schalen und einfachen Figuren, die ohne Details, wie z. B. ein Gesicht, angelegt sind.

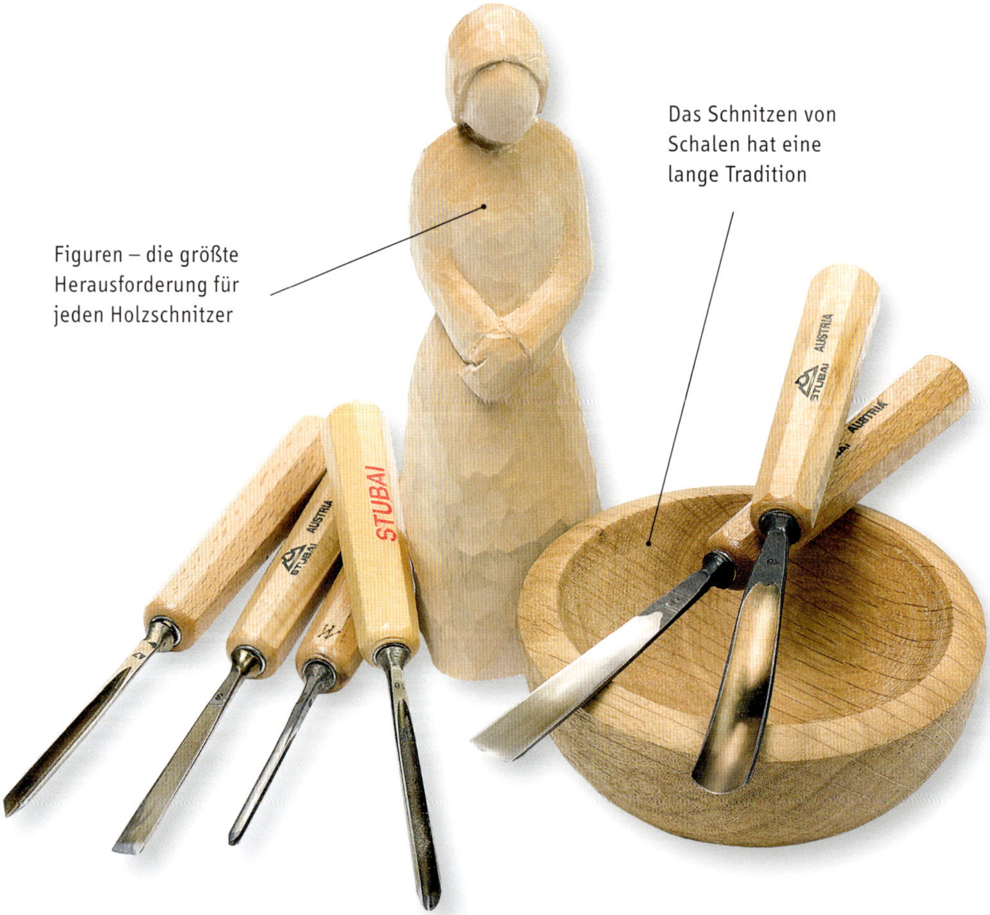

Figuren – die größte Herausforderung für jeden Holzschnitzer

Das Schnitzen von Schalen hat eine lange Tradition

Schalen schnitzen

Schalen als Gebrauchsgegentand des täglichen Lebens begleiten die Menschen seit Tausenden von Jahren. Sie können als reines Aufbewahrungsgefäß schlicht, dickwandig und robust sein oder aber als Dekorationsobjekt dünnwandig, leicht und filigran wirken. In der folgenden Schritt-für-Schritt-Anleitung wird eine kleine, runde Schale mit dicker Wand aus widerstandsfähigem, kräftig gemasertem Eichenholz geschnitzt.

1

Innendurchmesser anzeichnen
Auf das eingespannte, ca. 5 cm dicke, grob vorgesägte Holz im gewünschten Durchmesser (hier ø = 13 cm) mit dem Spitzzirkel den Innendurchmesser (r = 5 cm) und Außendurchmesser (r = 6,5 cm) aufzeichnen. Die eingeritzten Markierungen sind auf dem Holz gut erkennbar. Anstelle des Zirkels können Sie auch die Kreisvorlage von Seite 126 als Schablone verwenden.

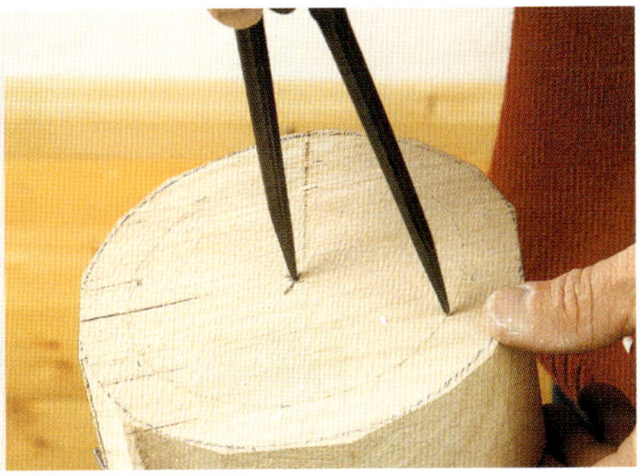

2

Schaleninneres ausheben
Die Innenseite der Schale anlegen: Die Aushöhlung mit dem Flacheisen Stich 5/14 beginnen. Dabei vom vorgezeichneten Innenrand ca. 1 cm Abstand halten und immer zum Mittelpunkt schnitzen. Während dieser ersten Schnitte können Sie sich gut an die speziellen Eigenschaften und die Härte des Eichenholzes gewöhnen.

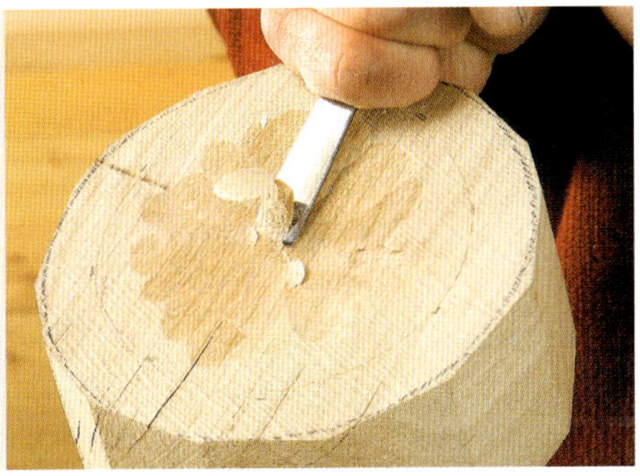

3

Rand bearbeiten
Mit dem Flacheisen Stich 5/14 den Außenrand an der Zirkellinie begrenzen. Hierzu senkrecht zur Oberfläche etwa 2 cm weit nach unten schnitzen. So entsteht der äußere Rand. Aufgemalte Pfeile erleichtern die Orientierung.

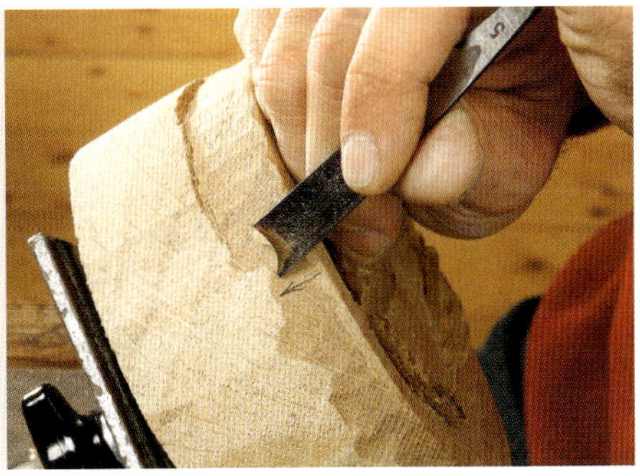

4

Schaleninneres weiter ausarbeiten
Zur weiteren Vertiefung der Innenwölbung das gebogene Hohleisen Stich 16/16 verwenden. Die Innenfläche bis maximal 4 cm Tiefe ausarbeiten und dabei stets auf eine gleichmäßige Wölbung achten. Die Wölbung am vorgeritzten Innenrand beginnend zur Schalenmitte hin ausarbeiten.

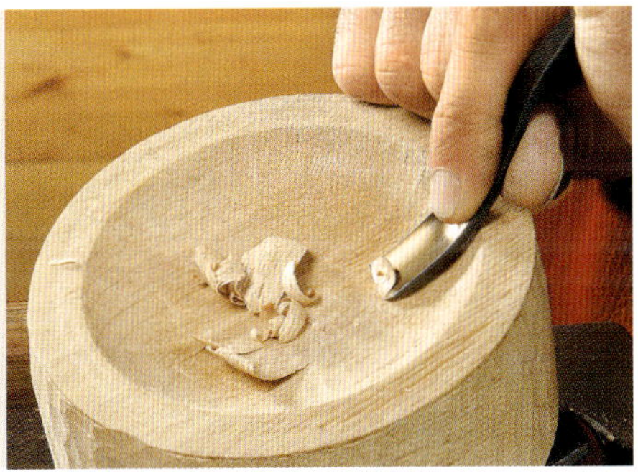

Tipps & Tricks

◆ Umrisse von Schalen mit einer ovalen oder anderen, spiegelbildlich angelegten Form, die nicht mithilfe eines Zirkels auf das Holz übertragen werden kann, lassen sich leicht mithilfe einer Schablone auf das Holz übertragen. Ein ausreichend großes Stück Fotokarton mittig falten und vom Falz ausgehend (= Mittelachse) die halbe Form aufzeichnen und diese entlang der Kontur aus dem doppelt gelegten Karton ausschneiden. Dadurch entsteht nach dem Aufklappen eine symmetrische Schablone.

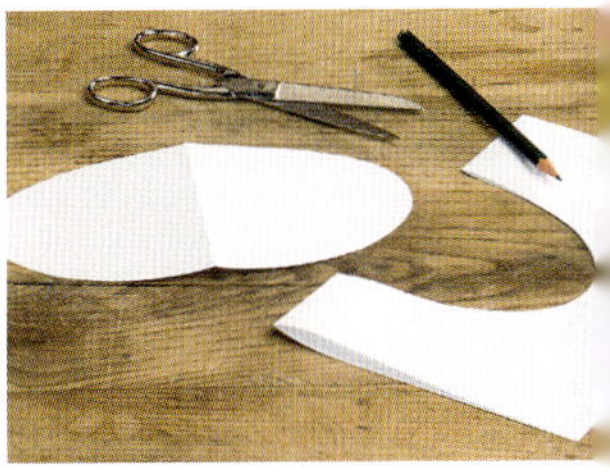

◆ Das Ausarbeiten der Schale aus hartem Eichenholz fällt am Anfang leichter, wenn Sie Stiche von geringer Breite und größerer Wölbung wählen. Der Holzabtrag ist damit allerdings auch geringer.

Tipps & Tricks

◆ Nach einigen geschnitzten Schalen werden Sie schnell ein Gespür für die Innen- und Außenform und die passende Wandstärke entwickeln. Dann kann die Außenform auch gleich im ersten Arbeitsschritt geschnitzt und erst danach die Innenwölbung herausgearbeitet werden.

Hinweise

◆ Die Ausarbeitung der Schale mit der Hand ist etwas mühsam, vermittelt jedoch am besten das Gefühl für die Holzhärte und Faserrichtung. Diese Erfahrung hilft Ihnen auch bei der Umsetzung weiterer, komplizierterer Schnitzprojekte.

5

Rand bis zum Boden gestalten
Die Außenwand mit dem Flacheisen Stich 5/14 bis zum Boden schnitzen. Achtung: Das Holz neigt in dieser Schnitzrichtung in Bodennähe zum Splittern; wenn dies der Fall ist, sofort die Schnitzrichtung ändern, z. B. von unten nach oben. Dabei immer vom Körper wegschnitzen.

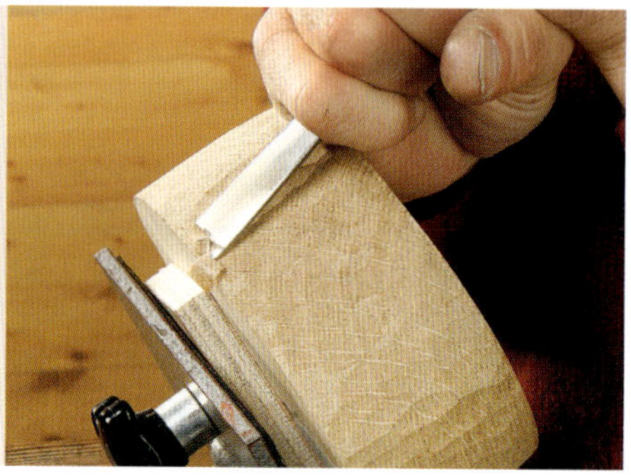

6

Rand abschrägen
Den oberen Rand nach außen hin leicht mit demselben Flacheisen abschrägen (ca. 10°). Dabei unbedingt die Faserrichtung beachten! Nacharbeiten, wenn der Rand nicht gleichmäßig stark ist. Er sollte später kantig nach innen und außen abfallen.

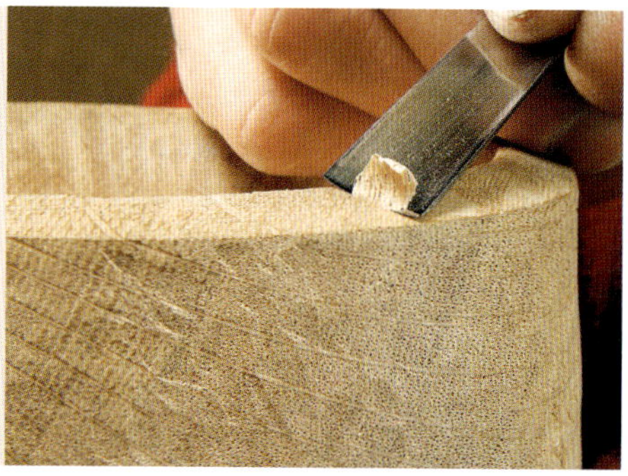

7

Rand abrunden, Boden ausarbeiten
Für den Boden mit dem Zirkel einen Kreis mit r = 4 cm um den Mittelpunkt der Bodenfläche zeichnen. Die Außenwölbung der Schale unter Beibehaltung einer gleichmäßigen Wandstärke der Innenwölbung mit dem Flacheisen 5/14 anpassen. Zur Arbeitssicherheit die Schale mit der Öffnung nach unten auf der Arbeitsplatte festklemmen bzw. einspannen. Orientieren Sie sich ggf. an der Wölbung der Vorlage auf Seite 127.

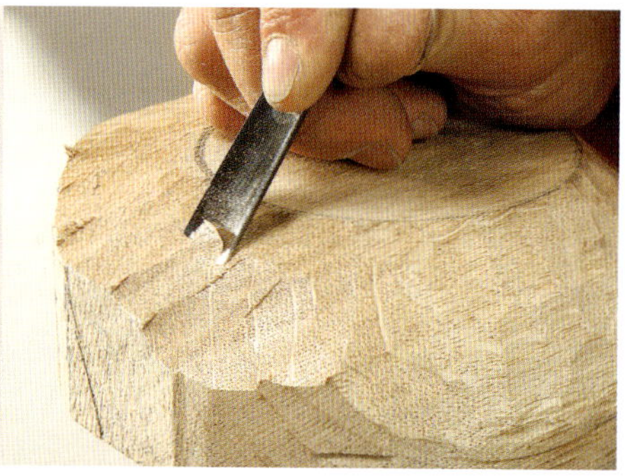

8

Rand weiter verfeinern
Den Rand mit Stich 5/14 weiter im Detail ausarbeiten. Sollten Sie in Bezug auf die Wandstärke unsicher sein, die Schale ausspannen, die Wandstärke zwischen Daumen und Zeigefinger prüfen und entsprechend weiter ausarbeiten.

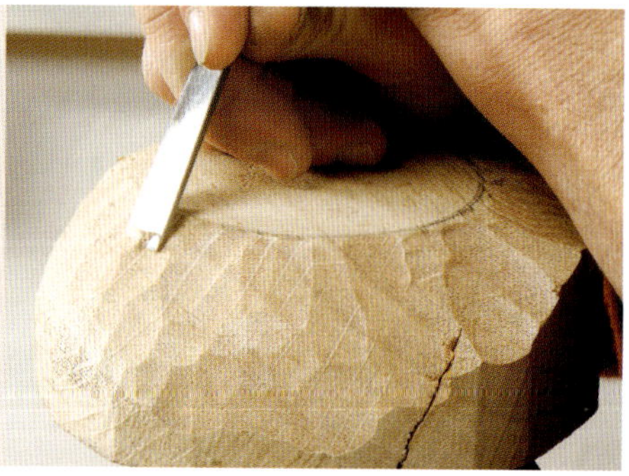

9

Oberfläche abschmirgeln
Die charakteristische Holzmaserung durch vorsichtiges Abschleifen deutlich herausarbeiten: Mit Körnung 80 beginnen und stufenweise zu feinerem Schleifpapier mit Körnung 100 bis 180 wechseln. Einen schönen Kontrast erzielen Sie, wenn Sie das Schaleninnere sehr fein schmirgeln und die gröber geschnitzte Außenwand nur leicht glätten.

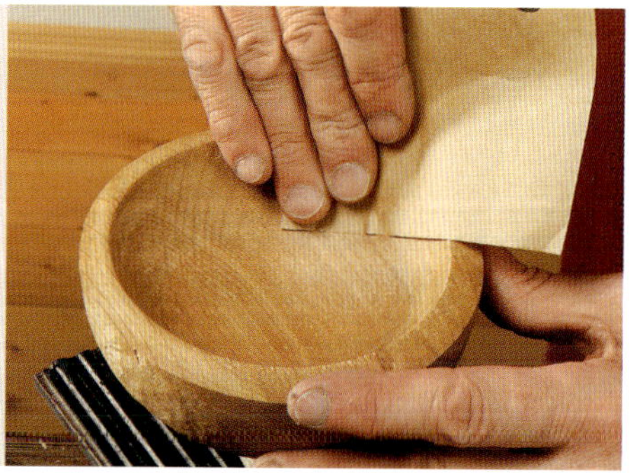

Figuren schnitzen

Das Figurenschnitzen ist im Grunde die Königsdisziplin der Schnitzkunst. Wer einmal damit begonnen und daran Gefallen gefunden hat, wird bald selbst in vielen Holzstücken Motive sehen, die daraus geschnitzt werden könnten. Allerdings ist es nicht sinnvoll, sofort mit Figuren in besonderen Körperhaltungen und aufwändigem Gewand oder mit Gesichtern zu beginnen, sondern sich mit einfachen, aufrecht stehenden Figuren wie im folgenden Beispiel gezeigt in das Thema einzuarbeiten.

1

Grundform vorbereiten

Mit der Schablone (siehe Vorlage Seite 127) die Umrisslinien erst frontal auf den Holzquader übertragen und aussägen. Dann die Schablone für die Seitenansicht auflegen, die Linien nachfahren und die Figur erneut entsprechend zusägen. Um den Rohzuschnitt von der Unterseite sicher mit Schrauben fixieren zu können, ist es ratsam, das Holz ca. 2 cm höher zuzusägen, sodass ein Sockel entsteht, der am Schluss abgesägt werden kann.

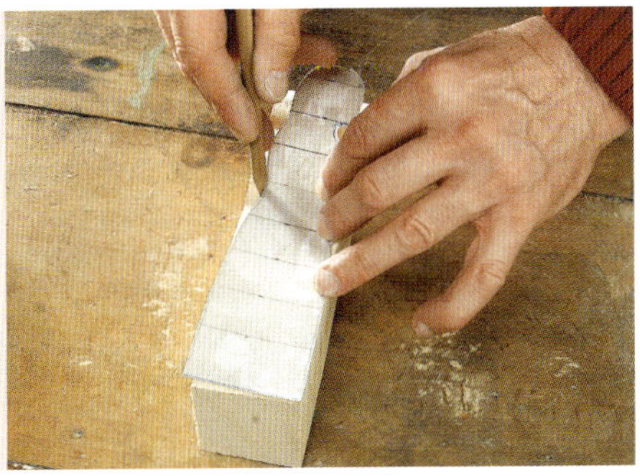

2

Kopf grob vorformen

Den vierkantigen Kopf mit dem Flacheisen Stich 3/10 in der oberen Hälfte abrunden und grob vorformen. Von oben betrachtet soll eine ovale Kopfform ohne Kanten sichtbar werden. Fühlbare Unebenheiten vorsichtig glätten.

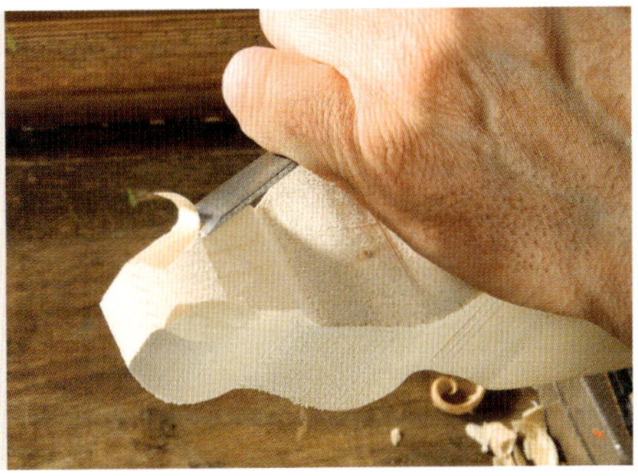

3

Kopf zum Hals hin ausformen

In der unteren Hälfte einen schlanken Übergang zum Hals grob vorformen. Anschließend die noch kantige Halspartie mit dem Flacheisen abrunden und die scharfen Kanten entfernen.
Kontrollieren Sie Ihre Arbeit, indem Sie die Figur aufrecht stellen, diese drehen und dabei nach unregelmäßigen Wölbungen untersuchen.

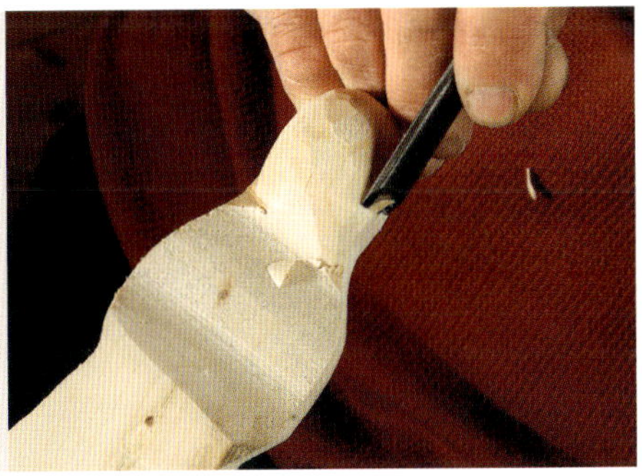

4

Rockteil zum Boden hin formen

Den unteren Teil der Figur mit dem Flacheisen Stich 5/14 (oder in einer geringeren Breite) rundherum abrunden und zu einem Rock ausformen. Dabei sollte am unteren Saum (= Standfläche der Figur) eine gleichmäßig ovale Form entstehen (siehe Tipps & Tricks).

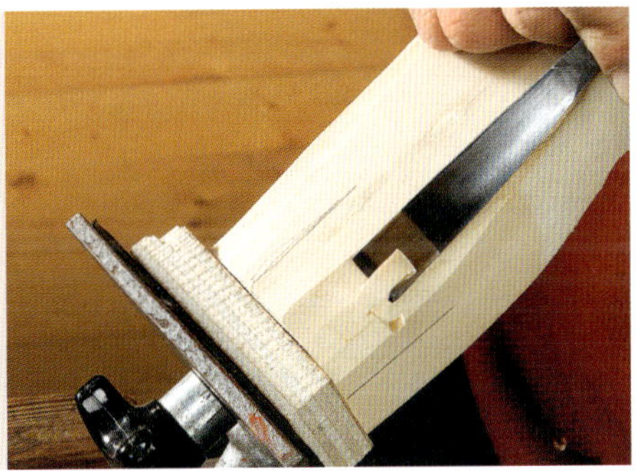

Tipps & Tricks

◆ So formen Sie das Rockteil aus (vgl. Schritt 4): Von unten gesehen soll eine gleichmäßig geformte, ovale Fläche aus dem Holzblock herausgeschnitzt werden. Dafür muss an den Kanten am meisten Holz entfernt werden, zur Mitte hin immer weniger. An den äußeren Mittelpunkten, die durch Pfeile gekennzeichnet sind, wird kein Holz weggeschnitten. Diese Pfeile zur Orientierung können an die Seite des Rohzuschnittes gezeichnet werden. Hierzu wird die bisher ausgearbeitete Figur senkrecht aufgestellt, die Mitten der vier Seiten ausgemessen und dort senkrechte Linien mit einem Bleistift angezeichnet. Zwischen diesen Linien werden nun gleichmäßige Wölbungen geschnitzt, etwa in Form eines Viertelkreises (siehe Skizze).

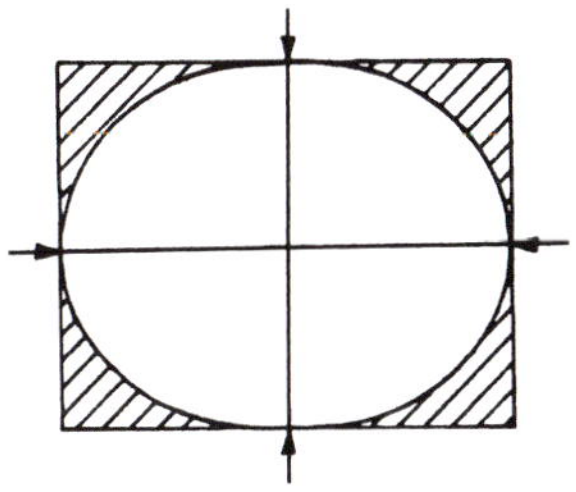

Hinweis

◆ Die Körperproportionslehre dient dem Einstieg in die figurale Gestaltung. Kompakte, weitgehend undifferenzierte Körperpartien erleichtern den Einstieg. Über diesen Weg der schlichten Körperausdruckshaltung können unterschiedliche Körpersprachen erprobt werden und daraufhin durch Details wie Handhaltung oder Gesichtsausdruck ergänzt und verstärkt werden.

Tipps & Tricks

◆ Die richtige und natürlich wirkende Position der Schultern können Sie ganz einfach mithilfe eines Lineals ermitteln. Legen Sie dafür das Lineal mittig an der Seite der Figur an. Das Schultergelenk muss nun direkt hinter dieser gedachten, senkrechten Mittellinie (= Lot) positioniert sein und nicht auf der Linie oder gar davor, da der Körper sonst gedrungen wirkt.

5

Armpartie mit Händen vorschnitzen
Die Hände sind vor dem Körper übereinander gelegt und werden mit dem Bohrer Stich 10/6 in Hüfthöhe V-förmig begrenzt. Diese weiter bis zu den Hüften schnitzen, sodass Unterarme bis zum Ellenbogen angedeutet werden.

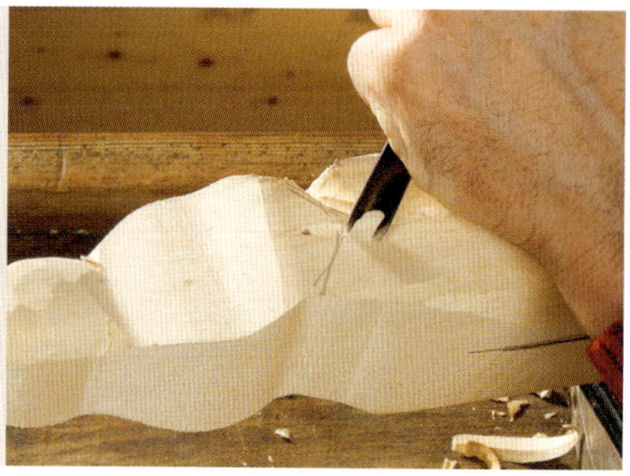

6

Rockteil zur Hüfte hin formen
Den Rock entsprechend der bereits vorgearbeiteten Rundungen in der Mitte beginnend bis zu den Hüften weiter ausarbeiten. Dabei auch den hinteren Rockteil bis zu den Hüften abrunden. Der Rock ist nun kantenfrei. Die Figur immer wieder drehen, dabei auf unregelmäßige Wölbungen untersuchen und ggf. korrigieren.

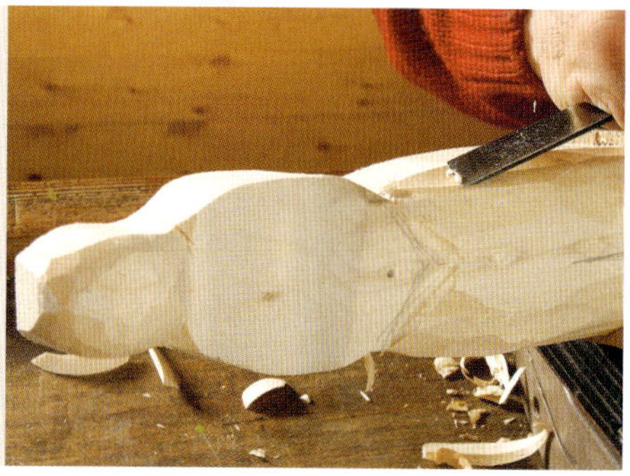

7

Armpartien anzeichnen
Seitlich an der Figur die Position von Ober- und Unterarm anzeichnen. Beide Partien haben von der Schulter beginnend etwa die Länge des Kopfes. Ein Kreis, etwa 1,5 Kopflängen von der Oberkante der Figur entfernt, verdeutlicht die Position des Schultergelenks.

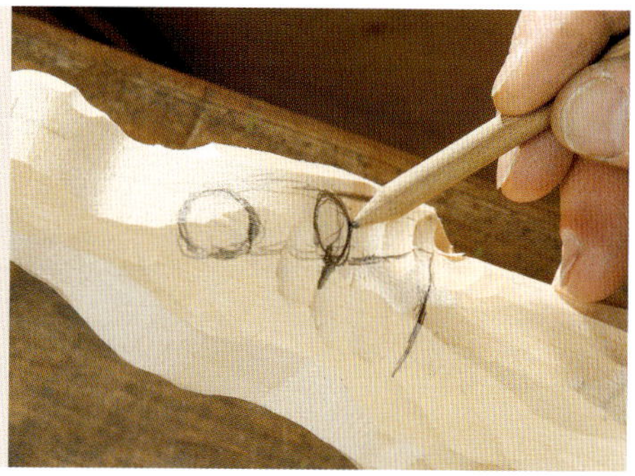

8

Armpartie mit Ellenbogen schnitzen
Vom angezeichneten Schultergelenk bis zu den Händen die Arme auf beiden Seiten etwa 1,5 cm breit mit dem Bohrer Stich 10/6 anlegen, am Ellenbogengelenk ist der Arm leicht angewinkelt.

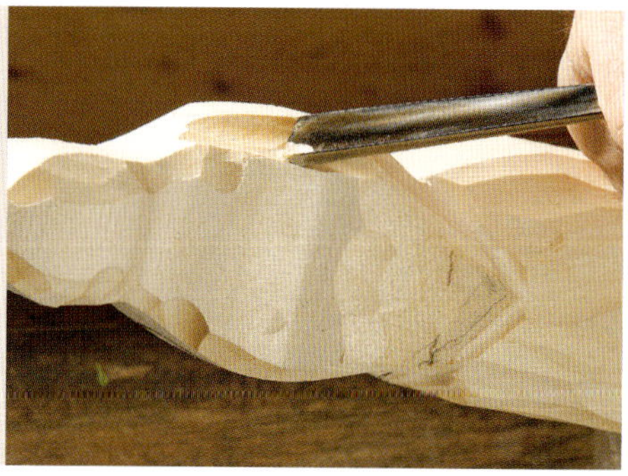

9

Brustkorb und Hals ausformen
Brust und Hals werden mit demselben Bohrer und dem Hohleisen Stich 7/10 geformt. Den Hals schlanker gestalten, auf der Vorderseite abrunden und fließend in den Oberkörper übergehen lassen.

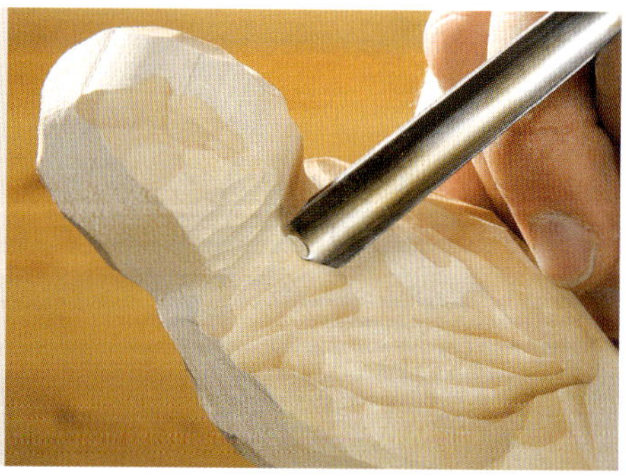

10 Details des Körpers ausarbeiten

Inzwischen sind einzelne Körperpartien in den ersten Schritten angedeutet. Nun müssen harmonische Übergänge ausgearbeitet werden. Die Schultern sanft abrunden und wohlproportionierte Oberarme mit gleichmäßiger Wölbung ausarbeiten. Dem Kopf seine endgültige Form geben, den Hals ggf. nochmals anpassen. Den Oberkörper mit Stich 5/14 glätten.

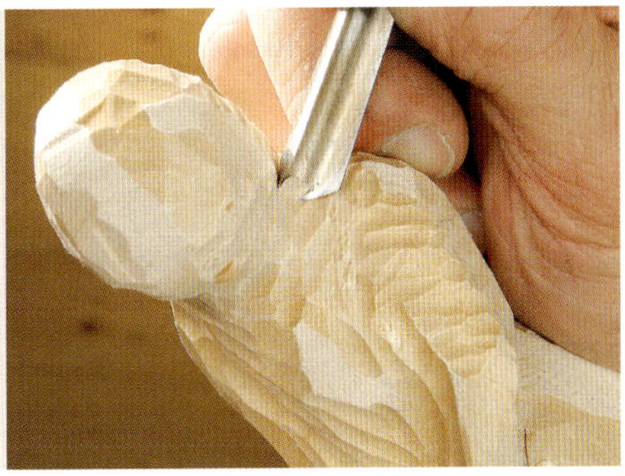

11 Arme absetzen

Nun werden die Haare als kompakte Fläche mit Stich 10/6 grob umschnitten: Im Nacken beginnend verjüngen sie sich zu einem schmalen Zopf, der mittig über den Rücken bis zur Hüfte verläuft (siehe Schritt 13). Anschließend die Unterarme vom Ansatz der Kleidung bis zu den Händen gleichmäßig flach abrunden.

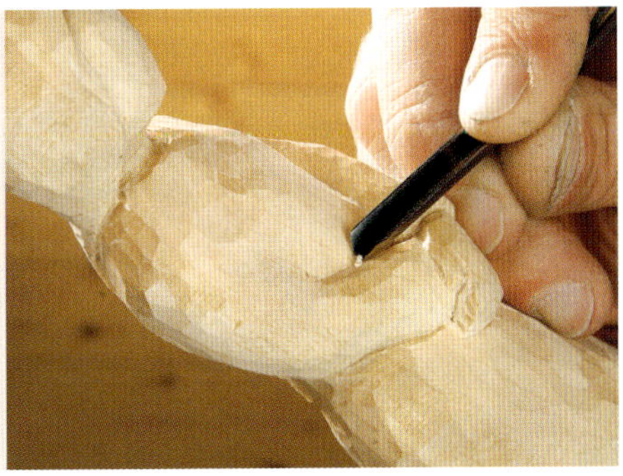

12 Hände ausarbeiten

Die mit den Bohrern vorgearbeiteten Umrisslinien der Hände nun mit dem Geißfuß konturengenau ausarbeiten: Die oben liegende Hand zu einem „Fäustling" (wie bei einem Handschuh) mit schwach erkennbarem Daumen ausarbeiten. Die untere Hand ist umschlossen und am Gelenk unterhalb der Ärmelöffnung sichtbar.

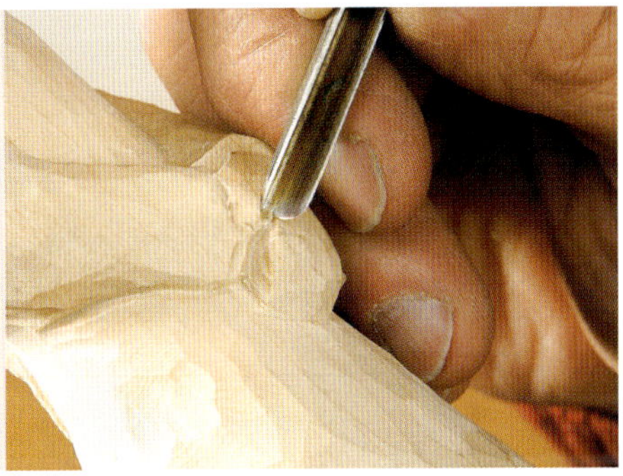

13 Zopf hervorheben

Den Zopf mit dem Geißfuß umranden, sodass er sich reliefartig ca. 1 mm–2 mm hoch vom gleichmäßig gewölbten Rücken abhebt und ebenmäßig in das Haupthaar übergeht. Am besten lässt sich die Rückenwölbung beurteilen, wenn die Figur senkrecht von oben betrachtet wird.

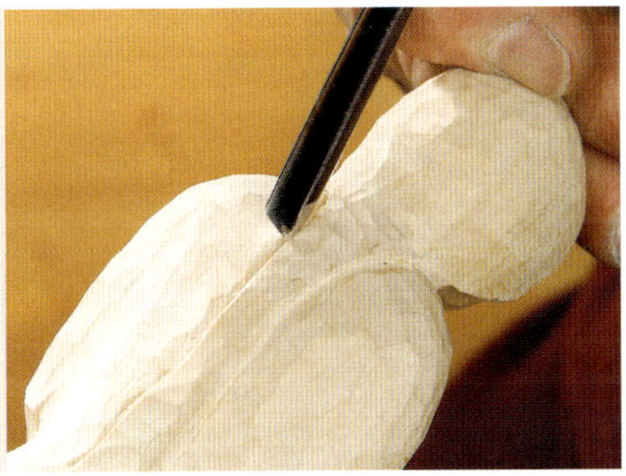

14 Haaransatz und Stirn ausarbeiten

Die Konturen der Haare ausarbeiten. Hierzu den Geißfuß vom Haaransatz mittig über der Stirn beidseitig bis zu den Schultern führen. Seitlich betrachtet entsteht eine fließende Haarform. Das Gesicht mit dem Flacheisen Stich 3/5 nachrunden, bis eine gleichförmige, von vorn betrachtet spiegelbildlich glatte Gesichtsform entsteht. Die Figur immer wieder drehen, aus verschiedenen Positionen prüfen und ggf. nacharbeiten.

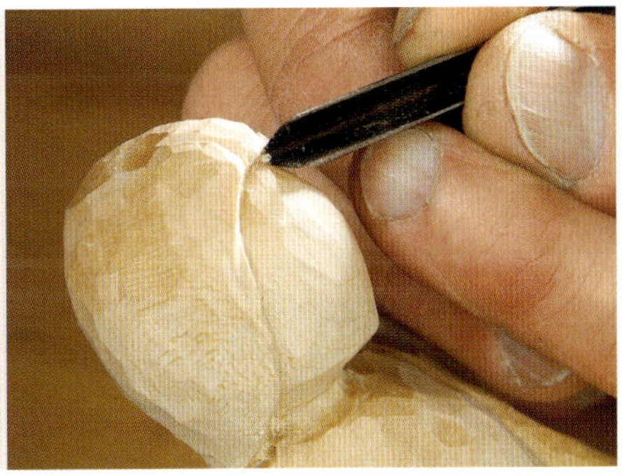

Hinweise

- Auf geometrische Grundformen vereinfacht ist auch die hölzerne Gliederpuppe, die Malern beim Studium der menschlichen Anatomie und der möglichen Körperhaltungen nützlich ist: Die einzelnen Holzelemente sind mit Gelenken verbunden und wie der menschliche Körper bewegbar.

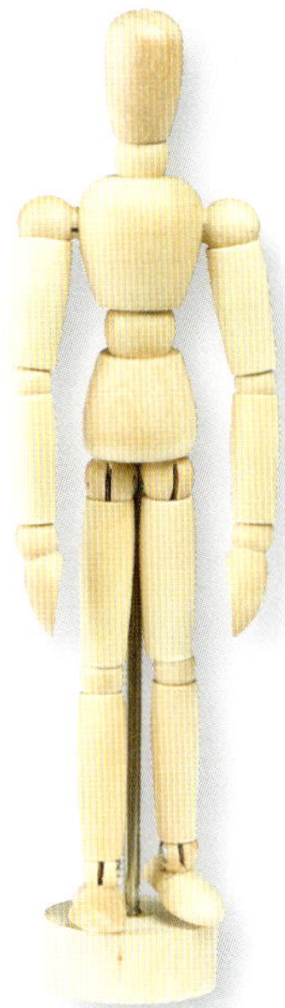

- Vergleichen Sie beim Zeichnen und Schnitzen von menschlichen Figuren die Verhältnisse einzelnder Gliedmaßen zueinander und zum Ganzen, z. B. Kopf- und Körperhöhe, Bein- und Körperlänge und Ober- und Unterarme.

LOS GEHT'S

VOGEL

Motivhöhe
ca. 6 cm

Material
- Quader aus Zirbel- oder Weymouthskiefer, 10 cm x 6 cm x 5 cm

Schnitzeisen
- Rosenmesser
- Geißfuß: 45°/5 mm

Vorlage
Seite 125

Den Vogel gemäß Vorlage aussägen und den Rohzuschnitt sicher einspannen. Mit dem Hohleisen 7/10 die Körperformen runden. Kopf und Schwanz mit dem Geißfuß abgrenzen und das Gefieder schnitzen. Den Kopf auf halbe Körperbreite anlegen und runden. Mit dem Geißfuß den Schnabel einkerben und die Augen schnitzen.

Hinweis

- Das Holz dunkelt bei Sonneneinstrahlung nach. Dadurch hat der Vogel seine warme rotbraune Färbung erhalten.

EINFACHE FIGUR

Motivhöhe
ca. 20 cm

Material
- Quader aus Lindenholz, 6 cm x 20 cm x 5 cm

Schnitzeisen
- Flacheisen: 3/5, 3/10 und 5/14
- Hohleisen: 7/10
- Bohrer: 10/6
- Geißfuß: 45°/5 mm

Vorlage
Seite 127

Die Figur wie auf den Seiten 43 bis 45 beschrieben schnitzen. Auf dem Bild sehen Sie die Figur vollständig von der Vorder- und Rückseite.

Tipps & Tricks

- Wer in der Formgestaltung noch ungeübt ist, sollte die Figur zuerst aus Ton oder nicht härtender Knetmasse formen. Besonders hilfreich ist das experimentelle Vorformen der Arm- und Gesichtspartien.

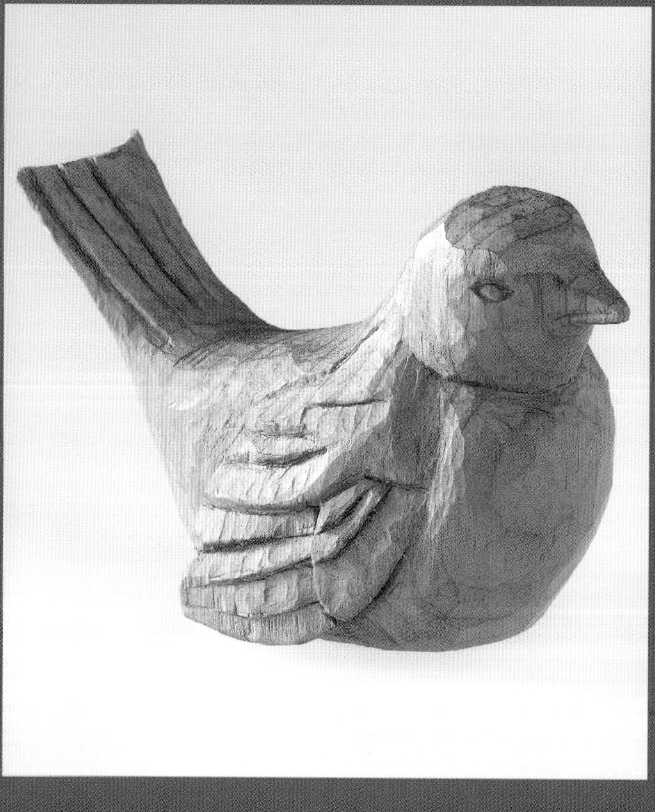

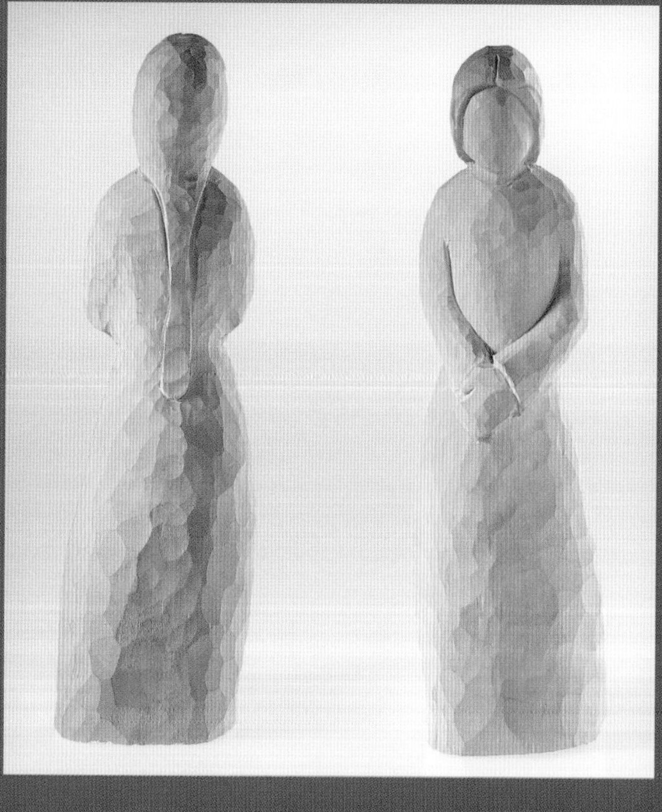

PLASTISCHES SCHNITZEN

FLACHE SCHALE

Motivgröße
18 cm x 10 cm,
ca. 4 cm hoch

Material
- Seitenbrett aus Pflaumenholz, 22 cm x 15 cm, 4 cm stark

Schnitzeisen
Schale innen
- Flacheisen: 5/18
- Hohleisen: 7/10 und 16/16

Schale außen
- Flacheisen: 4/25

Vorlage
Seite 136

Die Form der Schale gemäß Vorlage auf das Brett aufzeichnen und aussägen. Zuerst die Innenseite mit den Schnitzeisen grob anlegen, dann fein nachschnitzen, anschließend die Außenseite und den Rand bearbeiten. Die ganze Schale zum Schluss nach Wunsch verschleifen.

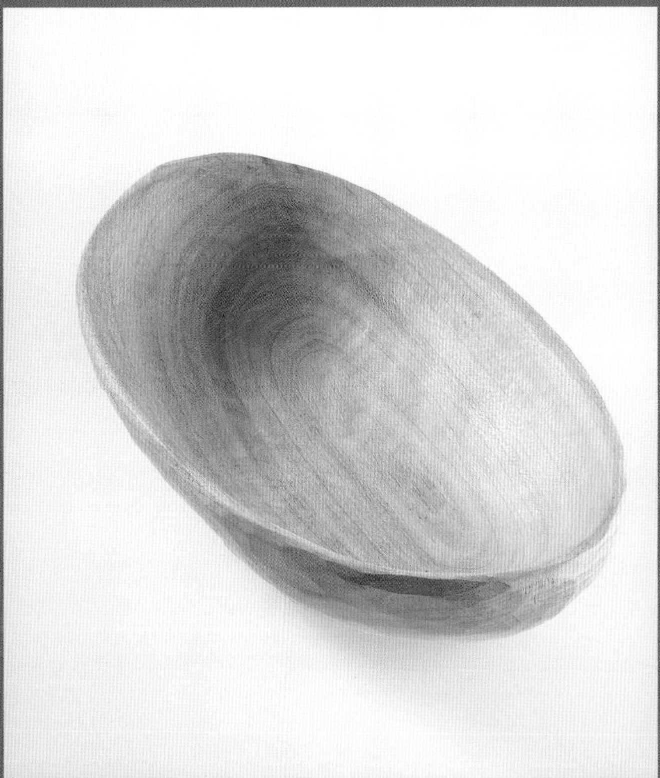

TIEFE SCHALE

Motivgröße
21 cm x 8 cm,
ca. 7 cm hoch

Material
- Viertelstamm aus Pflaumenholz, Radius ca. 11 cm, 22 cm lang

Schnitzeisen
Schale innen
- Flacheisen: 3/16
- Hohleisen: 7/10 und 16/16

Schale außen
- Flacheisen: 3/16 und 4/25

Vorlage
Seite 136

Die Form der Schale gemäß Vorlage aus dem Viertelstamm herausarbeiten. Zuerst an der späteren Unterseite die Standfläche ausarbeiten. Anschließend die Innenseite grob anlegen und dann sauber nachschnitzen und verschleifen. Nun die äußere Form schrittweise herausarbeiten, zum Schluss den Rand und die Außenflächen mit Schleifpapier glätten.

Tipps & Tricks

- Auch ein Riss im Holz kann schön in die Gestaltung mit einbezogen werden. Risse können gut mit einem schlanken Schnitzmesser nachgearbeitet werden.

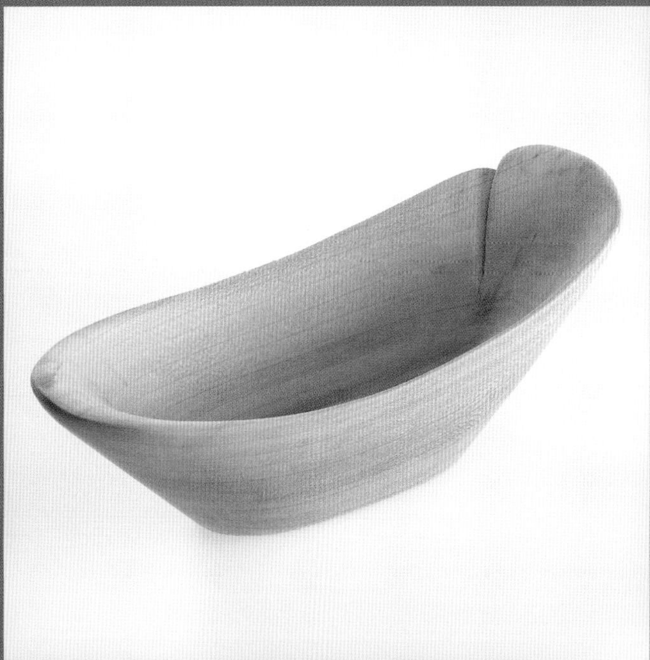

5 UNTERWEGS SCHNITZEN

Bei allen Schnitztechniken, die Sie in den Kapiteln 2 bis 4 kennengelernt haben, ist es unerlässlich, dass das Werkstück für die Bearbeitung fest eingespannt ist. Ob Sie dabei an einer Werk- oder Hobelbank oder an einem (Klapp-)Tisch arbeiten, ist ganz Ihnen überlassen. In diesem Kapitel zeigen wir Ihnen, wie Sie nur mit einer handlichen Klappsäge und einem einfachen Schnitzmesser oder einem Klappmesser mit feststellbarer Klinge ohne Einspannvorrichtung kleine, schöne Gegenstände schnitzen können. Aus Ästen, die Sie in Gärten, Parks und Wäldern finden, und aus Holzresten können Sie beim Spazieren gehen, auf Wanderungen, beim Picknick und im Urlaub sofort Figuren, Dekorationen und nützliche Kleinigkeiten herstellen. Vor allem Kinder und Jugendliche haben ihre Freude beim Umgang mit frischem, duftendem Holz, das sie selbst in Form sägen und schneiden können. Wie wäre es mit einer kleinen „Schnitz-Party" beim nächsten Kindergeburtstag oder bei der anstehenden Kinder- und Jugendfreizeit?

Hinweise

- Halten Sie mit Ihren Kindern Ausschau nach fantasievoll gewachsenen Ästen, die z. B. Krümmungen, Verdickungen, Löcher oder starke Verzweigungen aufweisen. Sie werden staunen: In vielen Holzstücken sind bereits Figuren oder Formen enthalten, die nur noch entdeckt werden müssen.
- Haben Sie noch nie geschnitzt, sollten Sie am besten mit leicht zu bearbeitenden Holzarten beginnen, etwa mit Birke, Linde oder Wacholder. Auch aus den Ästen der Weide und der Korkenzieherhasel lassen sich viele schöne Dinge schnitzen.

Aus Ästen und Holzresten lassen sich ohne viel Aufwand Dekorationen, Spielzeug und Nützliches schnitzen

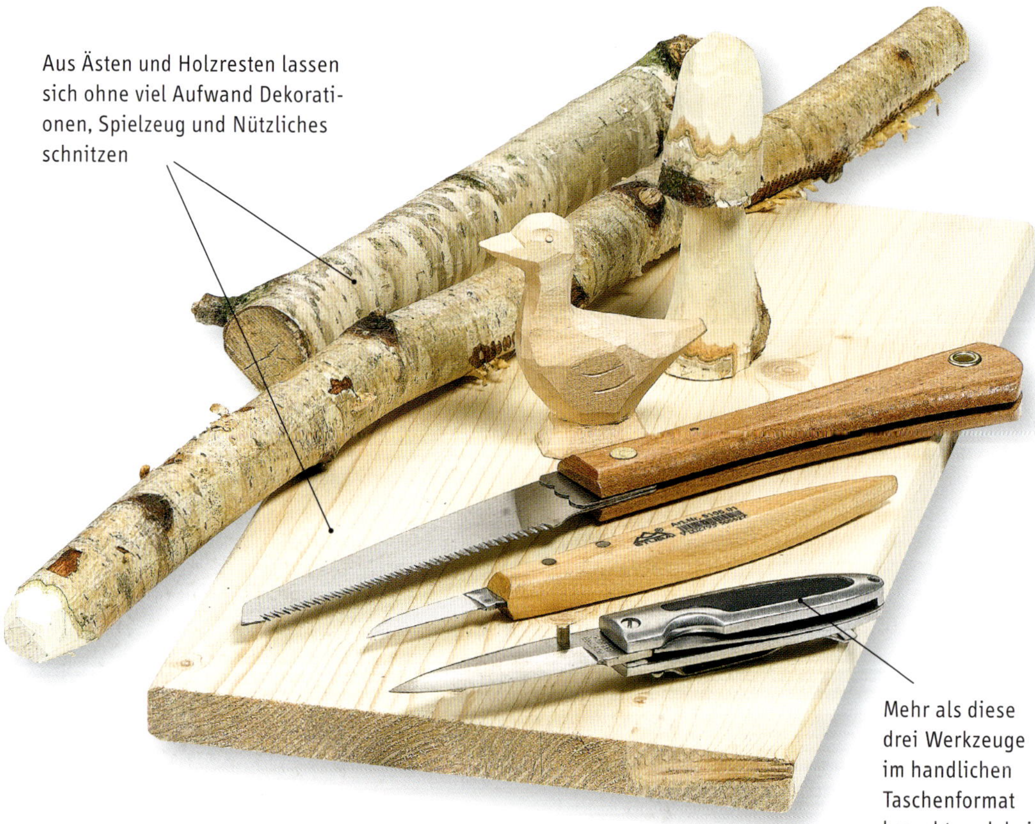

Mehr als diese drei Werkzeuge im handlichen Taschenformat braucht es dabei nicht

Werkzeuge und Technik

Werkzeuge

Mit der handlichen **Klappsäge,** deren Klinge zum Schutz vor Verletzungen sicher einrastet, können Sie schnell und problemlos Äste und Zweige abtrennen oder aber aus Brettern und Bohlen kleine Stücke zusägen.
Das **einfache Schnitzmesser** (Rosenmesser, siehe auch Seite 14) ist ein echtes Universalmesser, mit dem Sie mühelos glatte Schnitte, Rundungen und saubere Kerben und Vertiefungen schneiden können.
Anstelle des Rosenmessers kann auch ein **Taschenmesser mit feststellbarer Klinge** verwendet werden. Einfache Taschenmesser sind zum Schnitzen weniger geeignet, da diese beim Einschneiden mit der Spitze in das Holz plötzlich zusammenklappen können. Multifunktionstaschenmesser sind meist dick und unhandlich und daher nicht zu empfehlen.

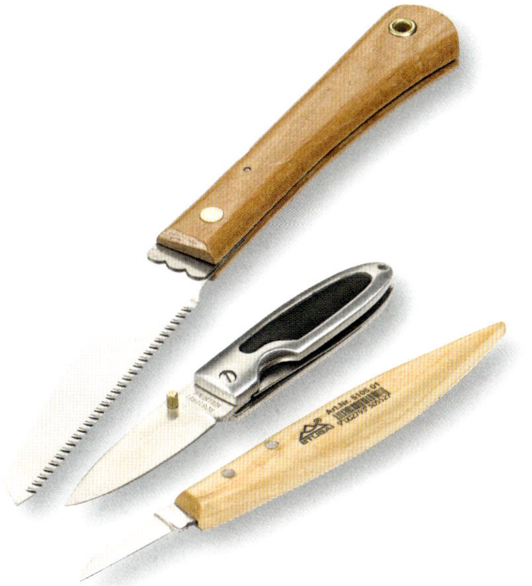

Schnittarten

In den vorhergehenden Kapiteln haben Sie gelernt, dass Sie, wenn möglich, immer vom Körper wegschnitzen sollten. Bei Modellen, die Sie aus der Hand, also nicht an einer Einspannvorrichtung schnitzen, ist dies jedoch nicht immer möglich. Einfache Formen und Figuren lassen sich ganz einfach mit nur zwei Arten von Schnitten herstellen, dem Hebelschnitt und Schälschnitt. Das Schnitzen von Banderolen und ringförmigen Verzierungen ist eine Arbeitstechnik zum scharfkantigen Abgrenzen von Verzierungen.

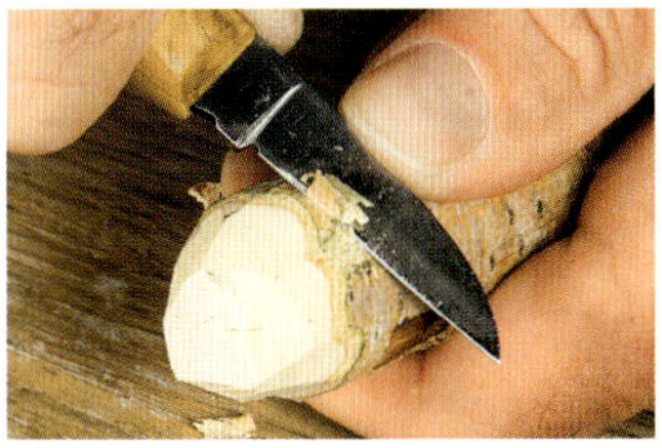

Hebelschnitt
Bei dieser Schnittart arbeiten Sie sicher vom Körper weg. Halten Sie den Ast oder das Holzstück gut fest und setzen Sie das Messer vor der haltenden Hand (so vermeiden Sie, dass Sie sich versehentlich schneiden!) relativ flach an die zu schnitzende Stelle an. Der Daumen der anderen Hand stützt den Klingenrücken und sitzt fest auf dem zu schnitzenden Holzstück. In einer kurzen, hebelartigen Bewegung wird nun das Holz nach vorne abgetragen.

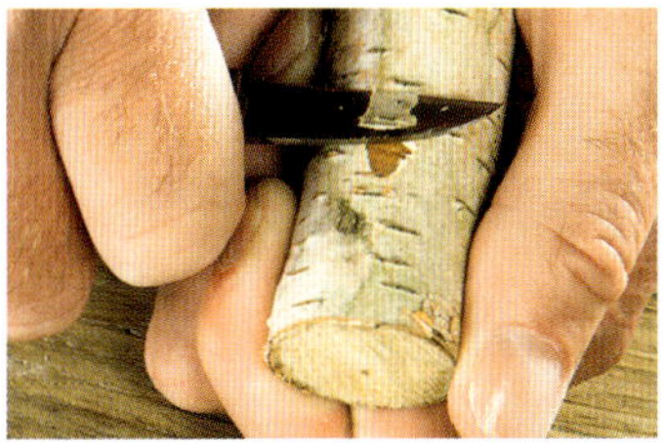

Schälschnitt
Dieser Schnitt kann mit der Schnittbewegung beim Schälen eines Apfels oder einer Orange verglichen werden. Halten Sie den Ast oder das Holzstück wiederum gut fest (idealerweise sollte die Hand wiederum hinter der Hand, die das Schnitzmesser führt, liegen) und setzen Sie das Messer mit der Schneide zum Körper gerichtet flach an. Achten Sie darauf, dass der Daumen der Hand, die das Messer führt, nicht auf dem Holz aufliegt, da Sie sich bei einer unkontrollierten Bewegung sonst womöglich schneiden.

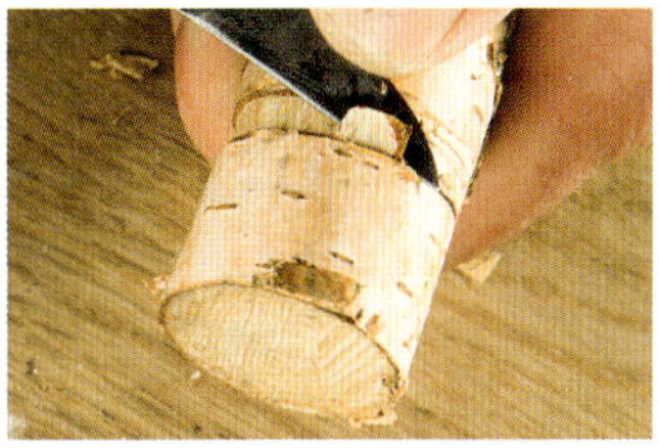

Banderolen schnitzen
Banderolen (= ringförmige Verzierungen) werden hauptsächlich zur Dekoration von Objekten geschnitzt, die aus Ästen gearbeitet werden. Den Ast bzw. das Aststück fest mit einer Hand fassen. Mit dem Schnitzmesser zwei parallel verlaufende Rillen im gewünschten Abstand bis zum Splintholz einschneiden. Anschließend die Rinde und den Bast in diesem ringförmigen Abschnitt mit vorsichtigen Hebelschnitten „herausheben“. Die eingeschnittenen Rillen verhindern dabei, dass das Messer über die Begrenzung hinausrutscht.

Tipps & Tricks

- Transportieren Sie Ihr Rosenmesser und die kleine Klappsäge möglichst gut geschützt in einem Etui oder Wickel (siehe auch Seite 16).
- Das Rosenmesser und das Taschenmesser sollten Sie, um sicher und mühelos arbeiten zu können, regelmäßig schleifen (siehe Seite 18/19).
- Um beim Schälschnitt mögliche Verletzungen am Daumen zu vermeiden, diesen am besten mit mehreren Lagen Pflaster umkleben. Schneiden Sie mit dem Messer niemals gerade auf den Daumen zu, sondern ziehen Sie das Messer wie beim Obstschäler kurz vor dem Daumen nach oben hin weg.
- Fertigen Sie von den Banderolenschnitten und den geplanten Mustern eine Skizze an, bevor Sie mit dem Schnitzen beginnen. Beachten Sie bitte, dass eine zu üppige Rindengestaltung die Haltbarkeit der Rinde verringert. Spitz auslaufende Rindenteile können zum Abplatzen neigen.
- Werden die Enden eines Holzstückes bearbeitet, muss immer zur Markröhre hin eingeschnitten werden. Wird von der Markröhre nach außen eingeschnitten, splittert das Holz im Rindenbereich.

Schnitzen mit Ästen

Dieser dekorative Pilz ist aus einem Birkenast hergestellt. Grundsätzlich können Sie jede Holzart verwenden, frisch geschnittene Hölzer lassen sich wegen des hohen Wassergehalts leichter schnitzen. Wählen Sie Äste oder Astabschnitte ohne Durchwachsungen oder Astabgänge. Eine gleichmäßige Faserstruktur macht es Ihnen leichter, das richtige Gespür für den Bewegungsablauf zu finden.

Tipps & Tricks

◆ Für den ersten Versuch einen Birken- oder Haselnussast von ca. 3 cm Durchmesser und ca. 50 cm Länge absägen. Zum besseren Festhalten den Pilz am Stock schnitzen und erst am Schluss vom Ast absägen.

◆ Die Spitze des Stabes auf ein Holzstück bzw. einen Holzstamm stützen. Mit dem Messer vom Körper weg zur Unterlage hin schnitzen. Diese verhindert das unkontrollierte Durchrutschen des Messers.

◆ Bei diesem Modell lassen sich alle Arbeitsschritte auch mit dem Schälschnitt durchführen. Vor allem bei dickeren Ästen lässt sich der Schälschnitt zum Daumen hin für die Rundung des Pilzkopfes kaum umgehen.

1

Pilzhut sägen
Von einem Birken- oder Haselnussast (ø 3 cm) ein Stück in der gewünschten Länge absägen. Für den Pilzhut den Ast mit der Handsäge ca. 4 cm von einem Stabende entfernt 5 mm tief ringsum einsägen.

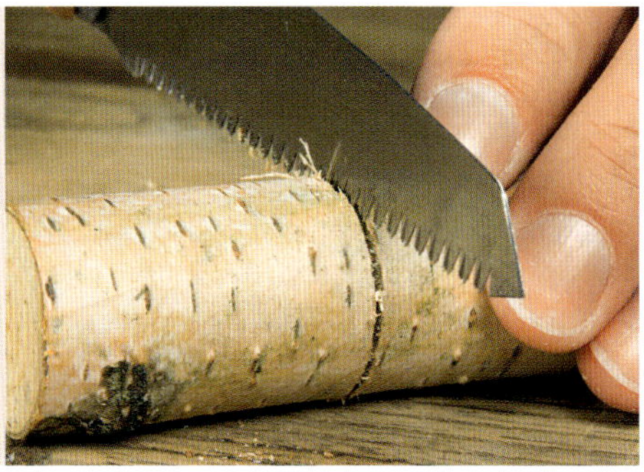

2

Pilzhut runden
Etwa 3 cm von diesem Ende entfernt mit dem Schnitzen der Rundung im Hebelschnitt beginnen. So verbleibt ca. 1 cm Rinde ringsum für den Rand der Kappe. Die Spitze mit ganz feinen Schnitten im Hebelschnitt ausarbeiten und sanft abrunden.

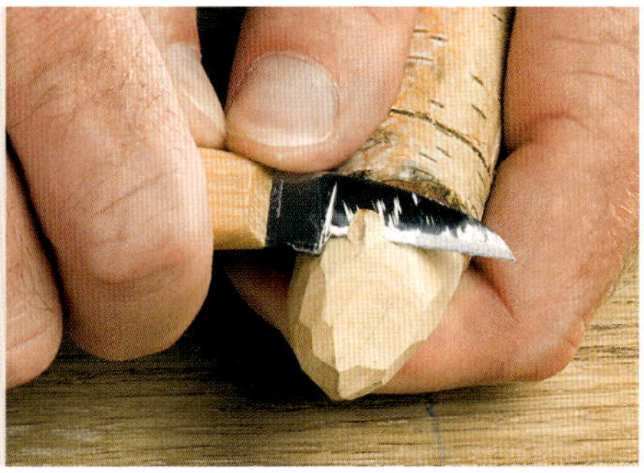

3

Stielansatz schnitzen
Den Stiel vom Stielansatz bis zur eingesägten Rille unter dem Pilzkopf verjüngen: Dabei mit dem Hebelschnitt bis ca. 8 mm Tiefe arbeiten.

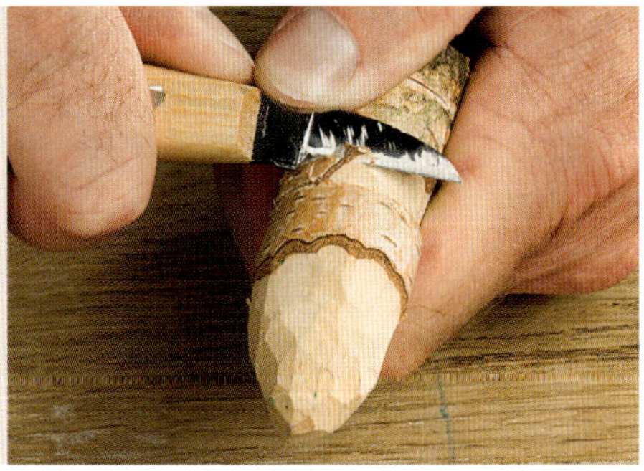

4

Stiel ausformen und gestalten
Am Stielende nach Wunsch noch einige Millimeter Rinde lassen oder diese vollständig entfernen. Hübsch sieht es aus, wenn der Rand der verbleibenden Rinde wellenförmig verläuft.

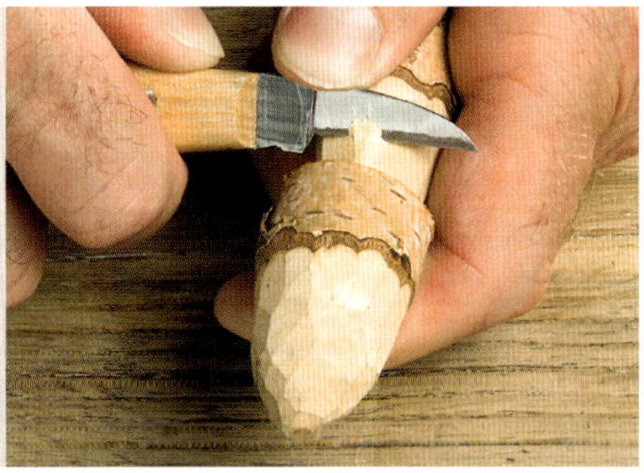

Schnitzen mit Holzresten

Aus einfachen Brett- und Balkenresten, etwa aus Lindenholz, lassen sich wie mit Ästen viele schöne Dinge schnitzen. Kleine Figuren, z. B. Tiere, sind ganz einfach zu arbeiten, wenn die Grundform vorher mit der Dekupiersäge ausgesägt wird (= Rohzuschnitt). Auch hier genügt ein scharfes Schnitz- oder Klappmesser zum Arbeiten.

Grobe Form aussägen (Rohzuschnitt)
Die Vorlage für die Figur (siehe Seite 127) mithilfe einer Pappschablone auf das Lindenholz übertragen und das Motiv mit der Dekupiersäge aussägen. Da die Figur relativ kompakt ist, muss überwiegend im Schälschnitt gearbeitet werden.

1

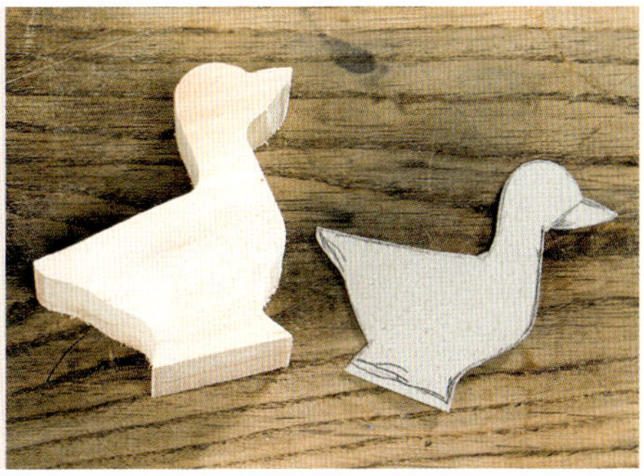

Standfuß schnitzen
Den Standfuß auf der Unterseite der Gans von allen Seiten gleichmäßig nach oben hin anschrägen. An der schmalsten Stelle des Standfußes direkt unterhalb des Bauches etwa 6 mm tief schnitzen.

2

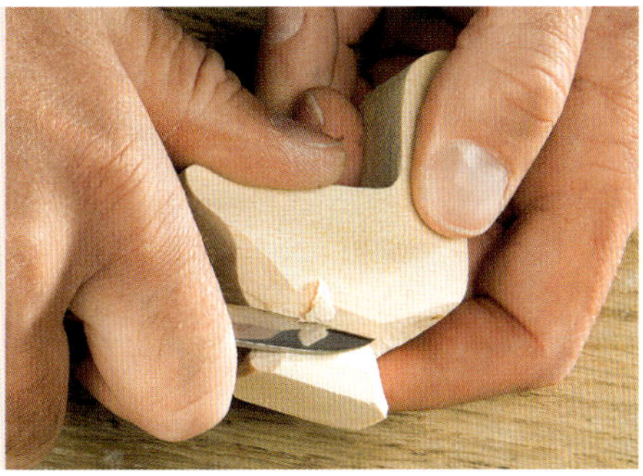

Körper ausformen
Mit dem Schälschnitt den Bauch zum Standfuß hin abrunden. Dabei mit mehreren dünnen Schnitten arbeiten, da gegen die Faserrichtung geschnitzt wird. Den Rücken der Gans abrunden und zum Schwanz hin spitz auslaufen lassen. Den Hals ebenso abrunden, der untere Bereich sollte noch einen Durchmesser von ca. 1 cm haben.

3

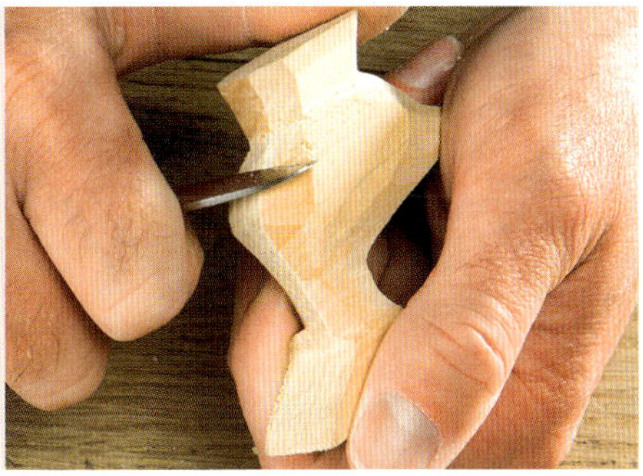

Kopfform gestalten
Abschließend den Kopf der Gans ausformen. Dieser sollte ca. 4 mm breiter als der Hals sein. Den Schnabel spitz zulaufend arbeiten, die Kopfoberseite sorgfältig abrunden.
Zum Schluss die Augen schnitzen (siehe Seite 52).

4

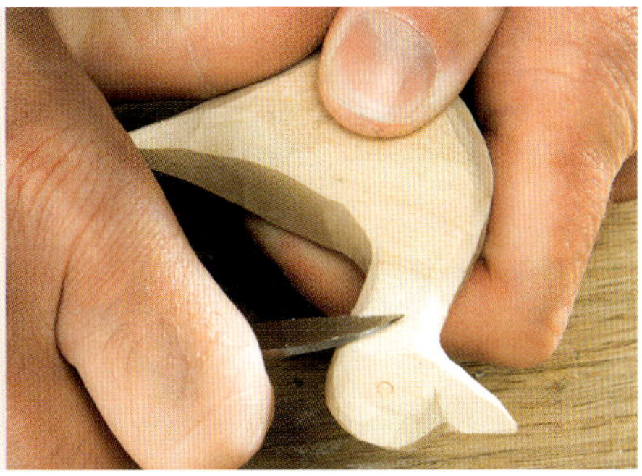

Tipps & Tricks

- Mit einer Pappschablone lässt sich das Motiv leicht auf Holzresten wiederholt positionieren.
- Sie können die Figur natürlich auch schnitzen, indem Sie nur die Umrisslinien auf das Holz zeichnen und den Körper aus dem Holz „herausschneiden“. In diesem Fall ist es empfehlenswert, auch an den schmalen Seiten Konturen für eine Frontal- oder Rückansicht aufzuzeichnen (siehe hierzu auch Seite 23, „Fotos als Vorlage verwenden“).

LOS GEHT'S

PILZE

Motivhöhe
ca. 5 cm bis 11 cm

Material
- Ast aus Birken- oder Haselnussholz

Schnitzeisen und Werkzeug
- Handklappsäge
- Rosenmesser oder Klappmesser

Die Pilze aus unterschiedlich langen und dicken Ästen wie im Workshop auf Seite 50 beschrieben arbeiten. Sehr dekorativ wirken die Pilze auch, wenn die Rinde am Stiel vollständig entfernt wird.

Tipps & Tricks

- Gut geeignete Holzsorten zum Schnitzen der Pilze sind z. B. auch Buchsbaum, Wacholder, Flieder und Apfel.

GANS

Motivhöhe
ca. 8 cm

Material
- Quader aus Lindenholz, 8 cm x 7,5 cm x 3 cm

Schnitzeisen
- Rosenmesser oder Klappmesser

Vorlage
Seite 126

Die Gans wie im Workshop auf Seite 51 beschrieben schnitzen. Mit dem Rosen- oder Klappmesser pro Seite etwa zwei bis drei kurze Rillen zur Andeutung des Gefieders einkerben. Die Augen als kurze, schmale Schlitze einschneiden.

Tipps & Tricks

- Das Motiv lässt sich leichter schnitzen, wenn Sie es an einem um ca. 8 cm verlängerten Sockel greifen. Sägen Sie diesen entweder schon mit der Umrissform aus oder leimen Sie einen Rundholzstab, den Sie am Schluss absägen, in den vorgebohrten Standfuß. Die Augen können Sie auch mit einem feinen Bohrer gestalten.

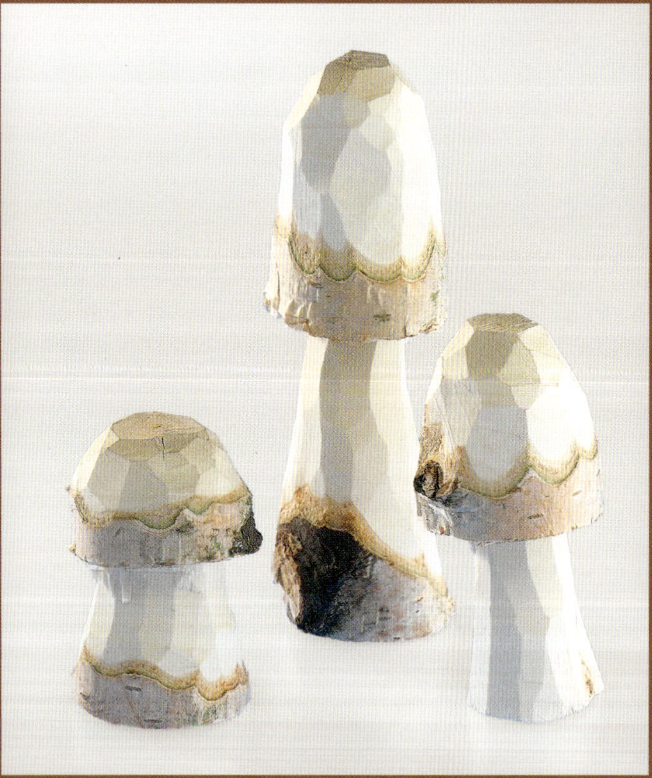

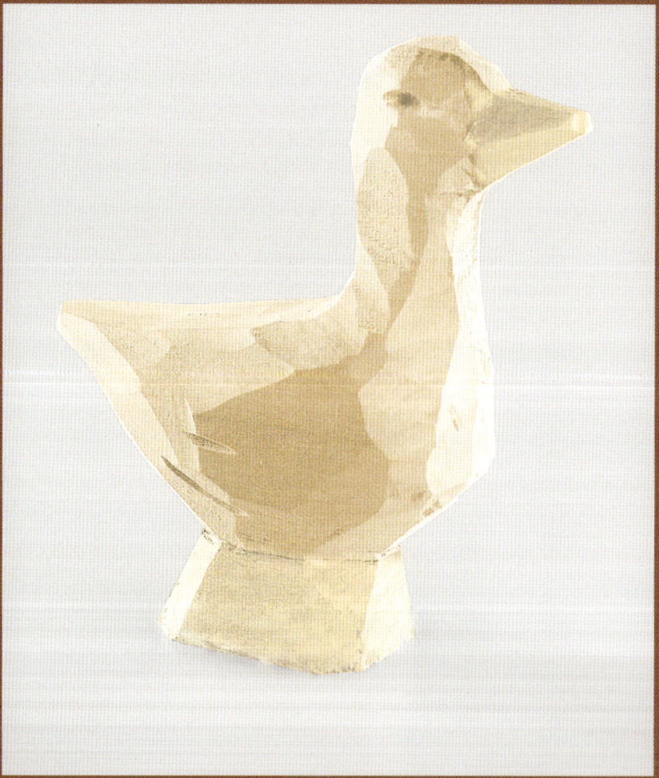

UNTERWEGS SCHNITZEN

VERLIEBTE HERZEN

Motivgröße
große Herzen
ca. 15 cm x 8 cm x 5 cm
kleine Herzen
ca. 11 cm x 7 cm x 4 cm

Material
- Quader aus Weymouthskiefer, 15 cm x 8 cm x 5 cm (große Herzen), 11 cm x 7 cm x 4 cm (kleine Herzen)

Schnitzeisen
- Rosenmesser oder Klappmesser

Vorlage
Seite 127

Die Vorlage für das jeweilige Herzpaar auf das Holz übertragen und das Motiv entlang der Umrisslinie mit der Dekupiersäge aussägen. Für die großen Herzen das Holz mit dem Rosenmesser bis zur Hälfte der Holzstärke abrunden. Dafür auf den beiden kurzen Seiten an den Kantenenden beginnen und bis zur Mitte des Motivs schnitzen. Bei Bedarf die waagerechte Mittellinie anzeichnen. Die Herzen bleiben auf der Rückseite abgeflacht.
Die kleinen Herzen sind vollständig abgerundet. Mit dem Schnitzen an der Oberfläche beginnen und die Motive von beiden Seiten bis zur halben Holzstärke gleichmäßig abrunden.

BRIEFÖFFNER

Motivlänge
ca. 22 cm

Material
- Haselnussast, ø ca. 2 cm

Schnitzeisen und Werkzeug
- Handklappsäge
- Rosenmesser oder Klappmesser

Vorlage
Seite 131

Einen 22 cm langen Ast für die Abgrenzung der Schneide ringsherum einkerben und die Schneide mit dem Messer abflachen. Zur Verringerung der Verletzungsgefahr die Schneide und die Spitze etwas runden. Den Griff am Ende mit dem Schälschnitt runden und mit einer dekorativen, abgeschrägten Banderole verzieren.

Tipps & Tricks

- Verwirbelungen im Holz erschweren eine glatte Schneidenbildung. Glätten Sie das Modell daher ggf. abschließend mit Schleifpapier.

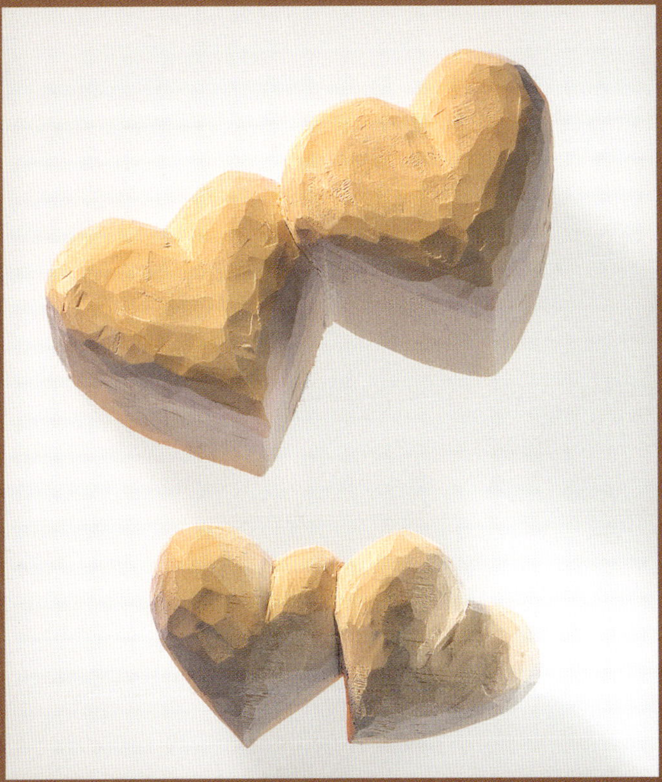

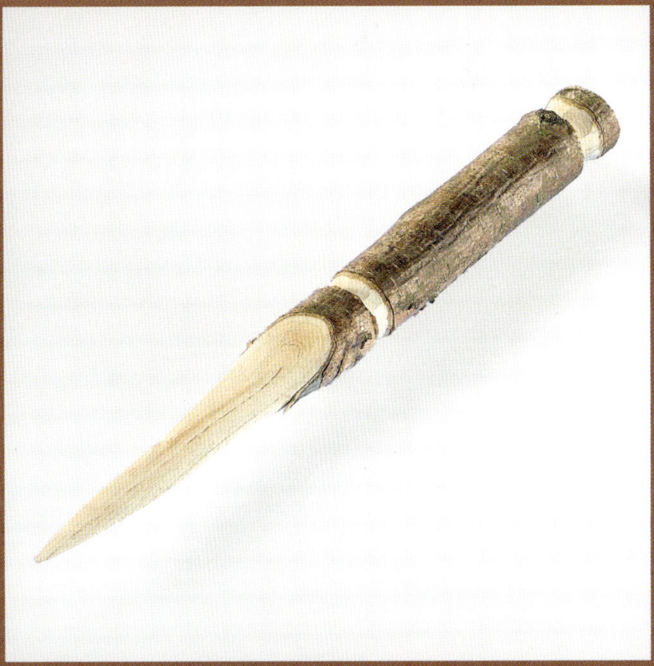

6 OBERFLÄCHEN-BEHANDLUNG

Ihre Grundausstattung

Folgende Materialien und Werkzeuge sollten Sie griffbereit haben, bevor Sie mit einer Oberflächenbehandlung beginnen:

- Unterlage
- Borsten- und Rundpinsel in verschiedenen Stärken
- Lackierpinsel
- Wasserglas
- alter Teller oder Mischpalette
- fusselfreier Lappen oder Küchentuch
- Schwamm
- Wattestäbchen

In den vorherigen Kapiteln haben Sie gelernt, das richtige Holz für Ihr Schnitzprojekt auszuwählen, die unterschiedlichen Werkzeuge und Schnitzeisen richtig zu handhaben und sind bereits vertraut mit den Grundtechniken.
Dass die Motive bereits in ihrer natürlichen Anmutung sehr dekorativ wirken, haben Sie auf den vorhergehenden Seiten gesehen. Um den optischen Eigenschaften des verwendeten Holzes einen besonderen Charakter und Ausdruck zu geben, sind vielfältige Techniken entwickelt worden, die Holzoberfläche zu gestalten. Einige der bekanntesten und einfachsten Möglichkeiten, das Bemalen, Überreiben, Lackieren, Ölen und Punzieren, lernen Sie in diesem Kapitel kennen.
Allerdings bietet sich nicht jede Behandlung für jedes Motiv bzw. Holz an; je öfter und intensiver Sie sich mit den individuellen Eigenschaften des Holzes und Ihrer persönlichen Schnitzobjekte befassen, desto mehr Gespür bekommen Sie für die jeweils geeignete Oberflächenbehandlung und ihrer späteren Wirkung.

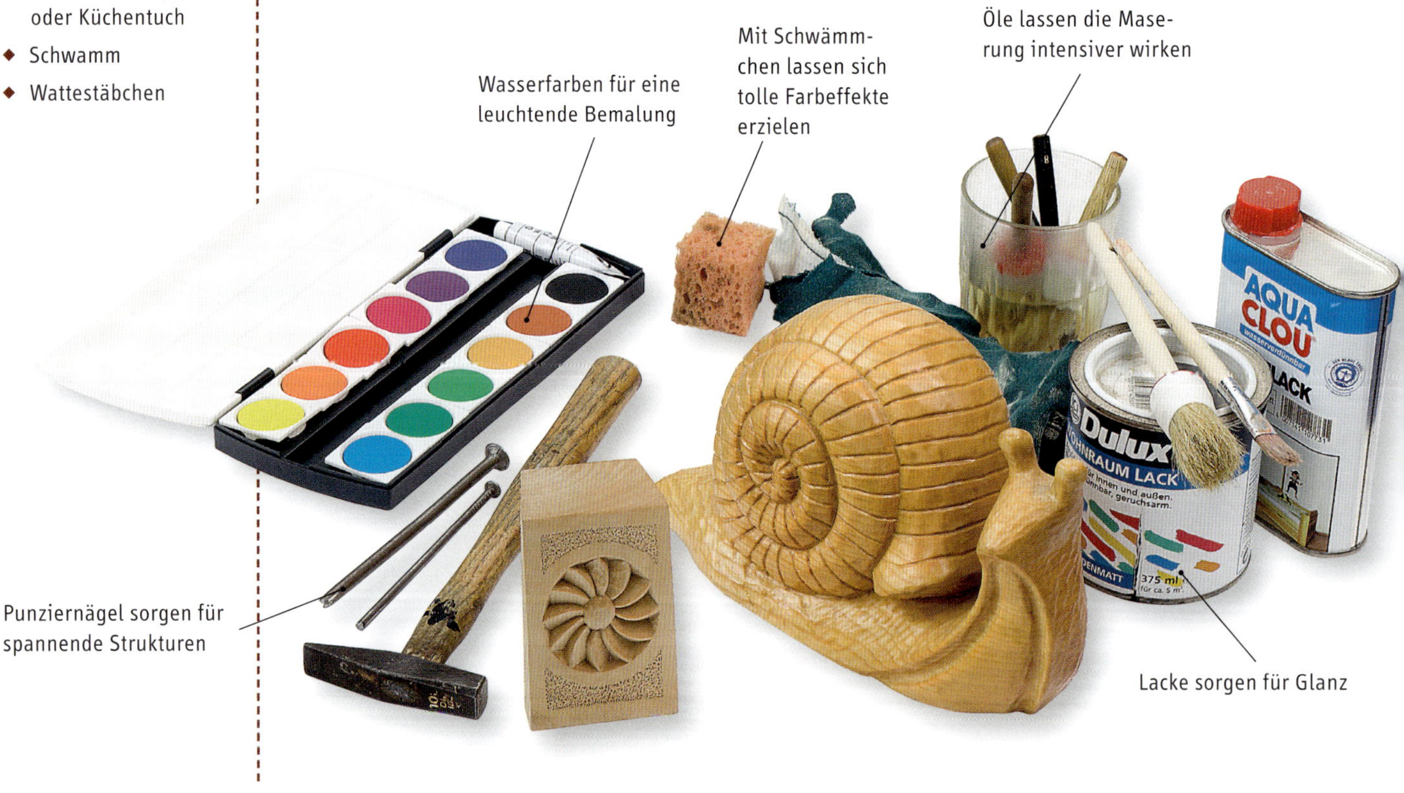

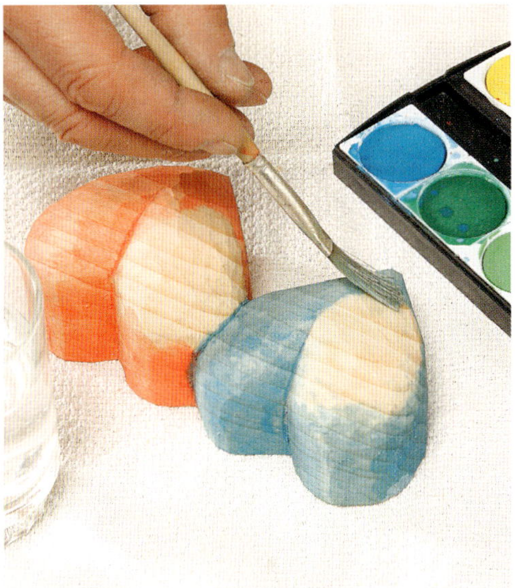

Bemalen

Die am häufigsten angewandte Art der Oberflächenbehandlung ist das Bemalen. Welche Farbe Sie zum Bemalen verwenden, hängt von dem gewünschten Effekt oder der Verwendung des Motivs ab. Bereits mit einfachen Wasserfarben, Acryl- oder Abtönfarben und den etwas teureren Ölfarben erzielen Sie einen schönen Effekt. Dafür muss das Schnitzobjekt jedoch sehr sauber gearbeitet sein, denn an unsauber geschnitzten Stellen wird das Bemalen problematisch, vor allem dann, wenn in einem solchen Bereich mehrere Farben aufeinander treffen. Der Pinsel bleibt dann an kleinen, stehen gebliebenen Fasern hängen und verhindert so das Ziehen einer sauberen Kontur. Bemalungen können deckend oder lasierend sein. Bei der lasierenden Bemalung wird die Farbe stark mit Wasser verdünnt (Verhältnis etwa 1:10) und in Richtung der Holzmaserung aufgetragen. Die Holzstruktur bleibt auch nach der Bemalung noch sichtbar und vermittelt so einen zusätzlichen optischen Reiz.

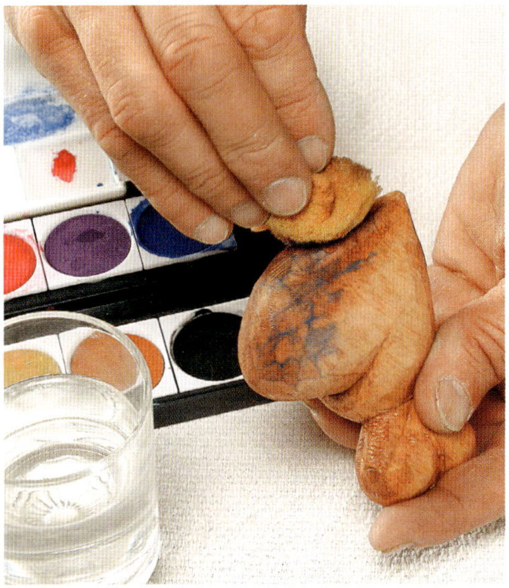

Überreiben

Diese Technik eignet sich vor allem für Motive, die keine vollständig geglättete, sondern eine etwas gröber strukturierte Oberfläche besitzen. Auf einem bereits bemalten und gut durchgetrockneten Motiv werden mit einer zweiten Farbe Akzente wie beim Schattieren oder Marmorieren gesetzt. Zum Auftragen der zweiten Farbe wird ein kleiner, relativ fester Schwamm verwendet. Die Farbe nur wenig anfeuchten, damit sie nicht in die Vertiefungen läuft, sondern nur hochstehende Grate bzw. Kanten färbt. Achten Sie darauf, dass Sie dabei möglichst wenig Farbe aufnehmen, streifen Sie den Schwamm ggf. auf einem Papierküchentuch ab. Reiben Sie nun vorsichtig über das Schnitzobjekt, drücken Sie dabei keinesfalls zu fest auf.

Lackieren

Eine Alternative zum Bemalen ist das Lackieren. Eine Lackschicht schützt Ihr Schnitzobjekt gegen Stöße, Kratzer und Feuchtigkeit. Für den Innenbereich behandeln Sie das Werkstück am besten mit handelsüblichem Klarlack. Diesen erhalten Sie matt, seidenmatt oder glänzend. Er verleiht Ihrem Schnitzobjekt eine geschlossene, wasserfeste Oberfläche. Tragen Sie den Lack möglichst dünn auf, entweder mit einem Pinsel oder einer Spritzpistole. Ein zu starker Lackauftrag hat womöglich zur Folge, dass der Lack verläuft und unschöne, so genannte Nasen bildet. Selbstverständlich können Sie aber auch schon bemalte und gut durchgetrocknete Motive zusätzlich lackieren.

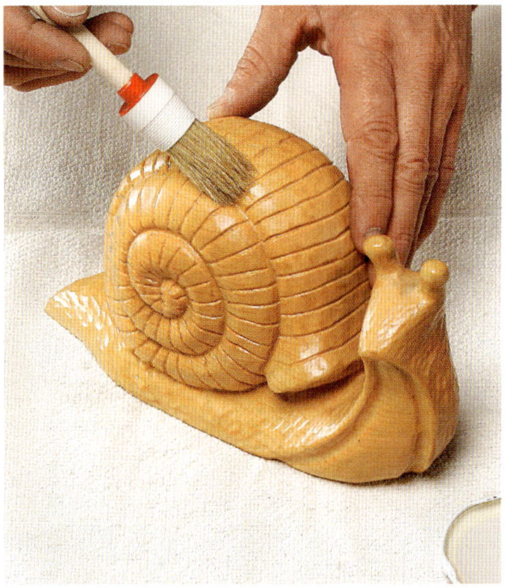

Tipps & Tricks

◆ Zum Bemalen sollten Sie verschiedene Pinsel bereithalten, am besten einen für jede Farbe. So vermeiden Sie, dass beim Farbwechsel helle Farben durch dunklere verschmutzen.

◆ Anstelle von Klarlack können Sie Ihr Motiv auch mit Haarspray versiegeln und zum Glänzen bringen. Der Sprühabstand sollte mindestens 20 cm betragen. Sprühen Sie in regelmäßigen, kleinen Stößen und kontrollieren Sie immer wieder den Abstand bzw. dass nicht zu viel Lack auf einmal auf die Holzoberfläche gelangt. Wenn der Lack verläuft, können sich unschöne Spuren bilden, die nur durch Abschleifen zu entfernen sind.

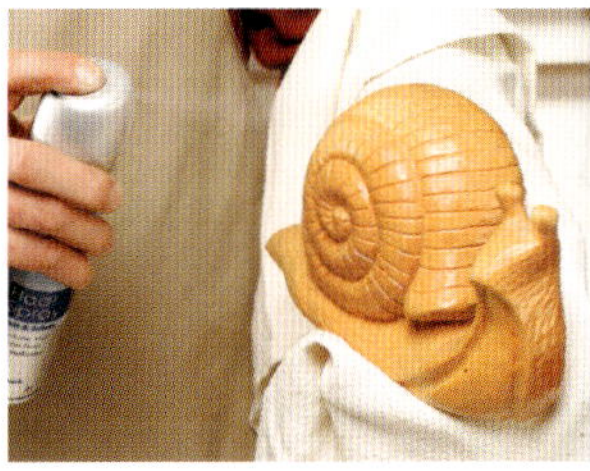

◆ Bei einer lasierenden Bemalung sollten Sie auf die Verwendung von Weiß verzichten, da diese Farbe dann meist Grau und damit unansehnlich wirkt. Korrekturen bei einer lasierenden Bemalung sind selten möglich. Üben Sie daher diese Maltechnik am besten an einigen Holzresten, bevor Sie mit der Verzierung Ihres Schnitzobjektes beginnen.

Tipps & Tricks

- Statt Öl können Sie zum Nachdunkeln des Holzes und Hervorheben der charakteristischen Maserung auch Wachspolitur, Bienenwachs oder Bohnerwachs verwenden. Beachten Sie die Gebrauchsanweisung auf den Verpackungen, einige Produkte können selbstentzündlich sein.

- Wenn beim Bürsten der gebrannten Oberfläche das Holz stellenweise zu hell wird, sollten Sie diese Stellen nochmals brennen und erneut bürsten.

Ölen

Durch die Bearbeitung mit haushaltsüblichem Pflanzenöl dunkelt die Holzoberfläche innerhalb kurzer Zeit merklich nach und lässt die charakteristische Maserung noch deutlicher hervorscheinen. Das Öl wird mit einem weichen Kunsthaarpinsel oder Ballen (mit Stoff umwickelte Watte) auf das Motiv aufgetragen.

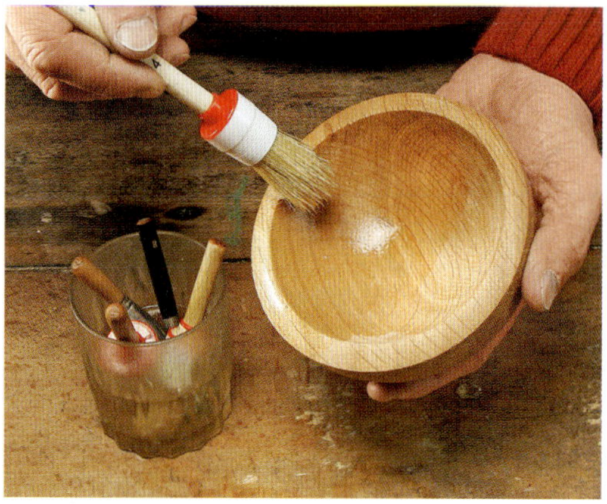

Wischen Sie nach dem Auftragen überschüssiges Öl mit einem weichen Lappen ab, da sonst die Oberfläche nicht trocknet und klebt. Stellen Sie die Schale zum Schutz des Untergrundes einige Tage auf ein Tuch oder eine Serviette und lassen Sie sie gut durchtrocknen.
Das Einfärben von Holz durch Ölen wird in der Fachsprache auch als „Anfeuern" bezeichnet.

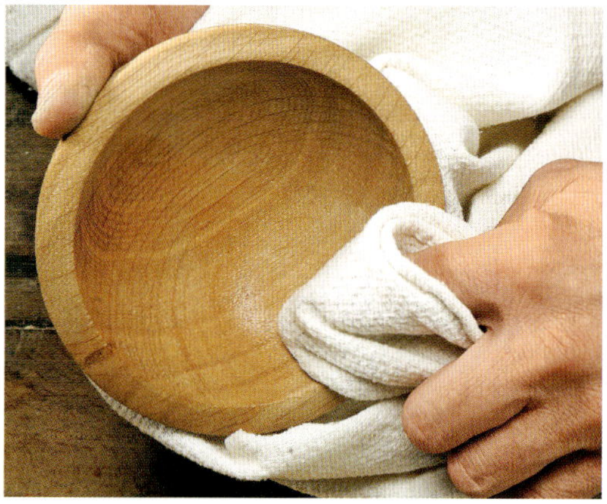

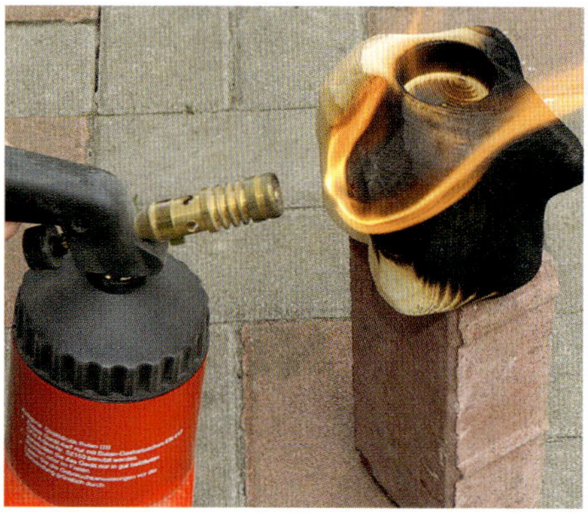

Brennen

Eine interessante Oberflächenstruktur entsteht durch das Abbrennen des Holzes mit einer Lötlampe und das anschließende Abbürsten mit einer Messingdrahtbürste. Grundsätzlich kann jede Holzart gebrannt werden, jedoch ist nur mit Nadelhölzern wie Fichte und Kiefer aufgrund der charakteristischen Maserung ein besonders schönes Ergebnis zu erzielen: Da das weiche Frühholz und das harte Spätholz der Jahresringe unterschiedlich schnell verbrennen, ergibt sich durch das Abbürsten ein effektvoller Farbkontrast.

Das Brennen muss unbedingt auf einem brandsicheren Untergrund im Freien erfolgen, z. B. auf einem gepflasterten Weg.

Das zu bearbeitende Schnitzobjekt auf einen Pflaster- oder Ziegelstein stellen. Darauf achten, dass der Stein einen sicheren Stand hat. So lässt sich auch der untere Rand problemlos abflammen. Die Standflächen werden nicht gebrannt. Beachten Sie vor dem Arbeiten mit der Lötlampe die Bedienungsanleitung und Sicherheitshinweise des Herstellers. Die Oberfläche nun mit der Lötlampe rundherum abflammen.

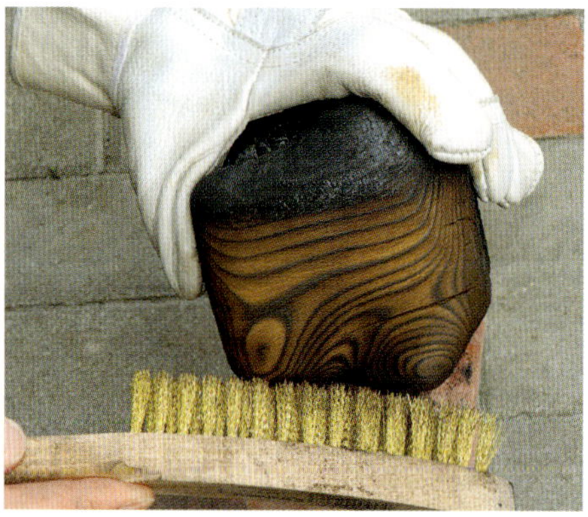

Die verbrannte, erkaltete Oberfläche anschließend mit der Messingdrahtbürste in Faserrichtung vorsichtig abbürsten (keine Stahldrahtbürste verwenden, da diese zu hart ist). Achtung: Dabei unbedingt Arbeitshandschuhe und Staubmaske tragen. Nun wird die charakteristische Maserung des Holzes schön deutlich.

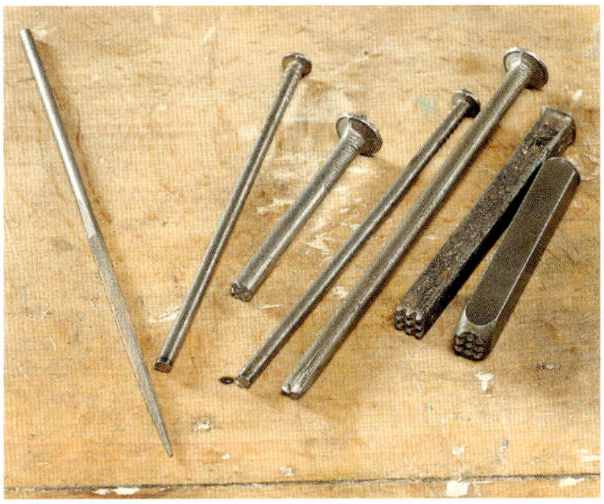

Punzieren

Das Punzieren ist eine Jahrtausende alte Dekorationstechnik, die auch zum Verzieren von Leder und Edelmetallen angewendet wird. Beim Punzieren werden mithilfe von so genannten Punzen (auch Punzier- oder Punzeisen genannt) vertiefte Linien und Muster auf der Holzoberfläche angebracht. Punzen sind aus Werkzeugstahl hergestellte Stifte, in die an einem Ende verschiedene Profile gefeilt sind. Diese Profile werden mit einem Hammer oder Bildhauerklüpfel auf das Holz geschlagen, um so eine bestimmte Struktur zu erhalten. Punziereisen sind in vielen Größen und Formen im Fachhandel erhältlich.

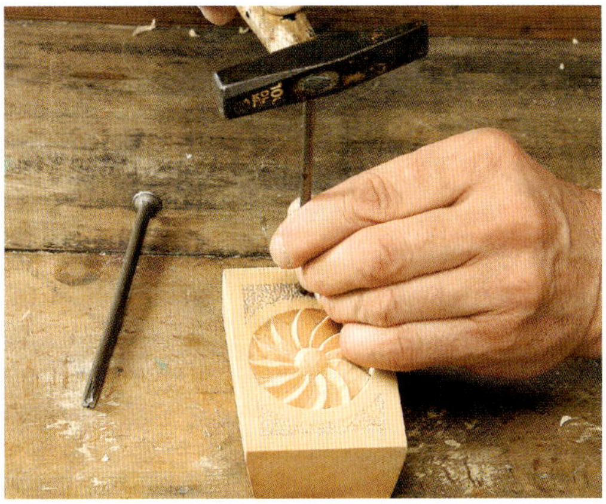

Setzen Sie die Punze senkrecht auf das zu bearbeitende Holz und schlagen Sie mit dem Hammer auf den Kopf des Stiftes. Führen Sie das Eisen während des Einklopfens leicht drehend über die Holzoberfläche. Halten Sie dabei den Schaft des Punzierstiftes fest und stützen Sie den kleinen Finger auf dem Werkstück ab. Die Abdrucke im Holz sollten alle gleichmäßig tief erscheinen. Schlagen Sie nicht zu kräftig auf das Eisen, damit das Holz nicht splittert.

Profitipp

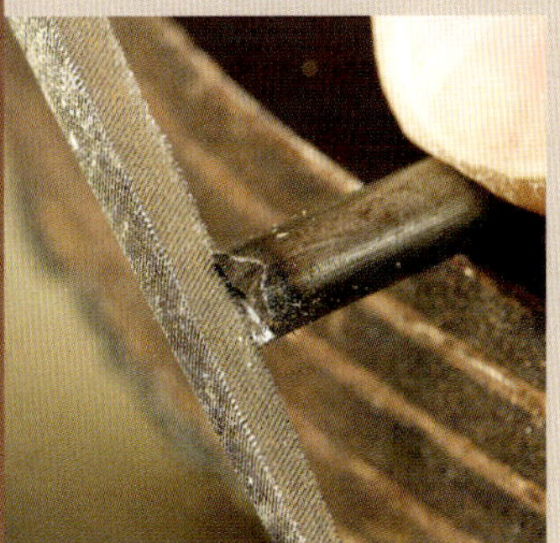

Punziereisen selbst herstellen
Um Punziereisen selbst herzustellen, benötigen Sie dicke Nägel oder Rundeisenstäbe und eine Eisenfeile. Spannen Sie den Eisenschaft in einen Schraubstock oder pressen Sie ihn fest auf die Arbeitsunterlage. Nun können in die abgeflachte Seite kreuzförmige oder dreieckige Muster eingefeilt werden.

Tipps & Tricks

- Üben Sie den Umgang mit Punziereisen am besten mit einfachen, günstigen Formen. Je aufwändiger die Formen, desto teurer sind die Werkzeuge. Je komplizierter die Formen sind, umso schwieriger werden Korrekturen bei fehlerhaften Punzierungen. Achten Sie beim Kauf von Punziereisen auch darauf, ob und inwieweit sich verschiedene Formen auch zu einem neuem Muster verbinden lassen.

LOS GEHT'S

GEÖLTE SCHALE

Motivgröße
ø ca. 13 cm, ca. 5 cm hoch

Material und Schnitzeisen
- Schale, siehe Seite 41/42

Zusätzlich
- Pflanzenöl

Vorlage
Seite 127

Die Schale wie auf Seite 41/42 beschrieben schnitzen und mit haushaltsüblichem Pflanzenöl flächendeckend bestreichen. Soll die Schale noch dunkler wirken, kann sie nach dem Durchtrocknen ein weiteres Mal geölt werden.

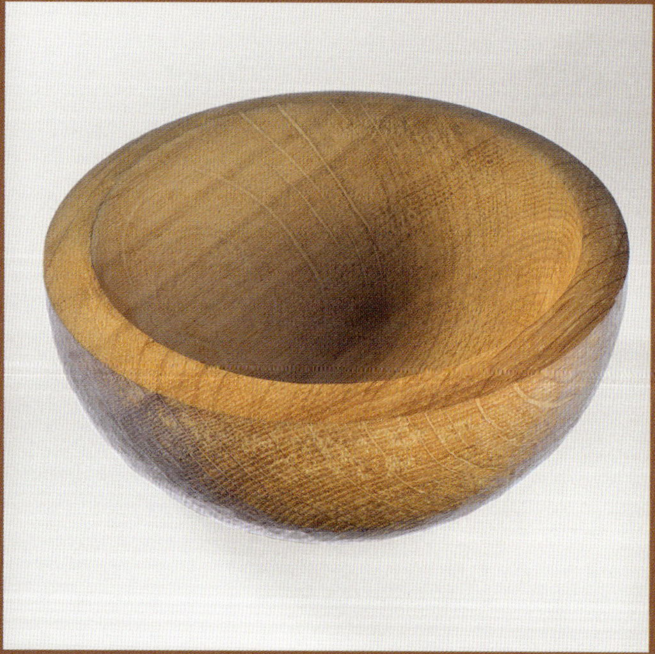

HERZEN IN ZWEIFARB-OPTIK

Motivgröße
ca. 15 cm x 8 cm x 5 cm

Material und Schnitzeisen
- große Herzen, siehe Seite 53 oben

Zusätzlich
- Wasserfarben in Rot und Blau

Vorlage
Seite 127

Die großen Herzen schnitzen. Zuerst das rechte Herz mit verdünnter Wasserfarbe in transparentem Rot bemalen. Die Farbe gut trocknen lassen und anschließend das linke Herz ebenso in Blau bemalen.

Tipps & Tricks

- Mit deckender Acrylfarbe bemalt und glänzendem Klarlack versiegelt werden die Herzen zum absoluten Blickfang! In zwei unterschiedlichen Rottönen bemalt sind sie auch ein originelles Geschenk für liebe Menschen.

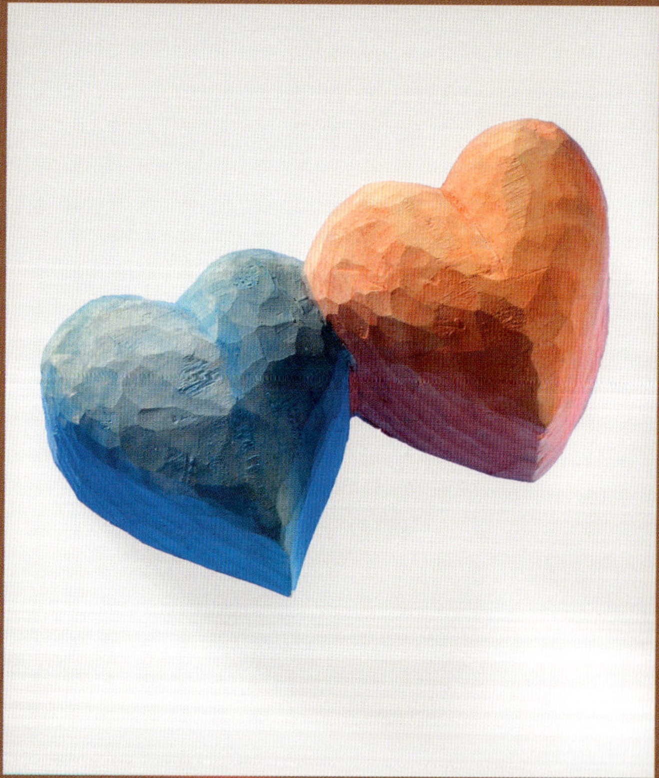

OBERFLÄCHENBEHANDLUNG

PUNZIERTE BUCHSTÜTZE

Motivhöhe
ca. 9 cm

Material und Schnitzeisen
- Buchstütze, siehe Seite 38 oben

Zusätzlich
- spitz zulaufender Punzierstift oder -nagel
- Hammer

Vorlage
Seite 123

Variante
Seite 38

Das Knotenmotiv wie auf Seite 38 oben beschrieben schnitzen. An allen vier Seiten einen ca. 6 mm breiten Rand abmessen und mit einem spitzen Punzierstift oder Nagel wie auf Seite 57 beschrieben einen gleichmäßigen Hintergrund punzieren. Wegen der schmalen, teilweise spitz zulaufenden Flächen kann hier nur kleines Werkzeug verwendet werden.

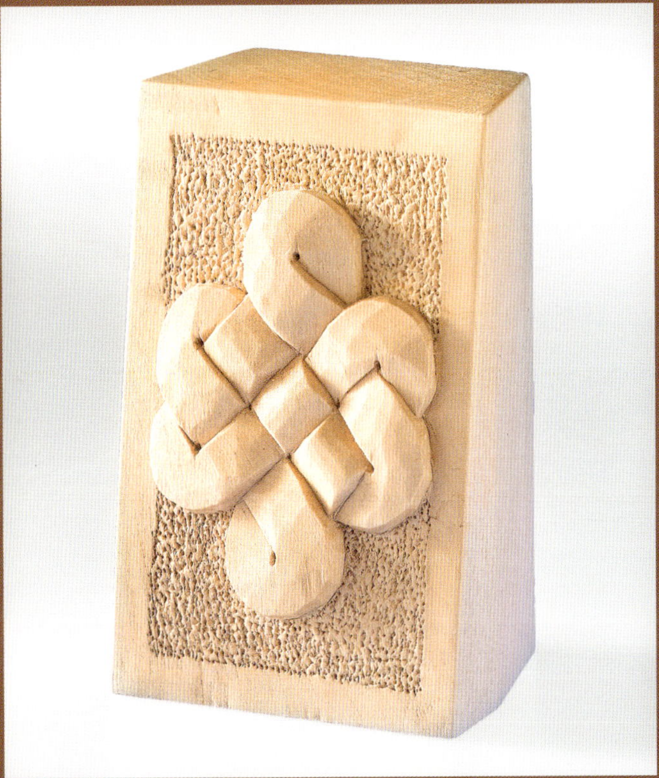

HERZEN MIT MARMOREFFEKT

Motivgröße
ca. 15 cm x 8 cm x 4 cm

Material und Schnitzeisen
- große Herzen, siehe Seite 53 oben

zusätzlich
- Wasserfarben in Rot und Blau
- harter Schwamm

Vorlage
Seite 139

Das Herzmotiv wie bei den kleinen Herzen auf Seite 53 oben beschrieben schnitzen, mit roter Wasserfarbe bemalen und gut trocknen lassen. Mit dem harten Schwamm die im Farbkasten nur leicht angefeuchtete blaue Farbe über das Herz reiben.

Tipps & Tricks

- Sehr gut gelingt das Überreiben auch mit farbgetränktem Leder: Einen Streifen Leder mit der rauen Seite nach oben auf eine handliche Holzleiste kleben. Mit dem Pinsel etwas Farbe auf das Leder streichen und dieses über die geschnitzte Fläche reiben.

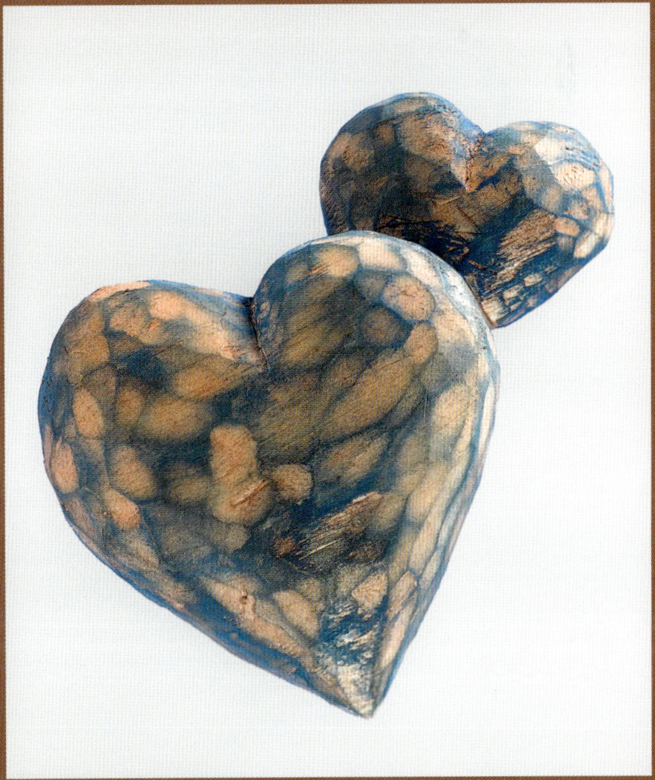

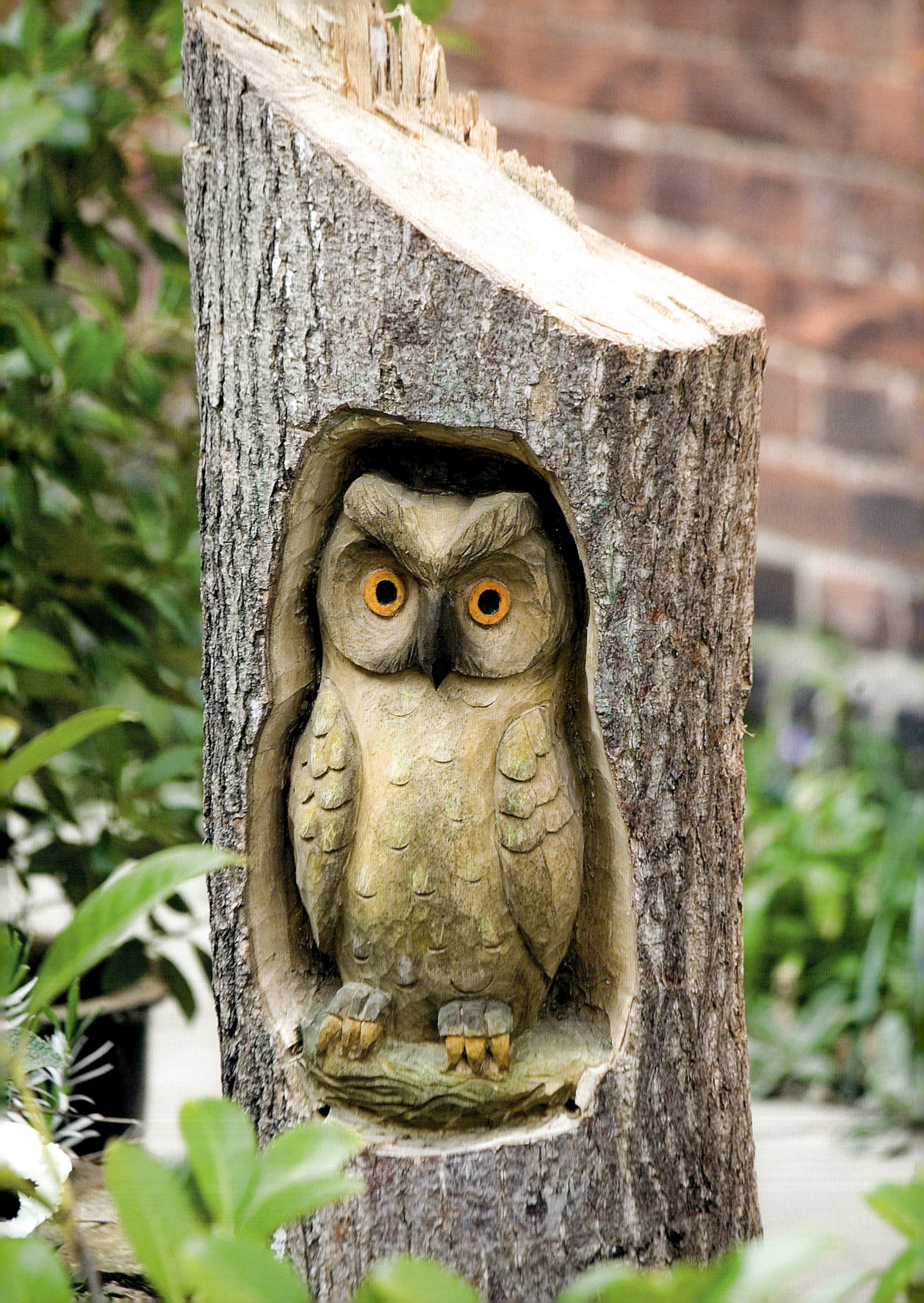

Die Projektideen

Immer die passende Idee

In diesem Teil des Buches finden Sie über 50 Schnitzarbeiten für Haus und Garten, vielseitige Ideen für alle Jahreszeiten und ein extra Kapitel mit einfachen, pfiffigen Ideen für Kinder.
Wenn Ihnen etwas schwierig erscheint, blättern Sie einfach zurück zum Technikteil und schauen bei der Erläuterung zur entsprechenden Technik noch einmal nach.

Mit praktischen Materiallisten

Zu jeder Schnitzanleitung gehört eine Liste mit Angaben, welches Holz und welche Schnitzeisen jeweils empfehlenswert sind. Alle folgenden Modelle lassen sich mit der auf Seite 17 vorgestellten Grundausstattung an Schnitzeisen arbeiten. In den Materiallisten ist außerdem angegeben, wie groß das jeweilige Modell ist. Auf diese Größe beziehen sich die Angaben bei den Vorlagen und Entwurfszeichnungen ab Seite 122. Diese Größenangaben sind allerdings nur als Anregung zu verstehen; natürlich können Sie das ausgewählte Motiv auch größer oder kleiner gestalten. Beachten Sie dabei aber, dass Sie dann ggf. die Auswahl der Schnitzeisen anpassen müssen.

Tipps und Tricks für gutes Gelingen

Wie im Technikteil finden Sie auch bei den Projektideen immer wieder viele Tipps und Tricks sowie wichtige Hinweise, sodass einem guten Gelingen nichts mehr im Wege steht! Unsere Erfahrungen sind in diese Tipps eingeflossen. Wahrscheinlich werden Sie während Ihrer eigenen Schnitzarbeit noch andere Erfahrungen machen und neue Erkenntnisse gewinnen. Wir empfehlen Ihnen, solche Dinge zu notieren und Ihre eigene Liste mit Tipps und Tricks zu erstellen. Sie werden sehen, mit etwas Fleiß und Übung können Sie schon bald beachtliche Resultate erzielen.

Hinweise

- Zum Nacharbeiten der Modelle werden die im Technikteil erlernten Kenntnisse vorausgesetzt und nicht mehr ausführlich beschrieben. Beachten Sie bitte die Verweise auf die entsprechende Seite, denn hier können Sie die Technik schnell nachlesen, wenn Sie einmal etwas vergessen haben.
- In den Materiallisten werden die im Technikteil als Grundausstattung aufgeführten Werkzeuge (mit Ausnahme der Schnitzeisen) und Materialien sowie ggf. die Bohrer zum Bohren der Löcher für die Befestigung in der Einspannvorrichtung nicht mit aufgeführt.

Die Modelle sind in folgende Schwierigkeitsgrade unterteilt:
● einfach
● ● etwas schwieriger
● ● ● anspruchsvoll

Schöne Ideen für zu Hause

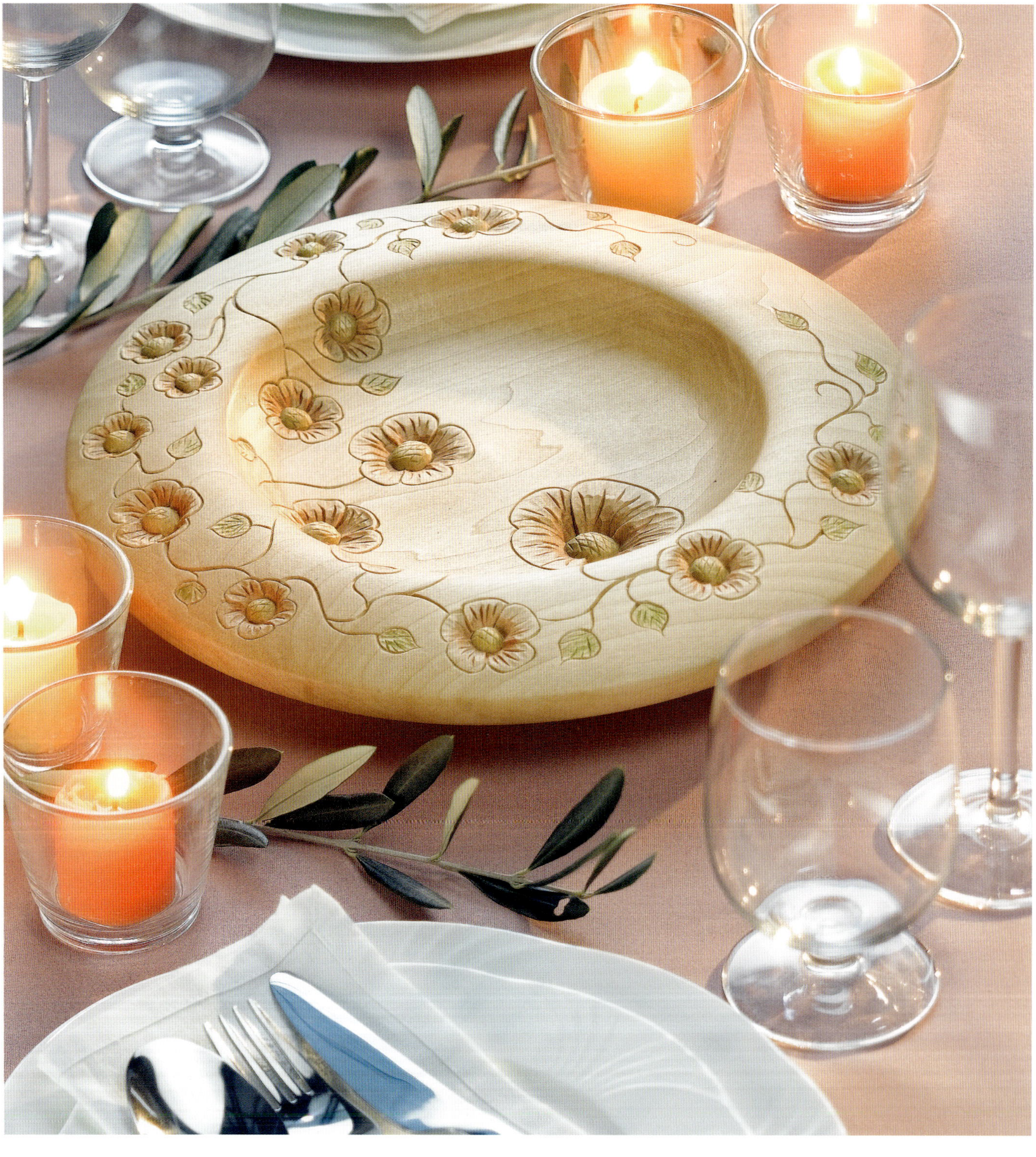

Blütenteller

1 Die Vorlage auf den Teller übertragen, ggf. die Blüten für das Innere des Tellers mit der Schere trennen, damit sich die Vorlage dem gewölbten Untergrund anpassen kann.

2 Mit dem Geißfuß die übertragenen Umrisslinien nachschnitzen. Die Linien zum Blattende hin dünner auslaufen lassen. Die Blattadern ebenfalls mit dem Geißfuß nacharbeiten.

3 Die jeweiligen Blütenmitten mit dem Bohrer umstechen und mit dem Hohleisen die Blütenblätter kelchartig und nach innen zur Mitte der Blüte hin gewölbt ausstechen.

4 Die stehen gebliebene, zylinderförmige Blütenmitte mit dem Flacheisen vorsichtig abrunden (siehe Seite 34).

5 Anschließend die Blütenblätter und Blütenmitten wie abgebildet oder nach Wunsch mit dem Geißfuß strukturieren (siehe Seite 35).

6 Das Motiv farbig gestalten, z. B. die Blütenblätter rot, die Kelchmitte gelb und weitere Blätter grün. Achtung: Zuerst nur mit sehr stark verdünnter Wasserfarbe arbeiten. Gegebenenfalls in einem zweiten Arbeitsgang die Blüten und Blätter intensiver nachfärben.

7 Bei Bedarf mit sehr feinem Schleifpapier die Oberfläche nachglätten. Vertiefungen wirken dadurch farbintensiver und die Holzstruktur ist an der Oberfläche besser zu erkennen.

Schwierigkeitsgrad

● ● ○

Motivgröße
ø ca. 28 cm

Material

- flacher Teller aus Linden- oder Ahornholz, ø 28 cm
- Wasserfarben in Rot, Gelb und Grün
- Pinsel

Schnitzeisen

- Flacheisen: 3/5
- Hohleisen: 5/8 und 7/10
- Geißfuß: 45°/5 mm

Vorlage
Seite 128

Tipps & Tricks

- Je nach Tellergröße können Sie das Motiv mithilfe eines Kopierers individuell vergrößern oder verkleinern. Sie können auch lediglich einzelne Elemente des Blütenmotivs arbeiten oder den Teller vollständig damit verzieren.
- Um den Teller als Aufbewahrungsgefäß zu verwenden, sollten Sie ihn vorher lackieren (aus optischen Gründen ist die Verwendung von Mattlack vorzuziehen).
- Gewöhnliche Holzteller sind oft aus sehr hartem, widerstandsfähigem Holz, z. B. Ahorn, das sich eher schlecht schnitzen lässt. Die Bezugsquelle für Teller aus Linden- oder Ahornholz finden Sie auf Seite 144.

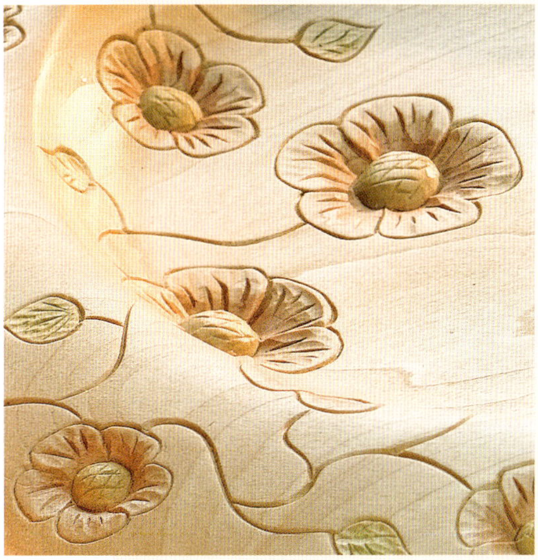

Wandbilder im Paisley-Stil

Tipps & Tricks

- An den senkrecht abgesetzten Kanten nimmt das Holz mehr Öl und Farbe auf. Tragen Sie daher für ein gleichmäßiges Malergebnis die Ölfarbe hier besonders stark verdünnt auf!

Schwierigkeitsgrad
● ● ●

Motivgröße
20 cm x 25 cm

Material pro Wandbild
- Brett aus Lindenholz, 20 cm x 25 cm, 3 cm stark
- Ölfarbe in Dunkelrot, Mittelrot, Orange, Grün, Dunkelblau, Hellblau und Ocker
- Leinöl
- verschiedene Pinsel

Schnitzeisen
- Balleisen: 21/8 und 2/10
- Flacheisen: 3/10 und 5/14
- Hohleisen: 7/10 und 16/16
- Bohrer: 10/6 und 11/2
- Geißfuß: 45°/5 mm

Vorlage
Seite 129

1 Das Motiv gemäß Vorlage auf das Brett übertragen.

2 Die auszuarbeitende Grundtiefe von 7 mm rundherum an den seitlichen Kanten anzeichnen (siehe Seite 33).

3 Mit dem Geißfuß die Umrisse des Motivs mit geringem Abstand nachfahren, hierzu den Bildhauerklüpfel zu Hilfe nehmen.

4 Mit dem großen Hohleisen 16/16 den Hintergrund entsprechend der Markierung tieferlegen (siehe Seite 34).

5 Das Motiv senkrecht absetzen, an engen Ecken und Kanten den Geißfuß verwenden, an gewölbten Flächen das Hohleisen 7/10 in der jeweiligen passenden Größe einsetzen.

6 Von der höchsten Stelle des Motivs ausgehend die Formen mit dem Flacheisen 3/10 plastisch erarbeiten und die Außenformen mit dem Flacheisen 5/14 oder dem Hohleisen 7/10 abgrenzen.

7 Die Grundflächen innerhalb des Motivs mit dem kleinen Flacheisen 3/10 oder in engeren Bereichen mit dem Stich 21/8 glätten.

8 Den Hintergrund mit den Stichen 21/8 und 3/10 anpassen. Immer das größtmögliche Flacheisen verwenden, um eine schöne, saubere Grundfläche zu erhalten. Auch die seitlichen Holzkanten nicht vergessen!

9 Die dekorativen Zierlinien zum Schluss mit Geißfuß und Bildhauerklüpfel einarbeiten (siehe rechtes Bild).

10 Das Motiv mit der Ölfarbe lasierend bemalen. Dazu die Farbe mit Öl verdünnt sparsam auftragen. Gut trocknen lassen (mind. 24 Stunden)! Zum Schluss das überschüssige Öl mit einem Küchentuch vorsichtig abreiben.

11 Für die Aufhängung auf der Rückseite mittig und waagerecht mit dem Bohrer ein längliches Loch einschneiden.

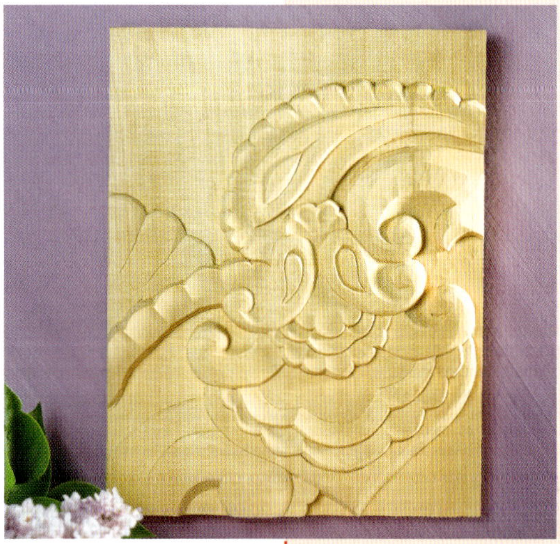

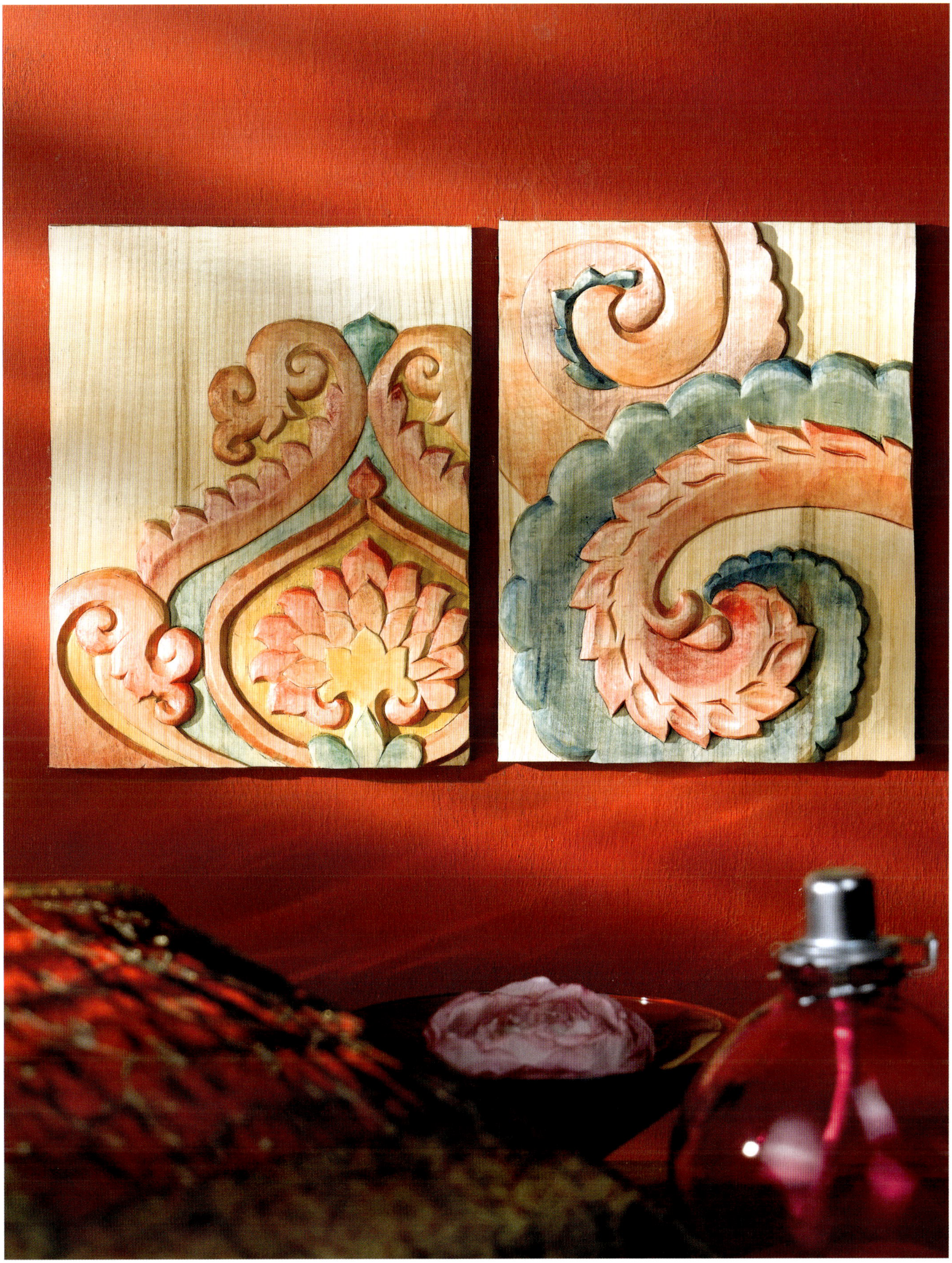

Blumenreliefs

Tipps & Tricks

Die Blumenmotive können auch zu einem schönen Bilderrahmen arrangiert werden (siehe Skizze unten).
Maße:
Bild: 10 cm x 15 cm
Rahmen:
13,5 cm x 22 cm
Bildausschnitt:
8,6 cm x 13,6 cm

Den Bildausschnitt mit der Dekupiersäge aussägen. Bitte beachten Sie, dass dieser rundherum ca. 7 mm kleiner als das Glas sein muss. Mit dem Geißfuß rückseitig die Nut einschneiden, um das Glas und die Rückwand einzulegen. Einschlagklammern für Rahmungen (im Baumarkt mit Rahmungsabteilung oder Fotofachgeschäften erhältlich) geben Halt und ermöglichen ein Auswechseln des Bildes.

Schwierigkeitsgrad
● ● ●

Motivgröße
Blumen ca. 20 cm x 26 cm

Material
- 2 Bretter aus Lindenholz, je 20 cm x 28 cm, 3 cm stark
- Ölfarbe in Dunkelrot, Rosa, Grün und Ocker
- Leinöl
- verschiedene Pinsel

Schnitzeisen
- Balleisen: 2/10
- Flacheisen: 3/5 und 3/16
- Bohrer: 10/6
- Geißfuß: 45°/5 mm

Vorlage
Seite 129 + 130

1 Das Motiv gemäß Vorlage auf das Holz übertragen.

2 Die Tiefe von 7 mm rundherum an den seitlichen Holzkanten anzeichnen (siehe Seite 33).

3 Mit dem Geißfuß die Umrisse des Motivs mit geringem Abstand nachfahren, hierzu den Bildhauerklüpfel zu Hilfe nehmen.

4 Mit dem großen Flacheisen 3/16 den Hintergrund entsprechend der Markierung tieferlegen (siehe Seite 34).

5 Das blockhaft ausgearbeitete Motiv senkrecht mit dem Flacheisen 3/16 abgrenzen. Das Blumenmotiv mit beiden Flacheisen plastisch ausformen. Dabei sollte möglichst oft das größte Eisen verwendet werden, um eine schöne, gleichmäßige Oberfläche zu erhalten (siehe Seite 34/35).

6 Die Tiefen mit dem Flacheisen 3/5 säubern und die feinen Detaillinien mit dem Geißfuß schwungvoll einschneiden. Die Kanten des Holzes rundherum mit Stich 3/16 von den Sägespuren befreien.

7 Das Motiv wie abgebildet mit der jeweiligen Farbe lasierend bemalen. Hierzu die Farbe mit dem Öl verdünnen. An den Kanten einige Akzente in Ocker setzen. Für die Trocknung mind. 24 Stunden einplanen, dann überschüssiges Öl mit einem Küchentuch vorsichtig abreiben.

8 Für die Aufhängung auf der Rückseite mittig und waagerecht längliche Löcher mit dem Bohrer einschneiden.

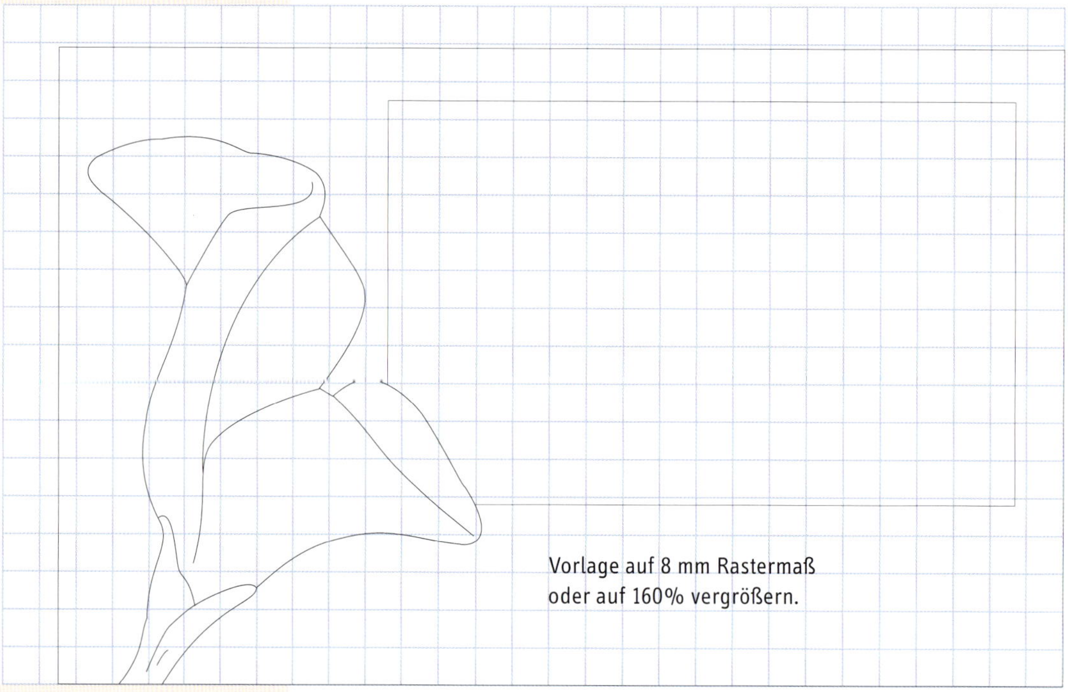

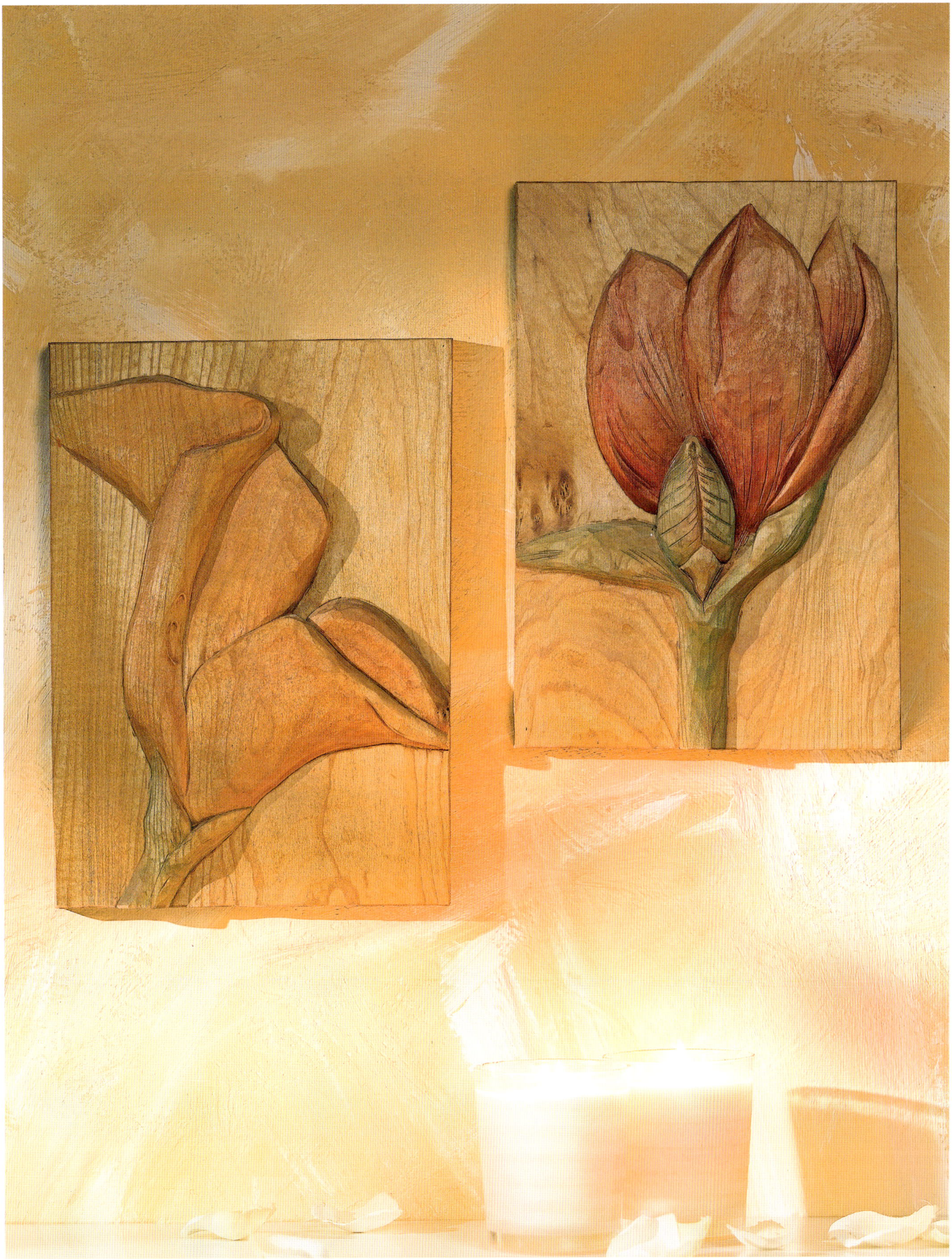

Coladose

Tipps & Tricks

- Die auf Seite 69 abgebildete Dose ist nur eine von unzähligen Gestaltungsmöglichkeiten. Wenn Sie keine selbst zerdrückte Dose schnitzen möchten, können Sie auch die beiden Entwurfsskizzen von Seite 130 als Arbeitsgrundlage verwenden. Sie sollten die Dose aber mindestens in der doppelten Größe schnitzen, da das Arbeiten an den Knickstellen und Kanten sonst zu kompliziert wird.

Schwierigkeitsgrad
● ● ●

Motivgröße
ca. 30 cm hoch

Material
- getrocknetes Kastanienstammholz ohne Rinde, ø 25 cm, 30 cm hoch
- Wachsbeize in Weiß
- leere Getränkedose, 0,33 l
- Gips
- Wandfarbe in Weiß
- Flachpinsel
- weiches Tuch

Schnitzeisen
- Flacheisen: 3/5 und 3/16
- Hohleisen: 7/10 und 16/16
- Bohrer: 10/6 und 11/2
- Geißfuß: 45°/5 mm

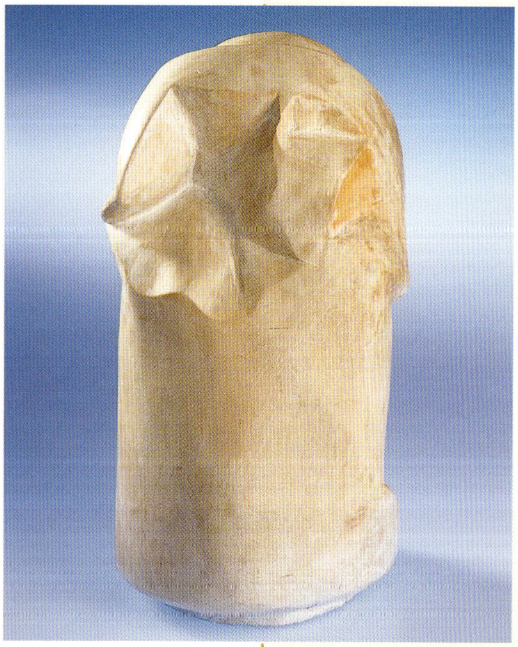

1 Die leere Getränkedose nach Wunsch zerdrücken. Den Gips nach Herstellerangaben anrühren, in die Dose füllen und gut trocknen lassen. So kann sich die Dose in ihrer Erscheinung nicht mehr verändern. Nun die Dose mit der Wandfarbe streichen.

2 Nach dem Trocknen der Farbe die Mittellinien frontal und seitlich auf dem Modell anzeichnen. Mehrere horizontale Linien helfen beim Übernehmen der Lage von Knicken auf die in der dreifachen Größe zu schnitzende Dose. Diese Linien rundherum sinnvoll über Anfänge und Enden der einzelnen Knicke zeichnen.

3 Die Mittel- und Horizontallinien auf das Stammholz übertragen. Diese Linien immer wieder nachziehen, nachdem Holz entfernt wurde. Dabei unbedingt beachten, dass der Abstand der horizontalen Linien verdreifacht werden muss.

4 Nun markante Linien wie den Dosenrand und alle Knickkanten auf das Holz übertragen.

5 Den Dosenrand mit dem Geißfuß absetzen, den Hals und die Trinkfläche mit dem Hohleisen 16/16 zurückschneiden. Dafür den Bildhauerklüpfel zu Hilfe nehmen.

6 Die Flächen bis zum Knick mit demselben Hohleisen plastisch anlegen.

7 Nun die Tiefen unter den Knicken mit dem Bohrer 10/6 schneiden. An engeren Stellen Stich 11/2 verwenden. Mit dem Hohleisen 16/16 die Formen aus den Tiefen auslaufend und rundherum anlegen. Den unteren Dosenrand mit dem Bohrer 11/2 zurückschneiden.

8 Die Oberfläche mit dem Flacheisen 3/16 glätten. In schmaleren Bereichen Stich 3/5 verwenden.

9 Die Trinköffnung mit dem Geißfuß anlegen und mit dem kleinen Flacheisen säubern.

10 Die Dose mit der Wachsbeize nach Herstellerangaben einpinseln und nach dem Trocknen mit einem weichen Tuch polieren.

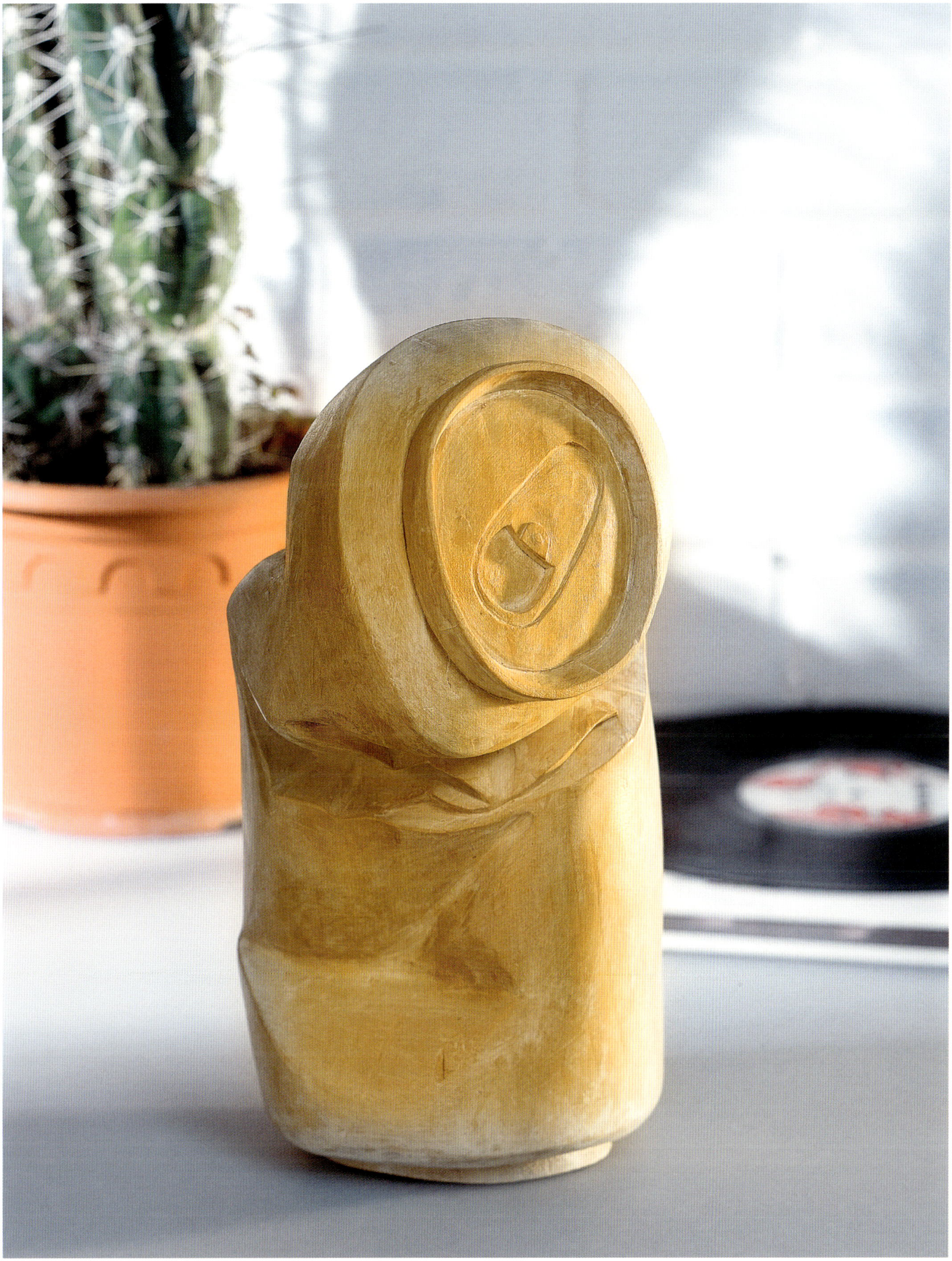

Hochzeitstruhe

Tipps & Tricks

Um die Truhe persönlicher zu gestalten, können Sie den Namen und das Hochzeitsdatum des zu beschenkenden Paares einkerben.

◆ Wenn die Bemalung schnell gehen soll, können Sie anstelle von Ölfarbe und Leinöl auch Acrylfarbe in Dunkelrot verwenden.

Schwierigkeitsgrad
● ● ●

Motivgröße
Taubenmotiv ca. 6 cm x 12 cm

Material
- Holztruhe mit Verschluss, 12 cm x 20 cm x 11,5 cm
- Stoff in Creme, 46 cm x 9 cm
- Spitzenborte in Weiß, 2,5 cm breit, ca. 50 cm lang
- Ölfarbe in Dunkelrot
- Leinöl
- verschiedene Pinsel
- kleiner Schraubendreher

Schnitzeisen
- Flacheisen: 3/10
- Bohrer: 11/2
- Geißfuß: 45°/5 mm

Vorlage
Seite 132

1 Den Verschluss der Truhe mit dem Schraubendreher entfernen und den Deckel lösen.

2 Den Deckel von außen mit der roten Farbe lasierend bemalen, hierzu die Ölfarbe mit dem Leinöl verdünnen. Alles gut trocknen lassen (ca. 24 Stunden einplanen!) Nach dem Trocknen überschüssiges Öl mit einem Küchentuch vorsichtig abreiben.

3 Die Truhe mit dem Stoff bekleben: Dazu erst die Seitenflächen zuschneiden und mit sehr wenig Holzleim aufkleben. Die Frontpartie seitlich ca. 1 cm überlappend aufkleben.

4 Das Spitzenband über die obere waagerechte Kante und die beiden senkrechten Seitenkanten kleben.

5 Nach dem Trocknen das Taubenmotiv mit Transparentpapier auf den Holzdeckel übertragen.

6 Mit dem Geißfuß das Motiv nachschneiden und nun mit dem Bohrer die größeren Rundungen der Flügel und des Körpers sowie die kleineren Rundungen am Kopf, Gefieder und Herz abstechen. Mit dem Flacheisen alle Linien des Schwanzgefieders säubern, ebenso den auslaufenden, geraden Teil.

7 Den Deckel und den Verschluss der Truhe wieder anbringen.

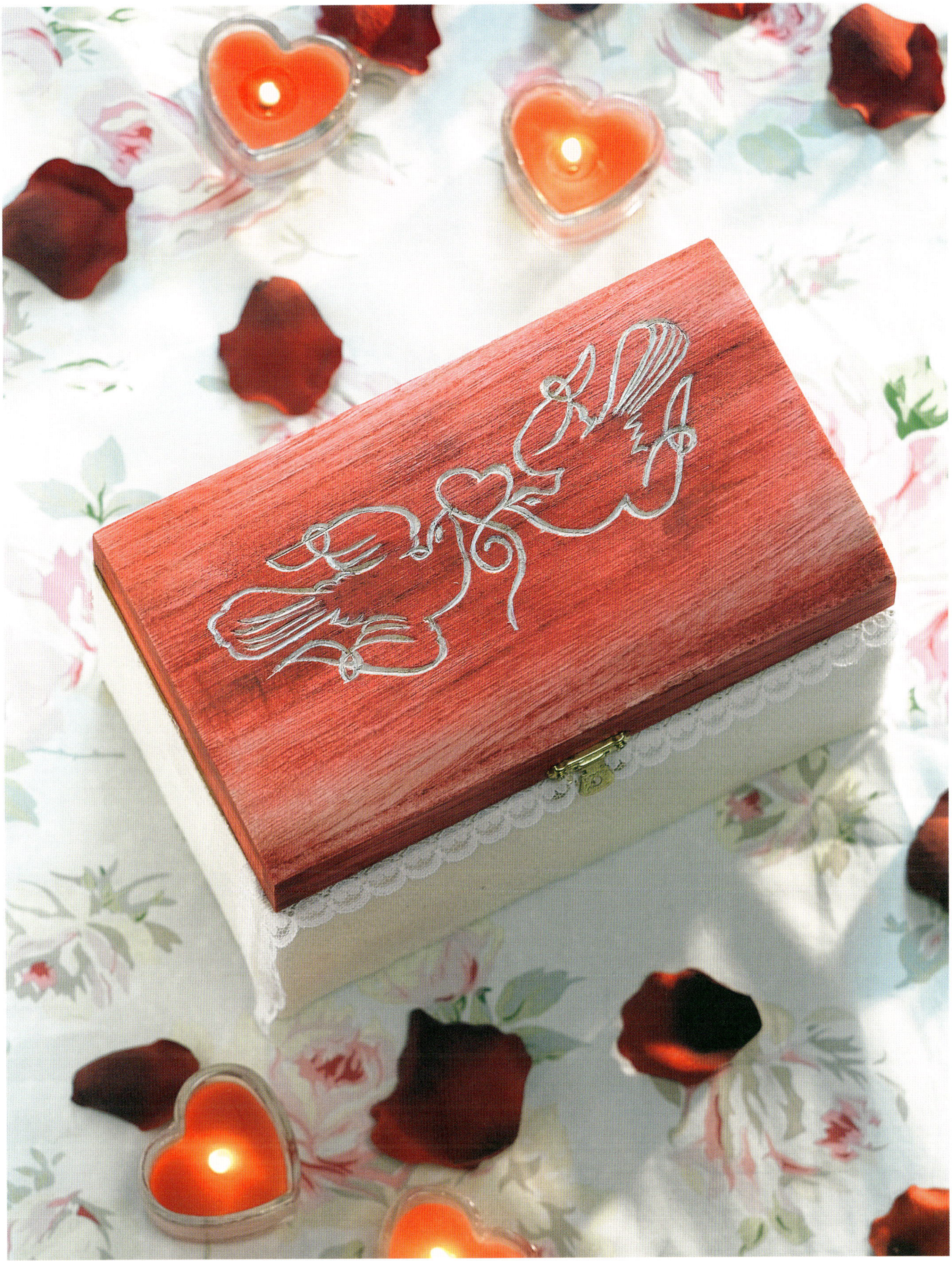

Schale „Wasserschöpfen"

Tipps & Tricks

- Um eine gleichmäßige Wölbung der Innen- und Außenform der Schale zu erzielen, sind Schablonen (in Form eines Viertelkreises; die Rundung des Kreissegments entspricht der Wölbung der Schale) hilfreich. Damit kann während des Arbeitens die Wölbung regelmäßig kontrolliert und ggf. korrigiert werden.

- Um die Saugwirkung des Holzes zu reduzieren und die Oberfläche etwas zu festigen und ebnen, sollten Sie die Schale vor dem Lasieren mit Leimwasser einstreichen. Hierfür Holzkaltleim im Verhältnis 2:1 mit Wasser verdünnen und die Schale flächendeckend damit streichen.

Schwierigkeitsgrad
● ● ●

Motivgröße
ø ca. 14,5 cm,
ca. 7,5 cm hoch

Material
- Quader aus Lindenholz, 15 cm x 15 cm x 8 cm
- Holzlasur in Blau und Weiß
- ggf. Holzkaltleim
- verschiedene Pinsel
- Stahlwolle

Schnitzeisen
- Flacheisen: 3/16
- Hohleisen: 7/10 und 16/16
- Bohrer: 10/10
- Geißfuß: 45°/5 mm

Vorlage
Seite 132

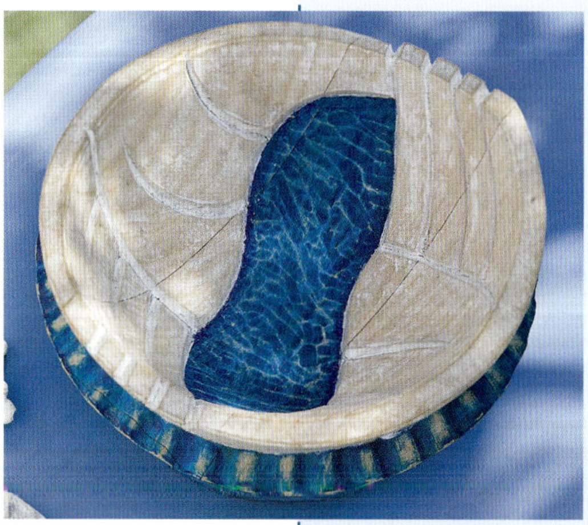

1 Mit dem Zirkel auf der Ober- und Unterseite des Holzquaders (bei der Holzauswahl/Holzzuschnitt ist zu beachten, dass die Faser senkrecht steht) den inneren und äußeren Durchmesser der Schale sowie den Durchmesser der Standfläche aufreißen.

2 Den Quader zur Bearbeitung fest einspannen. Am Kreisbogen für den Außendurchmesser beginnen, mit dem Flacheisen das Holz senkrecht abzustechen (ggf. Bildhauerklüpfel verwenden), bis ein zylindrischer Körper entstanden ist.

3 An der Aufrisslinie für den Innendurchmesser nun mit dem Bohrer Stich 10/10 ansetzen und damit gleichmäßig die Innenform herausarbeiten. Nachdem bereits etwas in die Tiefe gearbeitet wurde, zu einem gebogenen Hohleisen mit Stich 16/16 wechseln. Eine gleichmäßige Hohlform ausarbeiten.

4 Auf $^2/_3$ der Schalenhöhe (= äußere Zylinderform) ringsum eine Bleistiftlinie ziehen und anschließend auf dieser mit dem Flacheisen ansetzen und im Winkel von ca. 45° nach oben hin rundherum einstechen. Anschließend von der oberen Schalenkante aus bis zu diesem Einschnitt das Holz abtragen. Dieser Vorgang wird so oft wiederholt, bis umlaufend eine gleichmäßige Einkerbung von etwa 10 mm Tiefe entstanden ist.

5 Die Schwünge der Kante, die Einkerbungen im Inneren der Schale (Hände) sowie die wellenförmige Verzierung auf dem Schalenrand erst aufzeichnen und dann schnitzen. Zur Ausbildung der Kante das Flacheisen, für das Wellenband das Hohleisen Stich 7/10 verwenden. Nachdem mit dem Geißfuß die Konturen im Inneren der Schale (Hände und Finger) eingearbeitet wurden, den Bereich zwischen diesen Schnitten (Wasser) mit dem bereits verwendeten Stich 16/16 ca. 3 mm weit absetzen.

6 Vor dem Lösen der Schale aus der Einspannvorrichtung die Wölbung der Außenform ab der wellenförmigen Einkerbung grob vorarbeiten (die Schale kann aufgrund der geschwungenen Kante und des dünnen Randes dazu nicht verkehrt herum eingespannt werden). Nun die Schale lösen und mit dem Flacheisen ringsherum gleichmäßig die Wölbung bis zur Markierungslinie am Schalenboden ausarbeiten. Die Schale dabei mit festem Griff in der Hand führen und evtl. auf dem Tisch oder den Oberschenkeln abstützen. Achtung: Immer vom Körper wegschnitzen, da sonst Verletzungsgefahr besteht!

7 Die Schale wie abgebildet mit blauer und weißer Lasur streichen. Nachdem die Farbe getrocknet ist, die gesamte Schale vorsichtig mit Stahlwolle abreiben, bis in den blauen Bereichen die Schnitzstruktur durch die Farbe hervortritt (Wasser). Ebenso in den weißen Bereichen (Hände) verfahren.

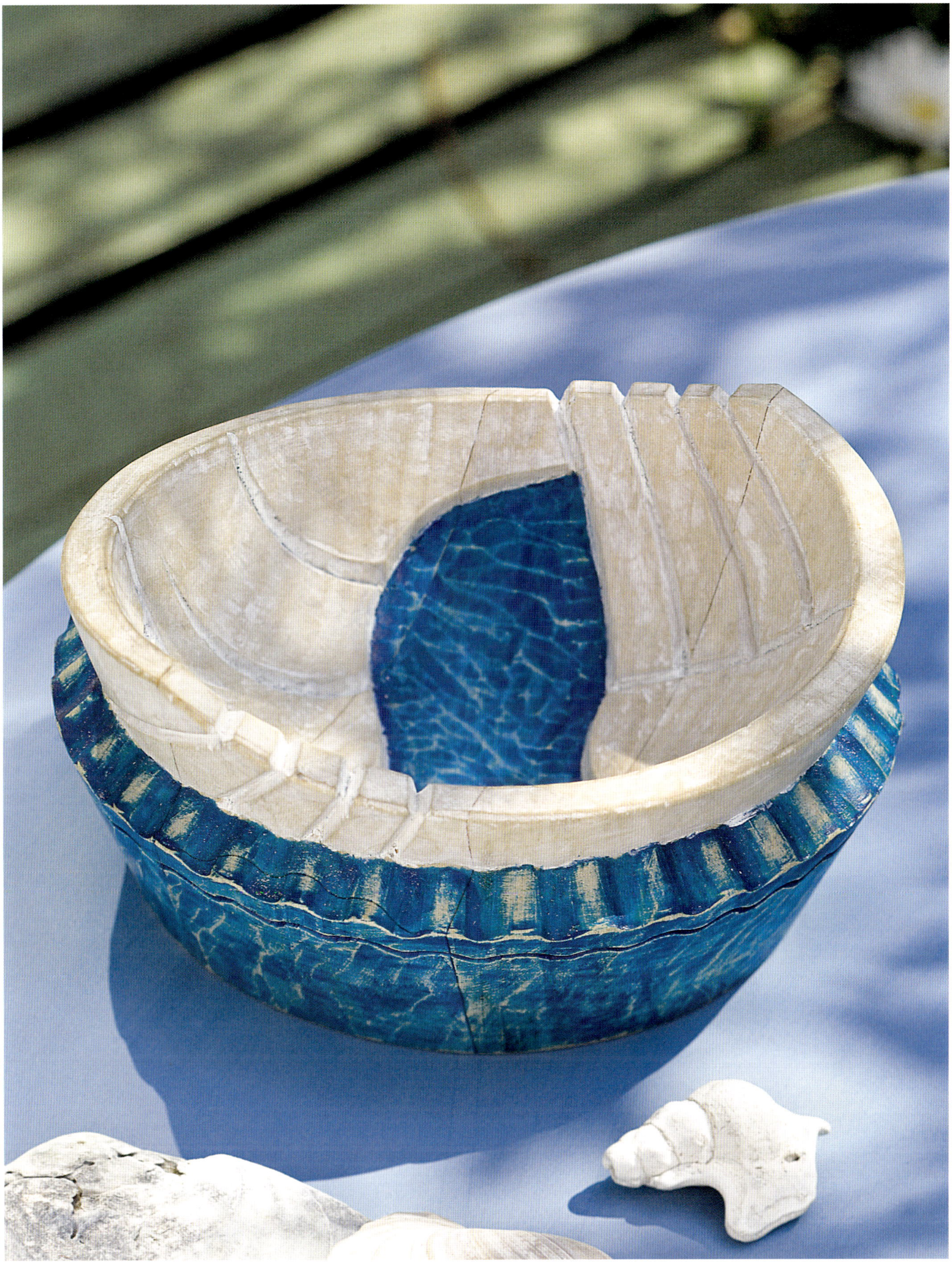

Barockes Relief

Hinweis

- Arbeiten Sie hier am besten mit einer verleimten Platte, um der Gefahr des Verwerfens des Holzes vorzubeugen. Leimarbeiten führt Ihr Schreiner durch.

Tipps & Tricks

- Die Anfertigung eines Tonmodells schafft eine sichere Raumvorstellung und hilft so bei der Gliederung der Höhen der einzelnen Teile des Ornaments.

- Bei der Abarbeitung der einzelnen Arbeitsstufen sollte umlaufend vorgegangen werden. Ein detailliertes Fertigstellen einzelner Teile ist für das Erreichen eines einheitlichen Gesamtbildes eher ungünstig.

- Zur intensiveren Raumgestaltung können an vereinzelten Stellen die Außenkanten hinterschnitten werden. Voluten, Rollwerk und Muschel wirken dadurch noch räumlicher.

Schwierigkeitsgrad
● ● ●

Motivgröße
50 cm x 37 cm

Material
- Brett aus Lindenholz, 50 cm x 37 cm, 4 cm stark

Schnitzeisen
- Balleisen: 21/8 und 2/10
- Flacheisen: 3/5, 3/16, 4/25, 5/8 und 5/18
- Hohleisen: 7/10 und 16/16
- verkehrt gekröpftes Hohleisen: 38/6 (nicht in Grundausstattung enthalten)
- Bohrer: 10/6, 10/10 und 11/2

Vorlage
Seite 131

1 Das Motiv gemäß Vorlage auf das Holz übertragen und sicher befestigen. Die auf dem Brett markierten Grundflächen mit den Bohrern Stich 10/6 und 10/10 etwa 15 mm tief ausheben. Zur Sicherheit etwa 5 mm Abstand vom Rahmen und Motiv einhalten.

2 An der äußeren Umrisslinie des Motivs und des Rahmens etwa 20 mm tief senkrecht bis zum Boden (Grund) schnitzen. Dabei jeweils das der Kontur entsprechende Hohl- oder Flacheisen verwenden. Das Eisen dann am Aufriss ansetzen und mit ein bis zwei Klüpfelschlägen ins Holz treiben. Zur Anwendung kommende Schnitzeisen sind die Stiche 4/25 und 5/8, 5/18, 7/10 und 16/16. Um problematische Ecken und Winkel zu schnitzen, ein abgeschrägtes Balleisen Stich 2/10 verwenden. Für die geraden Kanten und zum Glätten des Grundes werden Stich 21/8 sowie Stich 3/16 und 4/25 verwendet. Vorsicht: Ein tieferer Einstich in den Boden als die geplanten 20 mm erfordert das Nacharbeiten der gesamten Grundfläche.

3 Bevor als nächstes die Einzelformen des Reliefmotivs geschnitzt werden, müssen die Teile voneinander abgegrenzt werden. Weitere dazu verwendete Schnitzeisen sind die Stiche 21/8, 5/8, 5/18 und 16/16. Die Muschel wird in Höhe der Palmette und der Voluten auf ca. 10 mm über den Grund abgesenkt. Zum oberen Rand hin steigt sie leicht an. Die Palmette selbst sowie die beiden angrenzenden Voluten bleiben in ihrer vollen Höhe erhalten. Die beiden äußeren Voluten und das Rollwerk fallen nach außen hin etwas ab. Die Kordel liegt etwa 10 mm über der Grundfläche. Es werden folgende Schnitzeisen benötigt: 3/16, 4/25, 5/18 und 16/16. Für die Ausarbeitung der Wölbungen des Kordelbandes wird das verkehrt gekröpfte Eisen verwendet (siehe Seite 100, Hinweise).

4 Die flächig angelegten und höhenversetzten Gestaltungselemente werden nun mit Oberflächenstrukturen versehen. Die Muschel wird mit quer verlaufenden Hohlkehlen mit-hilfe von Stich 7/10 und 10/6 verziert, die Palmette erhält eine Fächerstruktur (Stich 3/16 und 5/18). Bei den Voluten und dem Rollwerk wird die Außenwölbung ausgearbeitet. Die Kordeln werden wie abgebildet mit Längskehlen verziert. Hierfür den Bohrer Stich 11/2 verwenden. Achtung: Vor dem Ausarbeiten dieser Details nochmals die Gliederung dieser Einzelteile auf das Holz zeichnen.

5 Zum Schluss den Rahmen gestalten: Er besteht aus gleichmäßig aneinandergereihten, sich abwechselnden Hohlkehlen und Kerben, die mit Stich 16/16 und 3/5 (wahlweise einem passenden Geißfuß) geschnitzt werden.

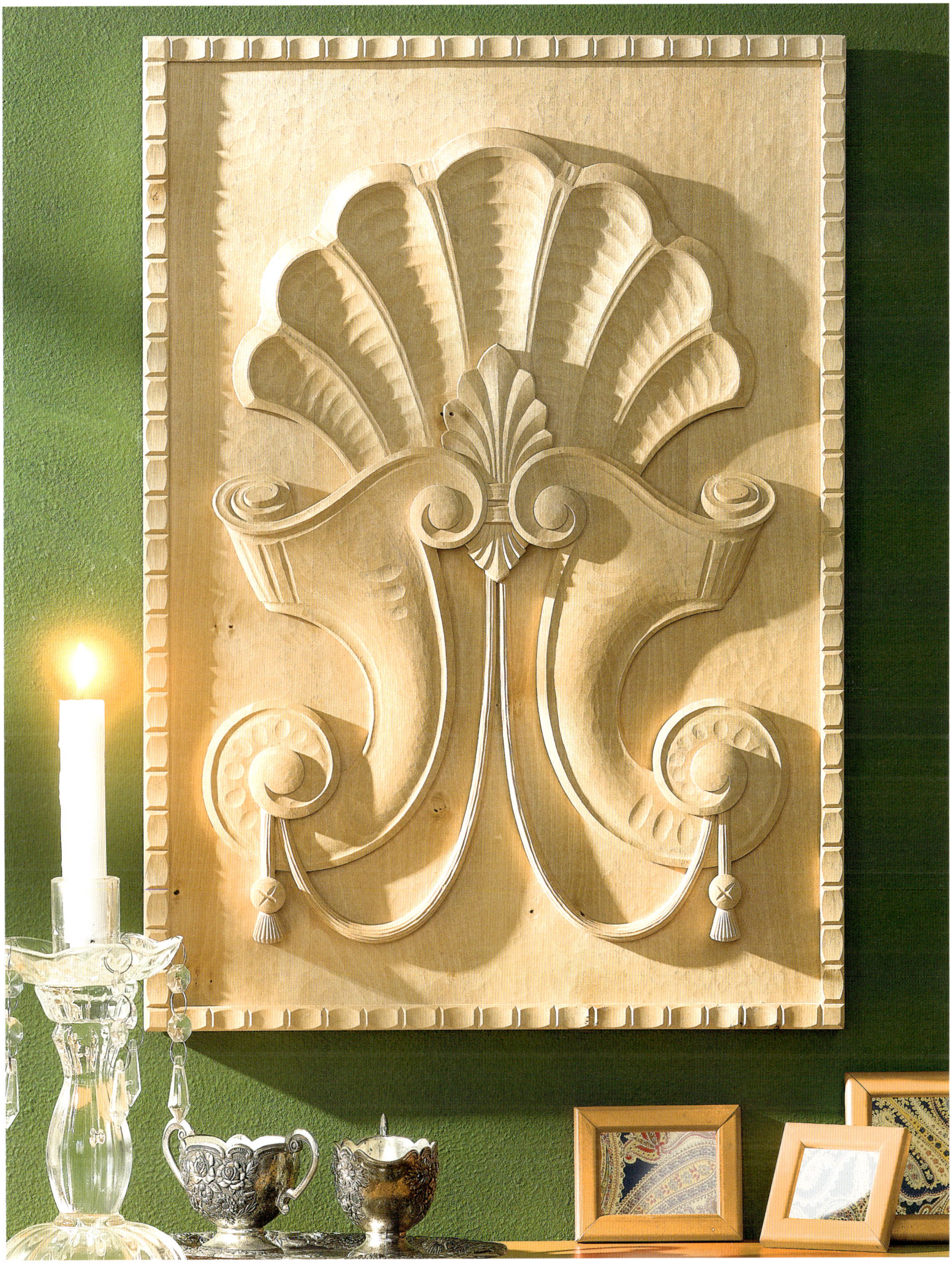

Außergewöhnliche Leuchter

Tipps & Tricks

◆ Da Fichtenholz weich ist, können beim Einspannen zwischen den Bankhaken der Hobelbank schnell unschöne Druckstellen entstehen. Auch kann dabei der Rand der Bohrung für das Teelicht zerdrückt werden. Um dies zu verhindern, kleine Brettstücke zum Schutz mit einspannen.

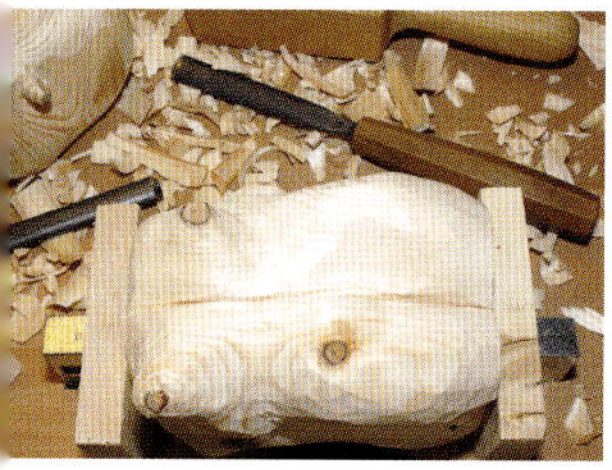

Schwierigkeitsgrad
● ● ●

Motivhöhe
kleiner Leuchter ca. 7 cm
mittlerer Leuchter ca. 11 cm
großer Leuchter ca. 16 cm

Material
- Balken aus Fichtenholz (kein Leimholzbalken), Querschnitt 12 cm x 12 cm, mind. 34 cm lang
- 3 Glas-Teelichteinsätze

Schnitzeisen
- Flacheisen: 3/16 und 4/25
- Hohleisen: 7/10 und 16/16

Werkzeuge
- Forstnerbohrer, ø 45 mm (der Bohrerdurchmesser ist abhängig von der Größe des Glaseinsatzes)
- Messingdrahtbürste
- Lötlampe (Gas oder Benzin)

Vorlage
Seite 133

1 Von dem Balkenstück mit der Handsäge die drei Quader in der Höhe 7 cm, 11 cm und 16 cm absägen.

2 An den Oberseiten der Quader jeweils den Mittelpunkt der Fläche markieren und mit dem 45 mm-Forstnerbohrer ein 20 mm tiefes Loch bohren. Achtung: Zum Bohren müssen die Holzstücke fest eingespannt sein!

3 Nun die Oberflächen nacheinander an den Außenflächen schnitzen. Die entstehende Oberflächenform ist abhängig vom jeweiligen Holzstück, der Anzahl der Äste und ggf. der Tiefe der Risse. Zum Schnitzen muss das Holz fest auf einer Einspannvorrichtung fixiert oder mit seiner Ober- und Unterseite zwischen die Bankhaken der Hobelbank gespannt sein.

4 Die Leuchter Seite für Seite mit den passenden Schnitzeisen bearbeiten. Eventuell vorhandene Risse werden zuerst mit dem Flacheisen 3/16 V-förmig ausgearbeitet. Mit den Hohleisen werden die Äste freigelegt und muldenförmige Vertiefungen in die Flächen geschnitzt. Die Ecken und die Übergänge zur Unter- und Oberseite werden mit den beiden Flacheisen geschnitzt. Wann die geschnitzte Endform der Leuchter erreicht ist, ist abhängig vom individuellen Formempfinden. Das Schleifen der geschnitzten Flächen ist nicht erforderlich.

5 Die fertig geschnitzten Leuchter werden zum Schluss wie im Kapitel „Oberflächenbehandlung“, Abschnitt „Brennen“ (Seite 56) bearbeitet.

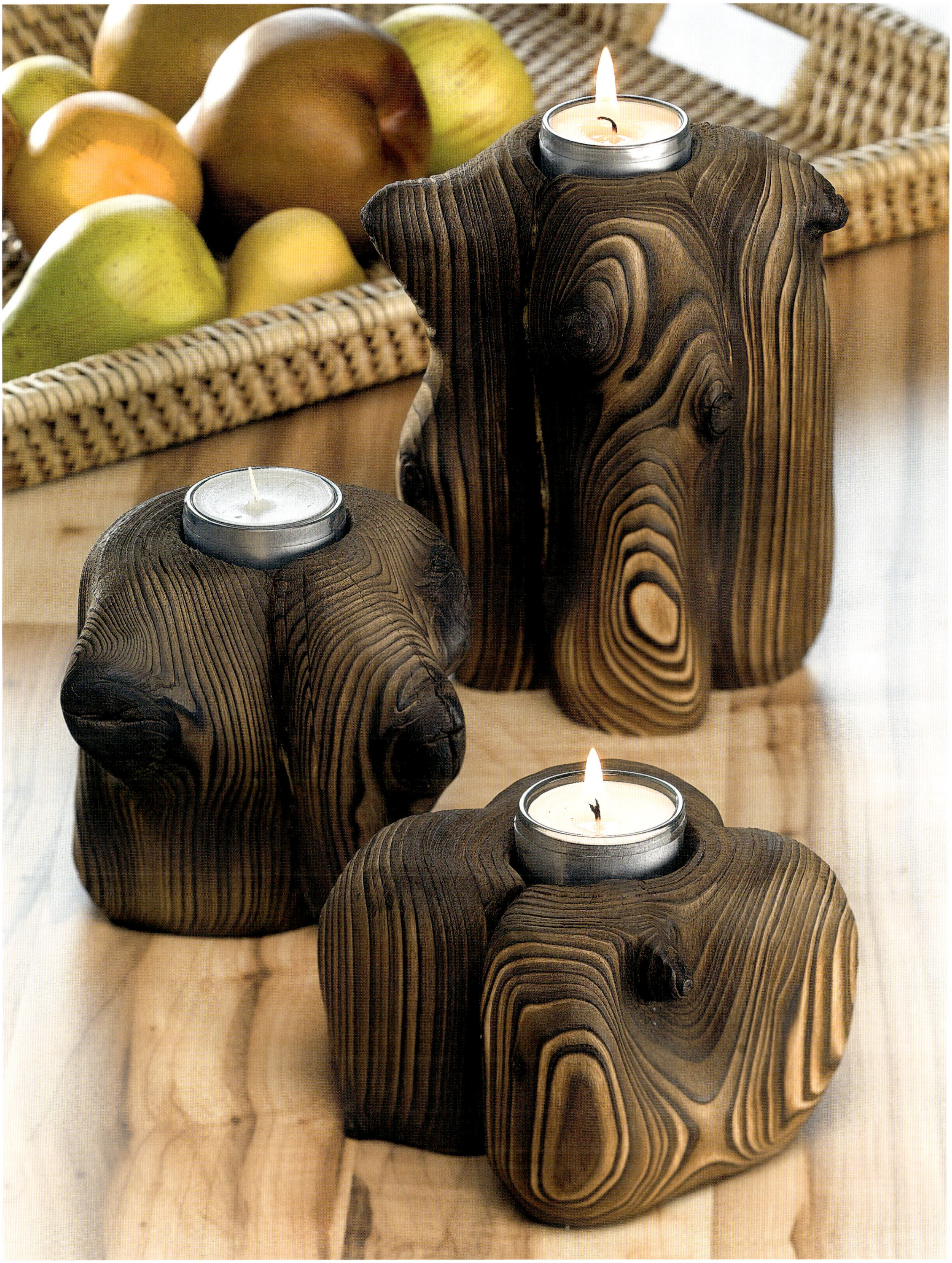

Wandbilder

Tipps & Tricks

◆ Wenn Sie ein selbst entworfenes Motiv schnitzen möchten, sollten Sie dieses erst aus Ton (erhältlich in Hobbyfachgeschäften und Töpfereien) modellieren und gut trocknen lassen.
Nun können Sie die Höhen und Tiefen mithilfe eines Linienrasters vom Modell auf das Holz übertragen. Auf diese Weise fällt die Erarbeitung von plastischen Reliefs auch Ungeübten leicht!

Schwierigkeitsgrad
● ● ●

Motivgröße
ca. 40 cm hoch

Material pro Wandbild
- Brett aus Ahornholz, 40 cm x 22 cm, 3 cm stark

Schnitzeisen
- Flacheisen: 3/5, 3/16 und 5/8
- Hohleisen: 7/10
- Bohrer: 11/2
- Geißfuß: 45°/5 mm

Vorlage
Seite 127 + 128

1 Das Motiv gemäß Vorlage auf das Holzstück übertragen.

2 Das Holz entsprechend in Form sägen.

3 Die Umrisse der höchsten Stellen des Motivs (Felsen, Tuch, Kopf und Fersen) mit dem Geißfuß absetzen.

4 Den Körper und die Wolken mit dem Flacheisen 5/8 grob um 7 mm tiefer legen. Die Umrisse der Wolken anschließend mit dem Geißfuß nachfahren und den Hintergrund des Motivs nochmals 5 mm tieferlegen (siehe Seite 34).

5 Die plastischen Rundungen der Felsenstruktur mit dem Hohleisen 5/8 grob erarbeiten und die Falten im Tuch mit dem Bohrer einschneiden. Scharfe Kanten am Tuch und Felsen mit dem Geißfuß absetzen. Die grobe Oberfläche der Felsen mit dem Flacheisen 3/16 in kleinen Schnitten säubern. Die Falten der Tücher mit dem Stich 3/5 ausformen und die Oberfläche glätten. Achtung: Beim Glätten nur sehr wenig Holz entfernen.

6 Nun den Körper und die Himmelsstruktur mit dem Flacheisen 5/8 plastisch vorformen, dabei Vertiefungen mit dem Hohleisen 7/10 und tiefe Linien mit dem Bohrer einschneiden. Sobald die groben Formen ersichtlich sind, diese mit dem Flacheisen 3/16 und an engeren Stellen mit Stich 3/5 glätten und säubern. Die Formen mit dem Geißfuß vom Hintergrund abgrenzen.

7 Den Hintergrund mit dem Flacheisen 3/16 im führenden Schnitt sauber schneiden.

8 Die Kopfumrisse mit dem Geißfuß vom Hintergrund absetzen. Die Haare mit dem Hohleisen 7/10 anlegen und den Übergang zum Gesicht freilegen. Das Gesicht mit demselben Hohleisen vorsichtig herausschneiden, für die Tiefen um Mund und Augen den Bohrer verwenden.

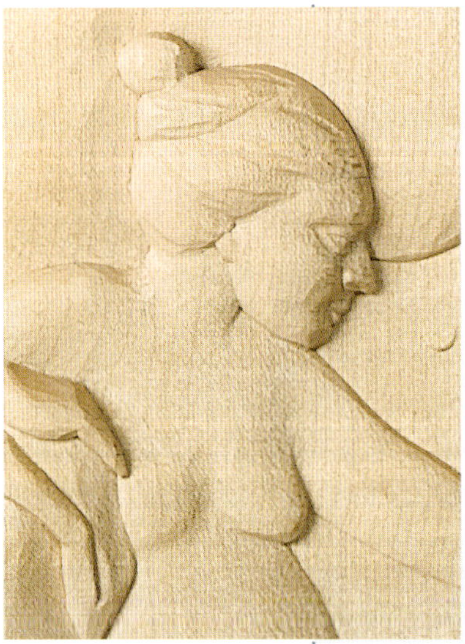

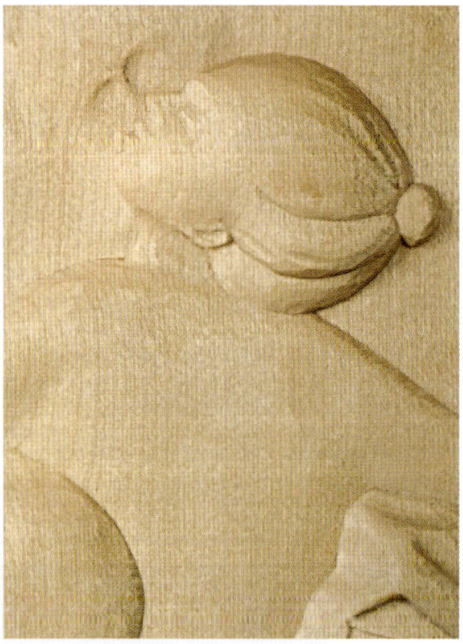

9 Die angelegten Kopf- und Gesichtsformen mit dem kleinen Flacheisen 3/5 in sehr kleinen, vorsichtigen Schnitten glatt und sauber schneiden. Mit dem Bohrer lebendige Linien ins Haar einarbeiten.

10 Die Holzkanten rundherum mit dem Flacheisen 3/16 von den Sägerändern befreien.

11 Für die Aufhängung auf der Rückseite mittig und waagerecht mit dem Bohrer ein längliches Loch einschneiden.

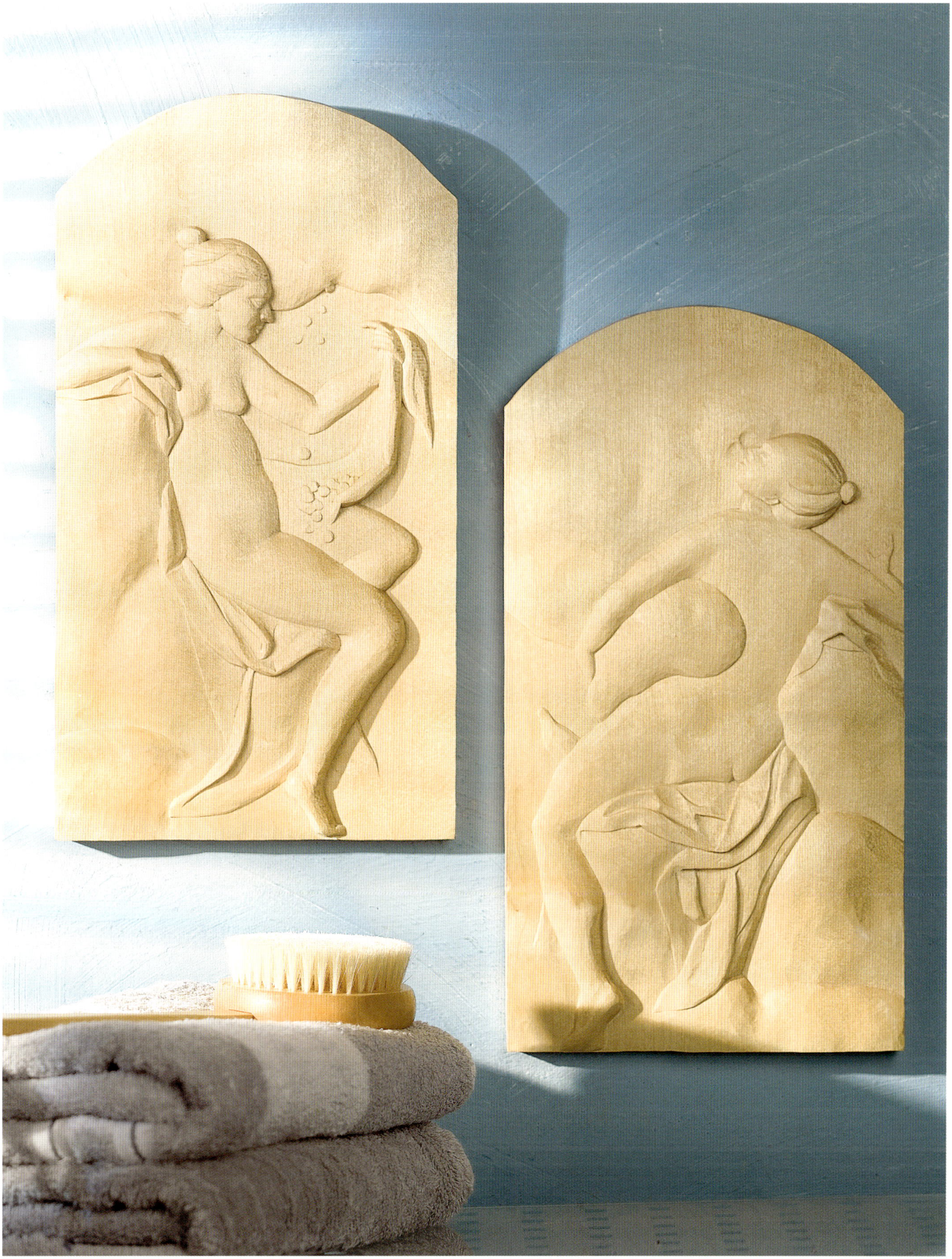

Dekoratives für draußen

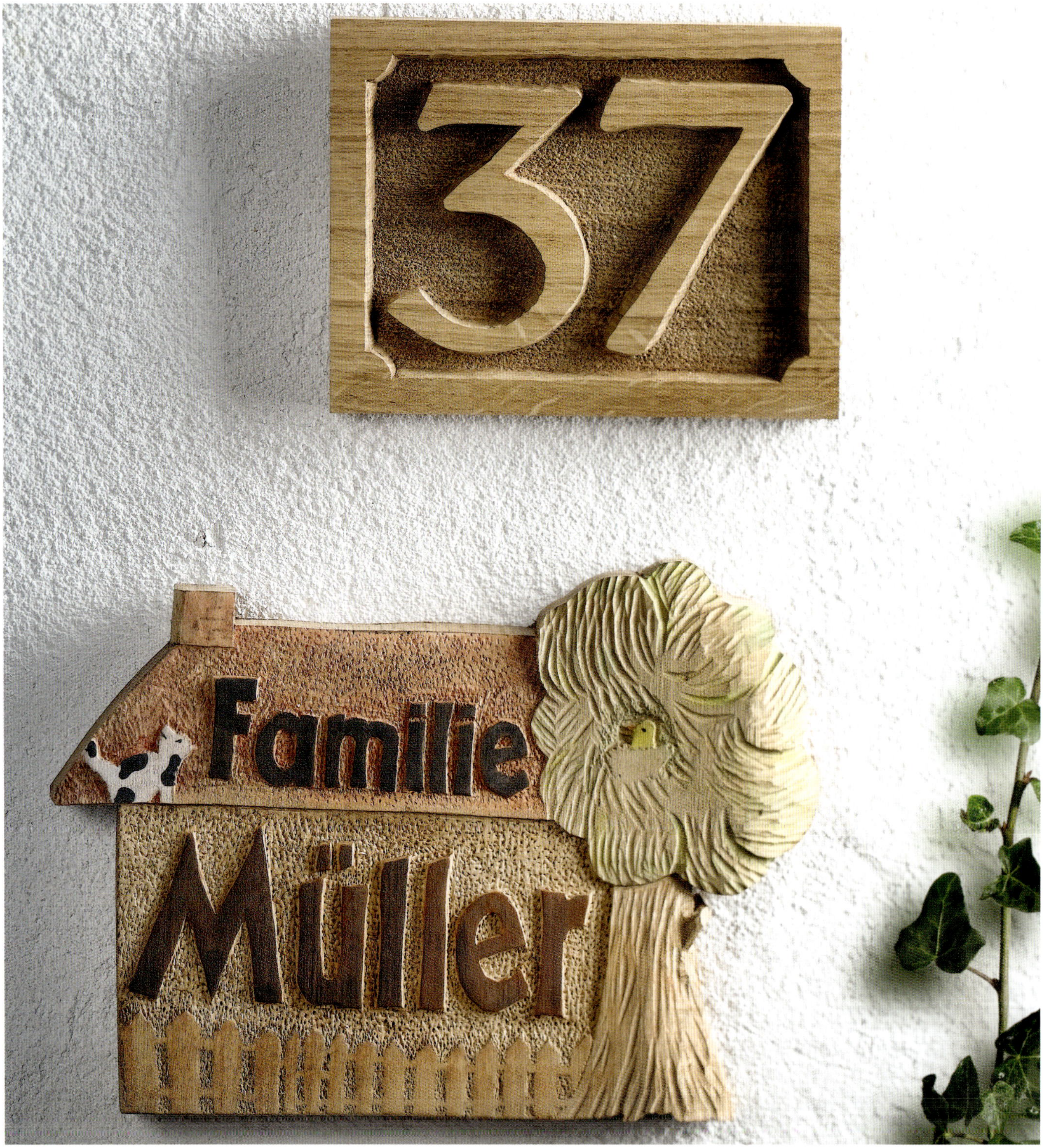

Hausnummer & Türschild

Hausnummer

1 Das Motiv gemäß Vorlage auf das Holz übertragen.

2 Die Fläche zwischen Rahmen und Ziffern mit den beiden Bohrern etwa 6 mm bis 8 mm tief absenken. Den inneren Rand senkrecht bis zum Grund abstechen (siehe Seite 34 und 36).

3 Im nächsten Schritt die Ecken sauber nachstechen und die Oberfläche mit dem Flacheisen glätten.

4 Den Hintergrund wie auf Seite 57 beschrieben punzieren. Dadurch werden auch schwer zugängliche Stellen an den Rändern zu einer gleichmäßig erscheinenden Grundfläche. Kleinere Unregelmäßigkeiten beim Schnitzen können so ebenfalls „kaschiert" werden.

5 Das Schild ggf. wetterfest behandeln, z. B. mithilfe von Klarlack. Bei Bedarf den Hintergrund etwas dunkler färben, damit der Kontrast deutlicher wird.

6 Nach Wunsch eine Aufhängung auf der Rückseite anbringen oder das Relief mit einem Bohrloch versehen und mit Dübeln verankern.

Türschild

1 Das Motiv gemäß Vorlage auf das Holz übertragen, die Umrisslinie aussägen und das Schnitzholz arbeitssicher befestigen.

2 Die Fläche der Hauswand für den Namen und den Zaun mit dem Bohrer Stich 11/2 etwa 2 mm tieferlegen (siehe Seite 34).

3 Das Dach von der Dachrinne bis zum First ebenfalls mit dem Bohrer gleichmäßig um etwa 5 mm absenken. Dadurch treten Katze, Schornstein und der Schriftzug „Familie" plastisch hervor und die Umrisslinie des Baumes wird sichtbar.

4 Die Oberfläche des Baumes mit dem Bohrer wie abgebildet oder nach Wunsch strukturieren und um den Vogel herum 1 mm weit absenken. Mit Schleifpapier etwas glätten.

5 Hauswand und Dach sowie das Umfeld des Vogels gleichmäßig punzieren. Die Einzelmotive des Schildes treten nun konturenscharf hervor (siehe Seite 57).

6 Das Motiv mit Wasserfarben wie abgebildet farbig gestalten und die Oberfläche wetterfest lackieren.

Schwierigkeitsgrad
● ● ○

Motivgröße
Hausnummer 17,5 cm x 13 cm
Türschild 19 cm x 27 cm

Material
Hausnummer
- Brett aus Eichenholz, 17,5 cm x 13 cm, 2 cm stark
- Punziereisen

Türschild
- Brett aus Eichenholz, 20 cm x 30 cm, 3 cm stark
- Wasserfarben in Rot, Braun, Grün, Gelb und Schwarz
- Deckweiß
- verschiedene Pinsel
- Punziereisen

Schnitzeisen
Hausnummer
- Flacheisen: 3/5
- Bohrer: 10/6 und 11/2

Türschild
- Bohrer: 11/2

Vorlage
Seite 133 + 134

Tipps & Tricks

- Wenn Türschild und Hausnummer später frei im Außenbereich angebracht werden, sollten Sie unbedingt Hartholz verwenden, da es längere Haltbarkeit garantiert. Ist das Türschild beispielsweise durch ein Vordach vor Regen geschützt, kann auch eine Weichholzsorte verwendet werden.
- Das Holz um die Ziffern herum kann auch mit einem Fräser herausgearbeitet werden. Eine Standbohrmaschine mit Tiefenanschlag erleichtert die grobe Vorarbeit.
- Arbeiten Sie bei der Gestaltung der Hausnummer einen schönen Kontrast zwischen hellem Holz und dunklem Hintergrund. So sind die Ziffern auch von der Ferne gut erkennbar.
- Vermeiden Sie Flächen, an denen sich Wasser sammeln kann. Abgeschrägte Kanten erleichtern das Ablaufen des Wassers.

Eule im Baumstamm

Tipps & Tricks

- Durchbrechen Sie die Höhlung seitlich der Eule bis hinten durch den Halbstamm. So kann die Eule auch von der Rückseite beschnitzt werden und wirkt noch realistischer.

- Wenn das Motiv im Freien stehen soll, achten Sie bitte darauf, dass es möglichst keine Wassersammelflächen bietet. Schrägen Sie Kanten ab, damit das Wasser ablaufen kann.

- Abplatzende Rinde sollten Sie zuerst mit Holzleim fixieren und zusätzlich mit einem kleinen, kaum sichtbaren Nagel sichern.

- Platzieren Sie die Eule an einem wettergeschützten Ort und vermeiden Sie es, das Motiv dauerhaftem Regen oder Schnee bzw. zu starker Sonneneinstrahlung auszusetzen. Allerdings können Sie die Eule bei kleineren Schäden leicht nachschnitzen und neu bemalen. Vor dem Bemalen muss das Holz jedoch gut getrocknet sein!

Schwierigkeitsgrad
● ● ●

Motivhöhe
ca. 30 cm (Eule)

Material
- Stammhälfte aus Lindenholz, ø ca. 30 cm, ca. 70 cm hoch und 15 cm stark
- Wasserfarben in Hellgrün, Dunkelgrün, Braun, Orange und Schwarz
- Filzstift in Schwarz

Schnitzeisen
- Flacheisen: 3/10 und 3/16
- Hohleisen: 7/10 und 16/16
- Bohrer: 10/6, 10/10 und 11/2
- Geißfuß: 45°/5 mm

Vorlage
Seite 134

1 Das Motiv mit einer Schablone oder Pauspapier auf den Stammabschnitt übertragen und die Linien mit einem Filzstift verdeutlichen.

2 Die Rinde im angezeichneten Linienbereich mit dem Flacheisen einkerben und die umschnittene Rindenfläche so weit herausschnitzen, bis das helle Holz sichtbar wird.

3 Die Eule mit Kopf, Flügeln und Füßen auf die helle Holzfläche zeichnen. Um das Motiv herum das Holz ca. 4 cm tief und 3 cm breit mit den Flacheisen einkerben, damit der vordere Teil der Eule im Umriss sichtbar wird.

4 Kopf, Bauch, Flügel und Füße mit Flacheisen, Hohleisen und Bohrer gestalten. Der Geißfuß hilft, deutliche Abgrenzungen sichtbar werden zu lassen, z. B. zwischen Körper und Flügel. Immer wieder müssen die Flächen nachgerundet werden, damit der Körper zu einer harmonischen Gesamterscheinung wird (siehe Seite 36/37).

5 Das Gefieder mit dem Hohleisen, die Krallen mit dem Geißfuß schnitzen. Für die Brustfedern das gebogene Hohleisen wie beim Nagelschnitt senkrecht zur Oberfläche einstechen und von unten im Winkel von etwa 30° gegenschnitzen. Dadurch fällt ein Querspan heraus und es entsteht der Eindruck von erhabenen Federn.

6 Den hervortretenden Teil des Gefieders in Hell- und Dunkelgrün, den Schnabel in Braun anmalen. Iris und Krallen orange gestalten, die Pupille schwarz färben. Die Vertiefungen um das Motiv herum etwas dunkler färben, das verstärkt den optischen Eindruck der Raumtiefe. Die Eule samt den Vertiefungen wetterfest lackieren (matt).

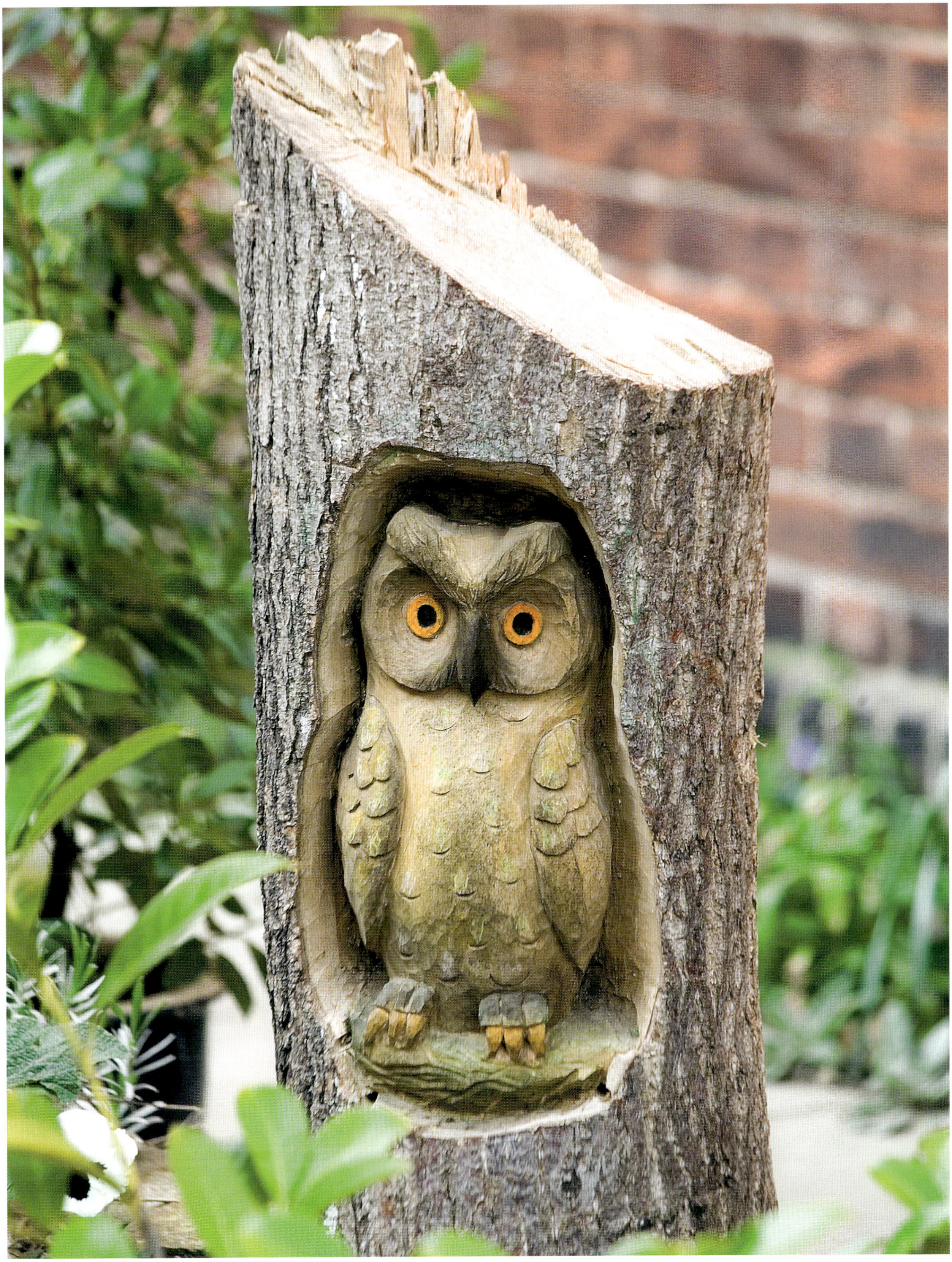

Schnecke

Tipps & Tricks

- Sie können unterhalb der Fühler auch ein einfaches Gesicht schnitzen oder aufmalen, bevor Sie die Figur lackieren.
- Ein lustig-bunter Blickfang wird die Schnecke, wenn Kinder das Schneckenhaus in vielen Farben bemalen.

Schwierigkeitsgrad
● ● ●

Motivgröße
ca. 25 cm breit, ca. 14 cm hoch

Material
- Quader aus Lindenholz, 25 cm x 14 cm x 10 cm

Schnitzeisen
- Flacheisen: 3/10
- Hohleisen: 7/10
- Bohrer: 10/6, 10/10 und 11/2

Vorlage
Seite 135

1 Die Umrisslinie der Figur auf das Holz übertragen und die nicht benötigten Holzteile absägen oder mit den Bohrern rechtwinklig zur Außenfläche abschnitzen. Zur Fixierung eine Spannvorrichtung verwenden oder das flach aufgelegte Holzstück mit der Unterseite auf einer mindestens 5 cm überstehenden Trägerplatte anschrauben und diese mit Schraubzwingen fixieren.

2 Den Schneckenkörper (ohne Gehäuse) mit Hohleisen und Bohrern rundum gestalten. Das Schneckengehäuse von allen Seiten gleichmäßig runden, anschließend die Gehäusewindungen nach Abbildung und Vorlage anzeichnen und mit den Bohrern gestalten (siehe Seite 43–45).

3 Die Oberfläche der Figur nun im Detail ausgestalten: Das Schneckengehäuse mit dem Flacheisen sorgfältig glätten. Bei Bedarf können Sie das Gehäuse auch abschleifen und den Körper als Kontrast mit rillenförmigen Vertiefungen gestalten. Dafür das Hohleisen verwenden.

4 Soll die Schnecke im Garten platziert werden, diese mit Klarlack überziehen und gut trocknen lassen (siehe Seite 55).

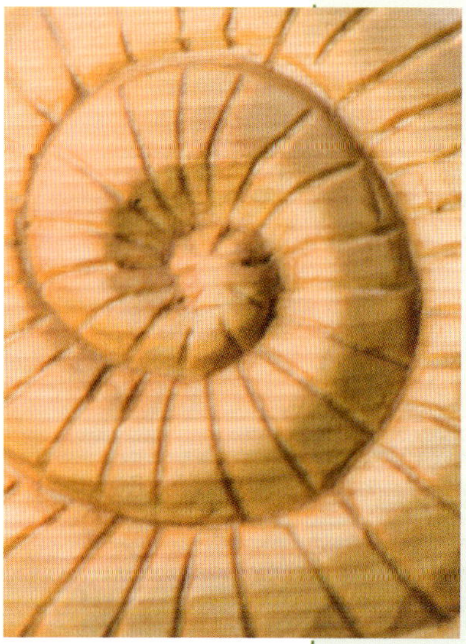

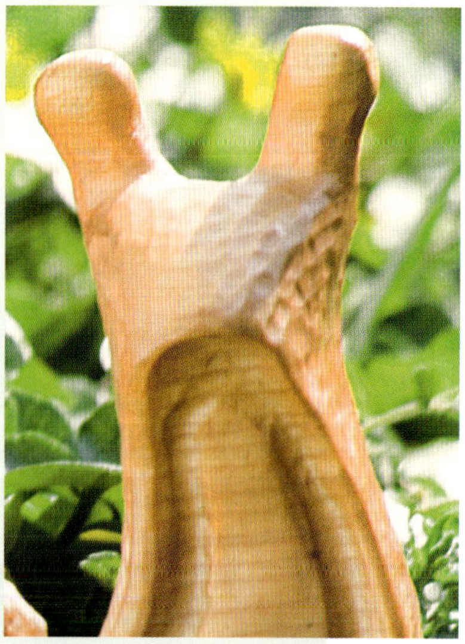

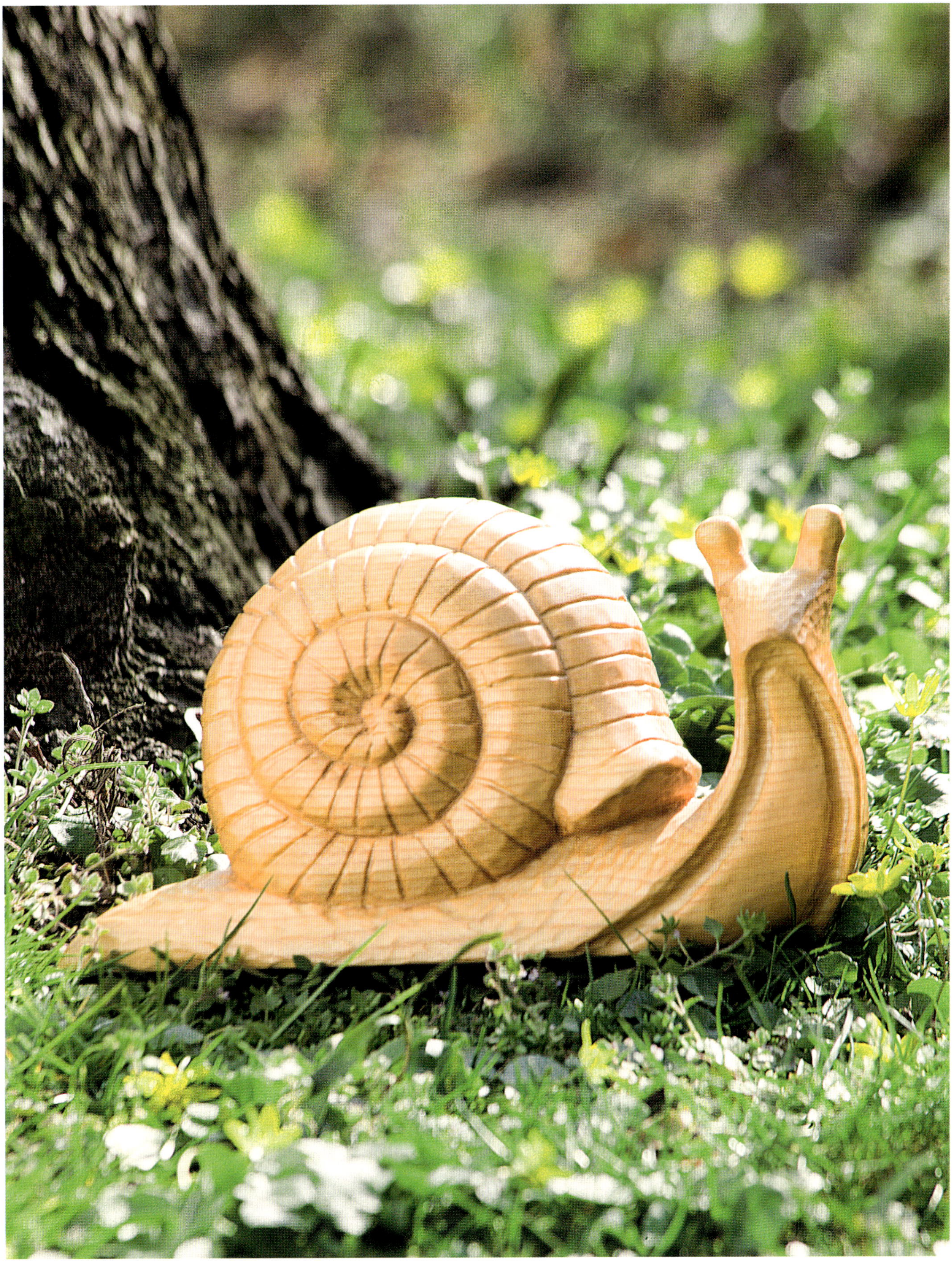

Guter Hausgeist

Tipps & Tricks

◆ Stellen oder hängen Sie Ihren guten Hausgeist unter ein Dach, so bleibt er vor Wind und Wetter geschützt und Sie haben lange Freude daran.

◆ Abgeplatzte Rinde können Sie mit Holzleim wieder aufkleben. Den Leim abbinden lassen und die Rinde anschließend mit zusätzlichen Nägeln fixieren. Dafür die Nagelköpfe bis zur Rindenhälfte versenken und die Fixierstelle mit einem Rindenstück überkleben.

Schwierigkeitsgrad
● ● ●

Motivhöhe
ca. 50 cm

Material
- Stammhälfte aus Lindenholz, ø ca. 30 cm, ca. 50 cm hoch und 10 cm stark
- Wasser- oder Acrylfarbe in Weiß, Braun, Schwarz und Rosa

Schnitzeisen
- gekröpftes Balleisen: 21/8
- Flacheisen: 3/10 und 3/16
- Hohleisen: 7/10
- Bohrer: 10/10 und 11/2
- Geißfuß: 45°/5 mm

Vorlage
Seite 135

1 Das Motiv wie bei der Eule auf Seite 82 beschrieben auf die Stammhälfte übertragen und die Rinde im Bereich des Gesichtes mit den Flacheisen einschneiden und abtragen. Die Augenbrauen sollten erhalten bleiben, können jedoch alternativ aus den abgelösten Rindenteilen ausgeschnitten und nach Fertigstellung des Gesichtes wieder aufgeleimt und angenagelt werden.

2 Die Augenvertiefungen (Fläche 1, siehe Skizze unten) innerhalb der gezeichneten Umrandung ca. 3 cm tief mit Bohrer und Hohleisen herausschnitzen. Den abgesenkten Boden mit dem gekröpften Eisen glätten.

3 Die Mund-Kinn-Partie (Fläche 2, siehe Skizze unten) unterhalb der Nasenspitze und innerhalb der Backen mit den Bohrern und dem Geißfuß ca. 4 cm tief absenken.

4 Innerhalb dieser Fläche die Mundpartie (Fläche 3, siehe Skizze unten) nochmals mit den gleichen Schnitzeisen um weitere 3 cm absenken und dabei die leicht gewölbte Zunge und obere Zahnreihe formen.

5 Die Nase vom höchsten Punkt der Nasenspitze bis zur Nasenwurzel gleichmäßig absenken und runden. Besonders nett sieht eine dicke Knollennase aus.

6 Die Augen mit Wasser- oder Acrylfarbe lebendig gestalten, ggf. korrigieren, wenn beide Augen nicht die gleiche Blickrichtung haben. Die Zahnreihe weiß, Zunge und Unterlippe in stark mit Wasser verdünntem Rosa bemalen.

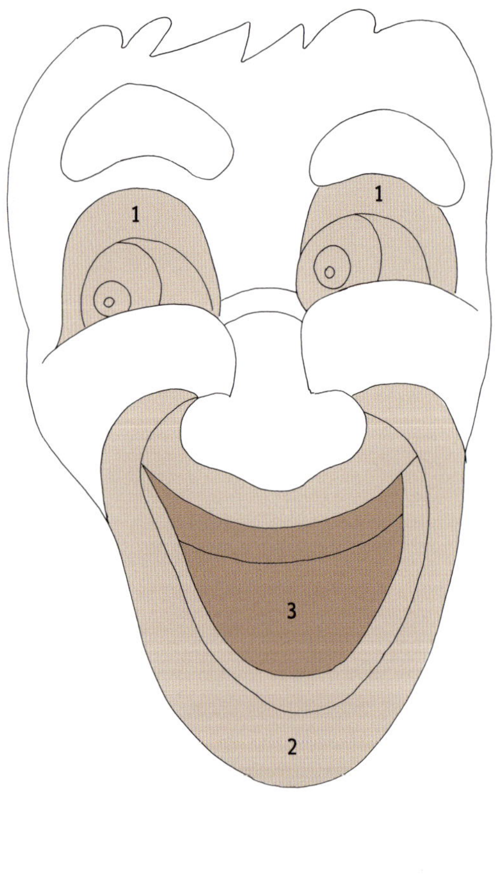

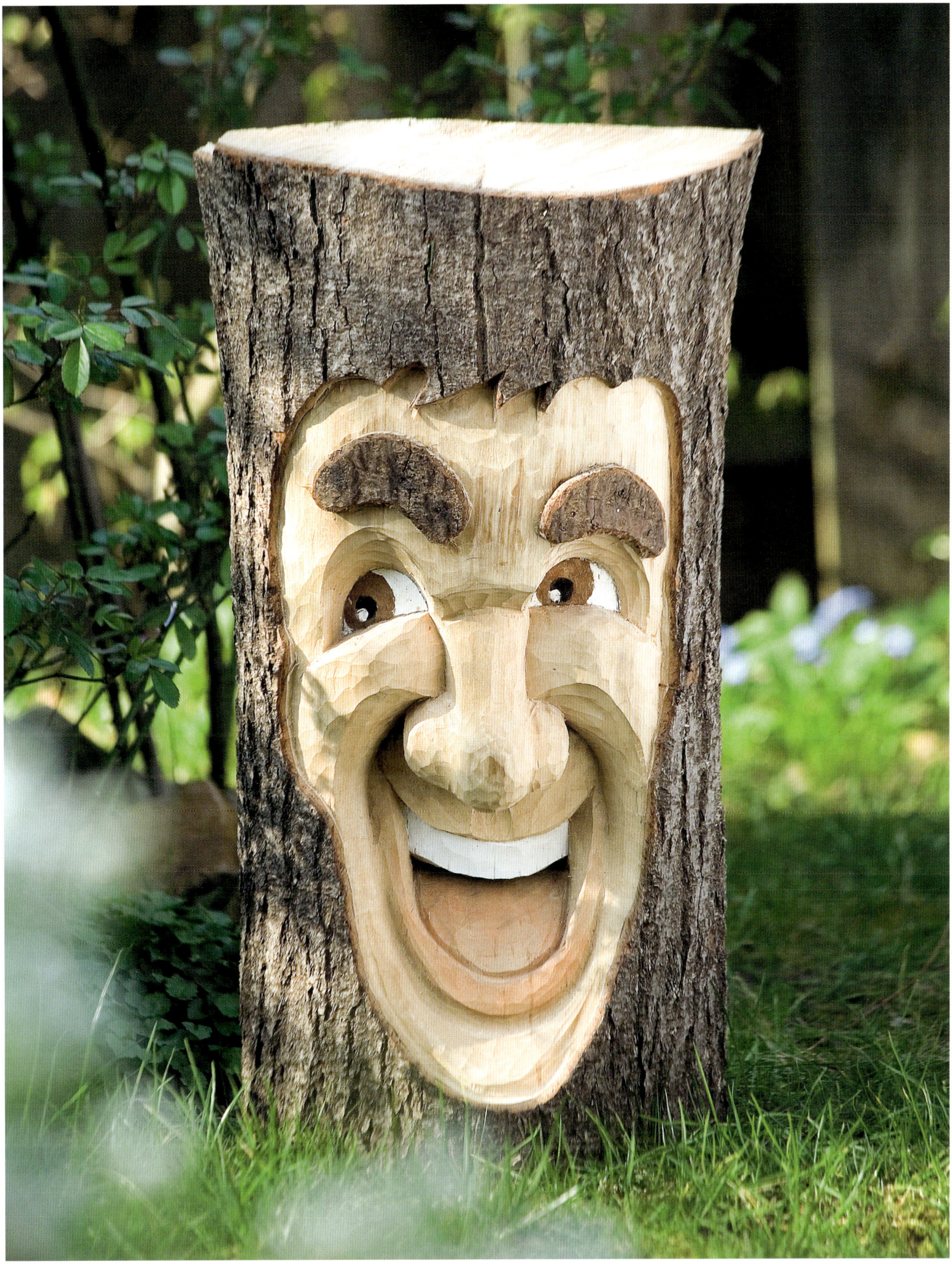

Ideen durchs Jahr

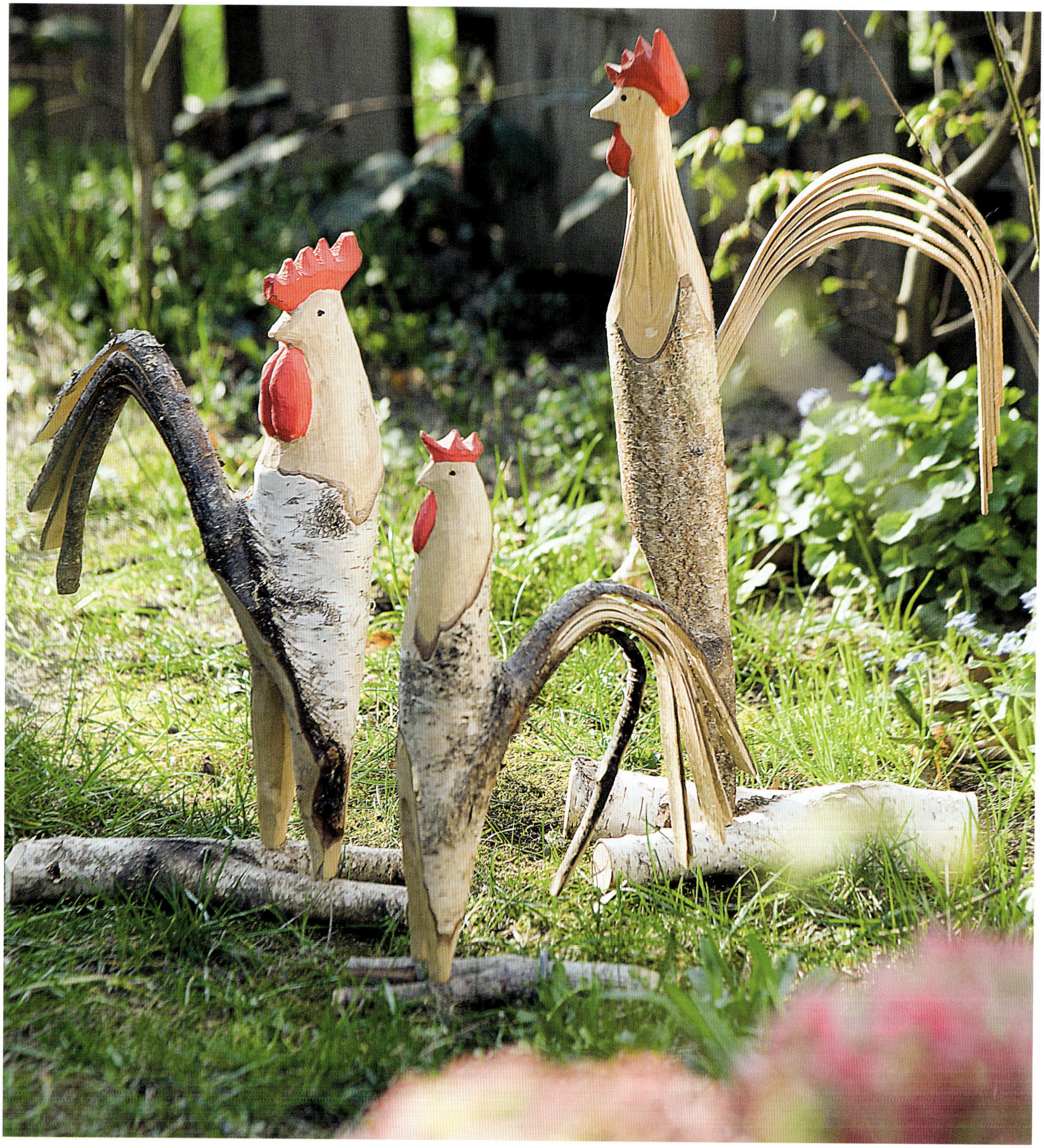

Lustige Hähne

1 Körper: Mit der Handsäge das Aststück für den Schwanz in 2 mm bis 3 mm dicke Streifen sägen, diese ganz vorsichtig zum Boden hin biegen und zwei Tage mit einem Bindfaden oder einem Draht verbunden lassen (siehe Abb. rechts unten). Relativ leicht geht dies mit frisch geschnittenem Holz, aber auch älteres Holz lässt sich verwenden: Nach dem Einsägen einfach einen Tag lang ins Wasser legen und anschließend in Form biegen.

2 Am unteren Ende zwei spitz zulaufende Beine mit dem Flacheisen herausarbeiten und die Kopfpartie an beiden Seiten abflachen.

3 Mit der Handsäge die Umrisslinie des Kopfes aussägen und mit dem Flacheisen und Bohrer in die endgültige Form bringen. Nach Wunsch die Form des Halses gestalten und mit dem Geißfuß gefiederähnliche Strukturen einarbeiten.

4 Den Abstand der Fußspitzen ausmessen und in die zweite Astgabel die Löcher für die Befestigung der Figur bohren.

5 Die Hähne wie abgebildet mit den Beinen in der Astgabel fixieren, gegebenenfalls etwas Holzleim dafür verwenden.

6 Den Kamm und die Kehlläppchen rot bemalen, für die Augen jeweils einen Punkt mit schwarzem Lackmalstift aufmalen.

Schwierigkeitsgrad
● ● ○

Motivhöhe
ca. 20 cm–30 cm

Material pro Hahn
- 2 Birkenastgabeln (Körper und Standfläche), ca. 30 cm–35 cm lang
- Acrylfarbe in Rot
- Pinsel
- Permanentmarker in Schwarz
- Bohrer, unterschiedliche ø (je nach ø der Füße)
- Handsäge

Schnitzeisen
- Flacheisen: 5/14
- Hohleisen: 7/10
- Bohrer: 11/2
- Geißfuß: 45°/5 mm

Vorlage
Seite 136

Tipps & Tricks

- Wenn Sie keine passende Astgabel finden, können Sie den gebogenen Hahnenschwanz auch ganz leicht selbst herstellen. Dafür einen möglichst frischen Ast (z. B. Birke oder Haselnuss) in fünf bis acht ca. 2 mm starke Streifen zersägen. Die Streifen zusammenfassen, U-förmig biegen, mit Schraubzwingen fixieren und zwei Tage trocknen lassen. Die Streifen wie abgebildet höher versetzt verleimen, an einem Ende zuspitzen und in ein vorgebohrtes Loch leimen.

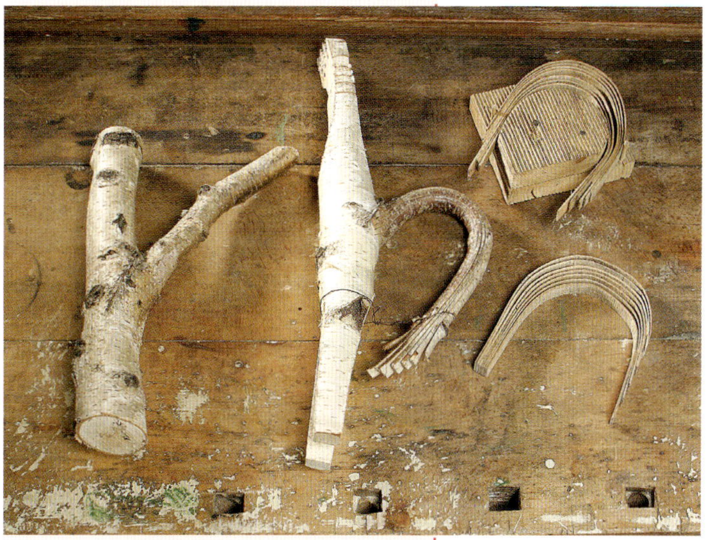

Osterhase

Tipps & Tricks

◆ Rundungen können bei Wirbelwüchsigkeit – wie beim Holz dieses Hasen zu sehen – leichter mit Raspel und Schleifpapier erarbeitet werden.

Schwierigkeitsgrad
● ● ○

Motivhöhe
ca. 55 cm

Material
- Stammabschnitt aus Lindenholz, ø ca. 10 cm, ca. 55 cm lang
- Wasser- oder Acrylfarbe in Nougat, Weiß und Schwarz

Schnitzeisen
- Flacheisen: 5/14
- Hohleisen: 7/10
- Bohrer: 10/6, 10/10 und 11/2

Vorlage
Seite 137

1 Das Motiv auf den Stammabschnitt übertragen. Den Bereich zwischen den Ohren mit dem Hohleisen herausschnitzen oder zur Erleichterung aussägen.

2 Die Ohren zuerst von außen, dann von innen leicht runden und nach Vorlage und Abbildung aushöhlen.

3 Den Kopf mit den Bohrern und dem Flacheisen schnitzen, dabei das Holz während der Arbeit immer wieder drehen, damit gleichmäßige Rundungen und Proportionen erzielt werden. Die Augen vorzeichnen und dann mit einem kleinen Bohrer herausarbeiten.

4 Rumpf, Pfoten und Hinterbeine passend zu den Proportionen mit den Bohrern ausarbeiten.

5 Das Schnäuzchen, die Pfoten und Hinterbeine in Nougat gestalten, die Augen weiß grundieren und anschließend schwarze Pupillen mit einem weißem Lichtreflex aufmalen.

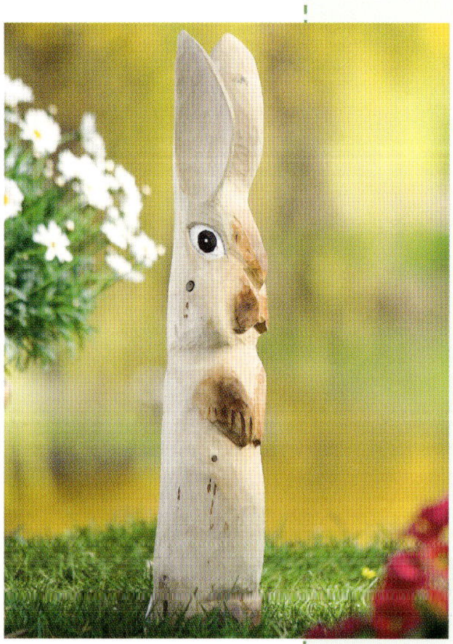

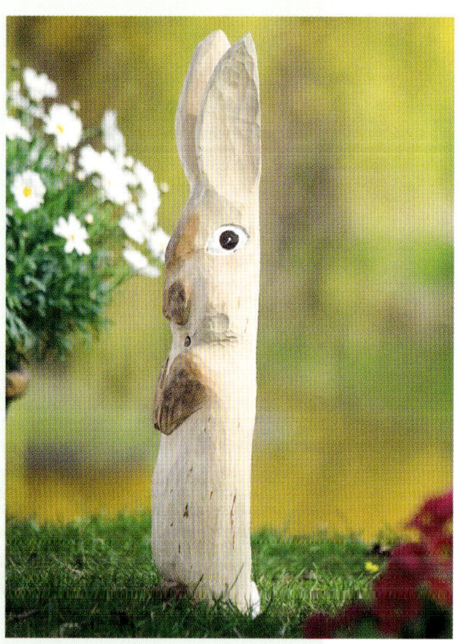

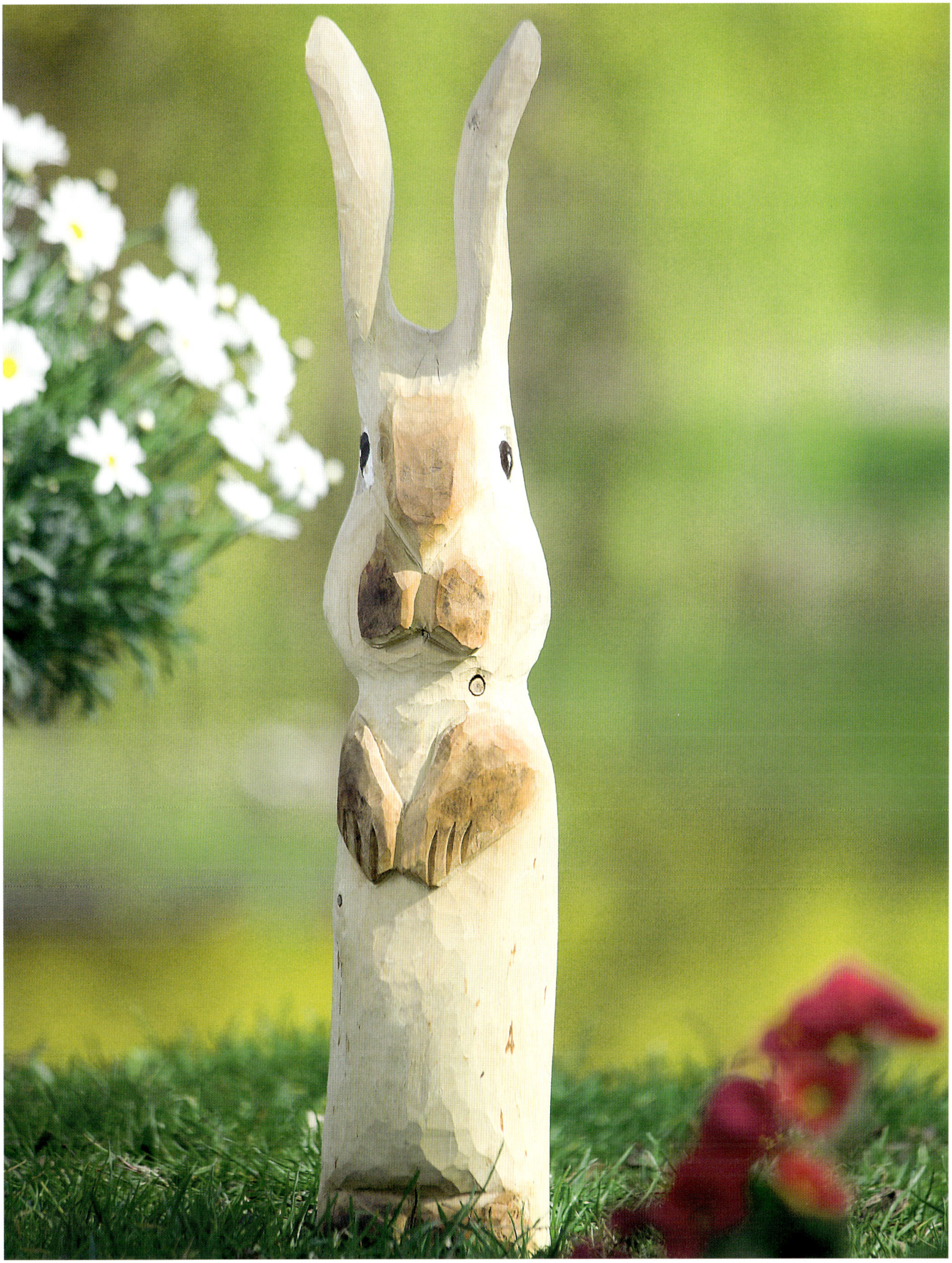

Afrikanische Masken

Tipps & Tricks

- Eine beeindruckende Anziehungskraft übt auch die längliche, unbemalte Maske auf den Betrachter aus. Wählen Sie hierfür ein Holz mit ruhiger, dezenter Maserung, damit das prägnante Gesicht voll zur Geltung kommt.

Schwierigkeitsgrad
● ● ○

Motivhöhe
bemalte Maske ca. 35 cm hoch
unbemalte Maske ca. 40 cm hoch

Material
- Bohle aus Lindenholz, 23 cm x 35 cm, 5 cm stark (bemalte Maske)
- Bohle aus Lindenholz, 12 cm x 40 cm, 5 cm stark (unbemalte Maske)
- Holzbeize in Dunkelbraun und Teak
- Anlegemilch und Pinsel
- Blattgold (1 Blatt)
- weicher, sauberer Pinsel
- weiches Tuch

Schnitzeisen
- Flacheisen: 3/16
- Hohleisen: 7/10 und 16/16
- Geißfuß: 45°/5 mm

Vorlage
Seite 137

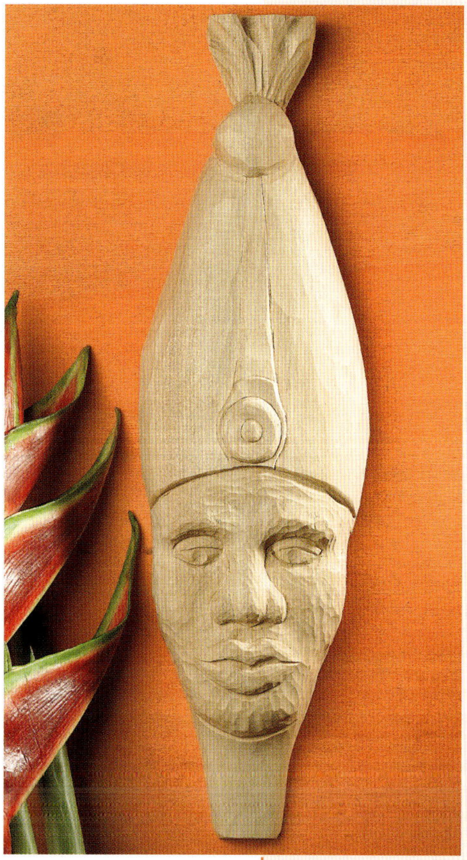

1 Das Motiv gemäß Vorlage auf das Holzstück übertragen und mit der Stichsäge entlang der Umrisse aussägen. Dabei ist es hilfreich, in 5 cm-Abständen Querschnitte von außen bis zum Motivrand zu setzen. So fallen die einzelnen Abschnitte ab und das Sägeblatt kann nicht verklemmen.

2 Nun mit dem Geißfuß die Nase und den Mund umschneiden und das Gesicht (die Stirn ausgenommen) rundherum mit dem Hohleisen 16/16 um 2 cm herabsetzen und zu den seitlichen Kanten auslaufend schräg zum Boden herabschneiden. So wird ein Ausbrechen des Holzes vermieden.

3 Den Kopf- und Kinnschmuck mit dem Hohleisen 16/16 in der Höhe und Form anlegen und mit dem Flacheisen 3/16 glätten. Die Kreismotive mit dem Hohleisen 16/16 senkrecht abgrenzen und die innere, rund gewölbte Kreisfläche mit dem Stich 7/10 erarbeiten. Den Federschmuck der unbemalten Maske mit dem Hohleisen 7/10 plastisch formen. Sparsam aufgesetzte Linien mit dem Geißfuß lassen das Motiv lebendig wirken.

4 Von der Nasenspitze ausgehend nun die Stirn, die Lippen und die Nasenflügel in der Höhe leicht zurücksetzen und zu den seitlichen Gesichtskanten abfallend anlegen. Mit dem kleinen Hohleisen 7/10 von der Nasenspitze abwärts mit kleinen Schnitten die Formen der Nase und den Übergang zur Augen-, Wangen-, Mund- und Kinnpartie erarbeiten. Scharfe Kanten an Augen, Lippen und Nase mit dem Geißfuß betonen.

5 Die Augenlider mit dem Geißfuß nachziehen und die Augäpfel mit dem Hohleisen 7/10 herabsetzen. Mit dem Bohrer die Pupillen mit einer Drehbewegung einschneiden (siehe Seite 26).

6 Vor dem Einschneiden der feinen Linien den Kopf-, Kinn- und Ohrschmuck mit der dunkelbraunen Beize (nach Herstellerangaben) sparsam einpinseln. Gut trocknen lassen. Die restlichen Flächen mit der Beize in Teak bearbeiten. Sobald die Beize getrocknet ist, die feinen Linien mit dem Geißfuß einarbeiten. Dabei den Bildhauerklüpfel zu Hilfe nehmen.

7 Die Anlegemilch sparsam auf die zu vergoldenden Flächen auftragen und 5 Minuten einwirken lassen. Nun ein passend zurechtgeschnittenes Stück Blattgold auflegen und mit dem Pinsel vorsichtig feststreichen. Nach einer Trockenzeit von ca. 10 Minuten kann überschüssiges Blattgold durch sanftes Abreiben mit dem Tuch entfernt werden.

8 Als Aufhängung auf der Rückseite mittig und waagerecht mit dem Bohrer ein längliches Loch einschneiden.

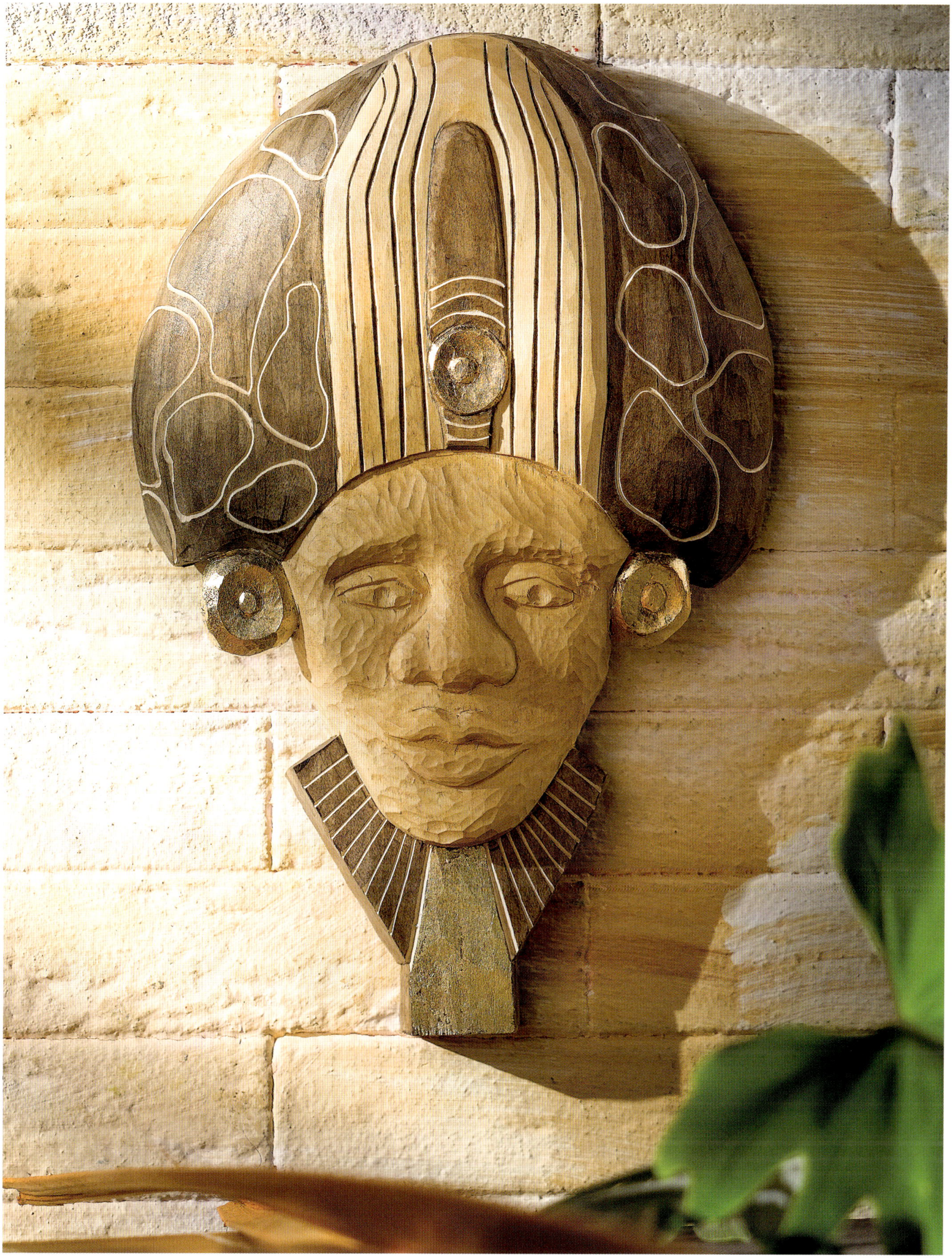

Sonne

Tipps & Tricks

- Mit etwas Übung können Sie die Augen und den Mund auch schnitzen und plastischer aus dem Gesicht herausheben.

Schwierigkeitsgrad
● ● ●

Motivgröße
ø ca. 25 cm

Material
- Brett aus Weymouthskiefer, ca. 25 cm x 25 cm, ca. 3 cm stark

Schnitzeisen
- Flacheisen: 3/10
- Hohleisen: 7/10
- Bohrer: 10/6 und 11/2
- Geißfuß: 45°/5 mm
- Wasserfarben in Gelb, Blau, Rot und Schwarz
- dünner Permanentmarker in Schwarz

Vorlage
Seite 138

1 Das Motiv auf das Holz übertragen, aussägen und einspannen.

2 Das Gesicht der Sonne (ohne Strahlen, ø ca. 13 cm) kreisrund anzeichnen. An der Kreislinie entlang mit den Bohrern eine etwa 10 mm tiefe Rille ausarbeiten.

3 Das so abgegrenzte Gesichtsteil vom Mittelpunkt bis zur Rillentiefe mit dem Flacheisen gleichmäßig wölben (siehe Seite 34). Mit dem Hohleisen leichte Vertiefungen für Augen, Mund und den Wangenbereich neben der Nase andeuten. Mit Schleifpapier die Übergänge zu den Vertiefungen harmonisch und fließend gestalten.

4 Den Strahlenkranz mit dem Hohleisen nach innen zur Rillentiefe hin wölben, nach außen hin flammenähnlich und spitz zulaufend ausarbeiten (siehe Seite 35).

5 Die einzelnen Strahlen erneut anzeichnen, mit den Bohrern und dem Geißfuß abgrenzen und in unterschiedlichen Höhen ausarbeiten. Die Strahlen zum äußeren Ende hin flacher werdend arbeiten. Unregelmäßige Einkerbungen mit dem Geißfuß verleihen den Strahlen Schwung und Lebendigkeit (siehe Seite 35).

6 Die Sonne in Gelb grundieren, auf die noch feuchten, erhabenen Partien von Gesicht und Strahlen stark mit Wasser verdünntes Orange auftragen und sofort mit dem Tuch verreiben, damit aquarellartige Übergänge entstehen. In die noch feuchte Rille um das Gesicht wässriges Blau tupfen. So entstehen dezente grünblaue Übergänge.

7 Nach dem Trocknen die Konturen von Augen und Mund mit dem Permanentmarker aufzeichnen und farbig gestalten. Achtung: Die Farben nur wenig mit Wasser mischen, damit sie nicht verlaufen. Das Motiv zum Schluss wetterfest lackieren (matt).

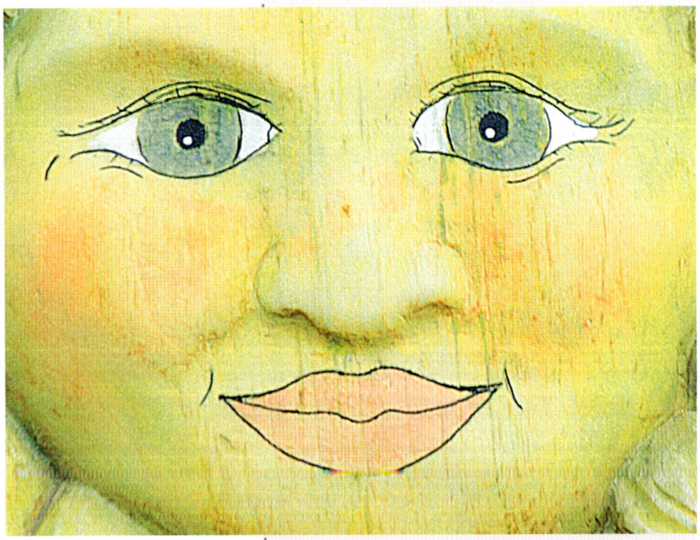

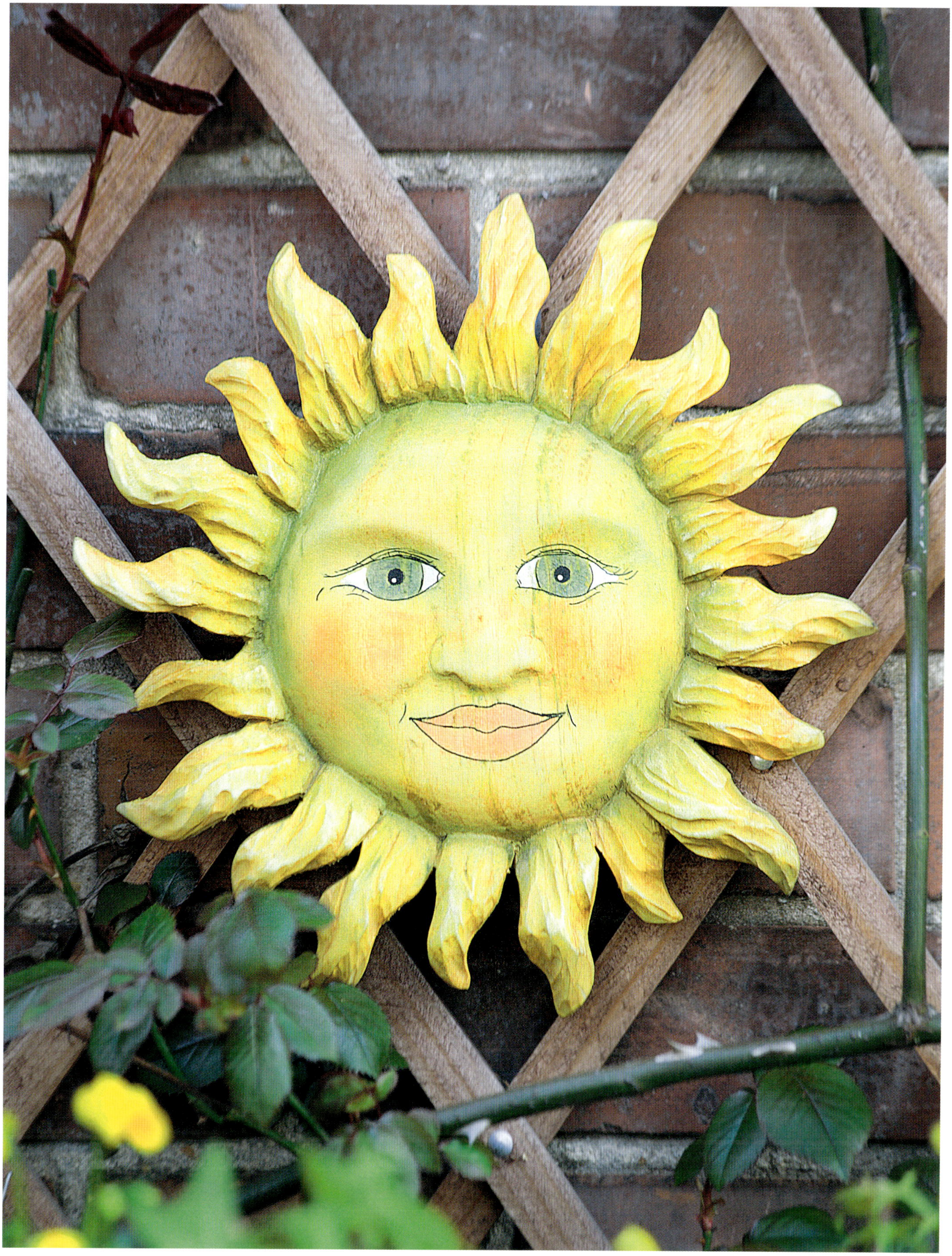

Obst

Tipps & Tricks

◆ Im Supermarkt finden Sie viele Anregungen! Möchten Sie ein schwierigeres Modell in Angriff nehmen, können Sie z. B. eine geöffnete Banane, ein Melonenstück oder eine Ananas arbeiten. Fertigen Sie vorher jedoch möglichst detaillierte Zeichnungen oder Fotos vom jeweiligen Motiv an.

Schwierigkeitsgrad
● ● ●

Motivgröße (Beispiel)
Apfel ca. 9 cm hoch
Birne ca. 9 cm hoch
Banane ca. 20 cm lang

Material
- Quader aus Lindenholz, 9 cm x 9 cm x 9 cm (Apfel), 6 cm x 6 cm x 9 cm (Birne) und 20 cm x 6 cm x 4,5 cm (Banane)

Schnitzeisen
- Flacheisen: 3/16
- Hohleisen: 7/10 und 16/16

1 Die Umrisse des selbst ausgesuchten Obsts frontal und seitlich auf die Holzstücke übertragen. Die grob vorgezeichneten Motive aussägen.

2 Zuerst die Rundungen mit dem gebogenen Hohleisen 16/16 grob vorformen.

3 Den jeweiligen Stiel- und Blütenansatz mit dem Stich 7/10 grob vorschneiden. Die Stiele vorerst ca. 2 cm x 2 cm stark anlegen. Darauf achten, dass die Stiele möglichst lange sehr stark angelegt bleiben, damit sie während der Arbeit nicht abbrechen.

4 Die Oberfläche mit dem Flacheisen 3/16 glätten und den Stiel in passender Größe ausarbeiten.

5 Die Stiel- und Blütenansätze mit dem Hohleisen 7/10 so einschneiden, dass sie möglichst natürlich wirken. Dafür die Blütenansätze auf der Unterseite mittig sehr flach anlegen, darauf mit dem Flacheisen 3/16 mehrere, unterschiedlich gerichtete Kerbschnitte setzen.

6 Die Kanten der Oberflächenschnitte mit grobem Schleifpapier glätten.

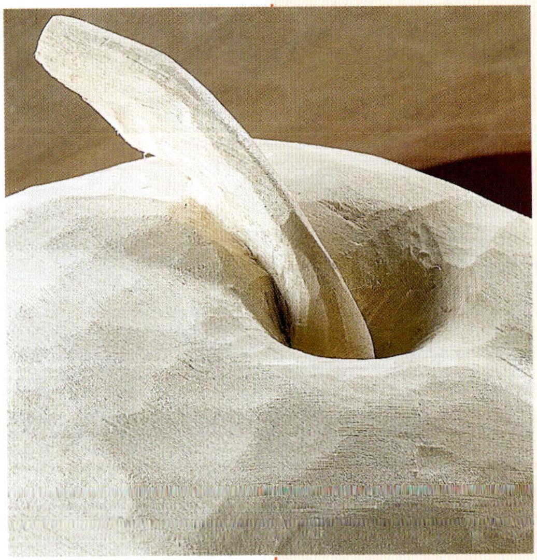

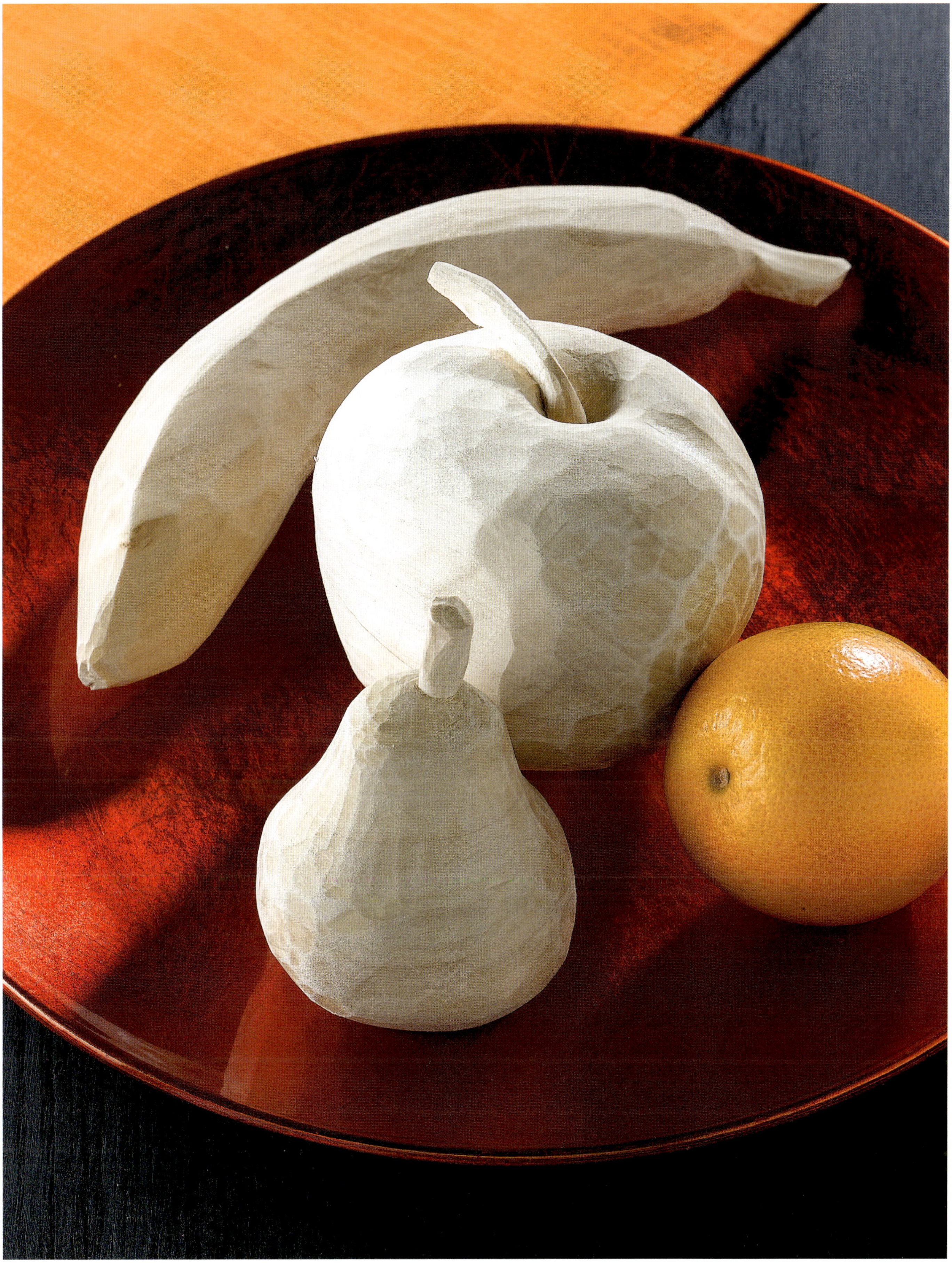

Bunte Fische

Tipps & Tricks

- Auch zur groben Formgebung kann die Raspel wertvolle Dienste leisten.
- Sie können die Umrandung der Augen auch nur einkerben und die innere Fläche farbig gestalten.
- Eine sehr dekorative Standfigur entsteht, wenn Sie den Fisch auf der schmalen Körperunterseite (Bauch oder Flosse) vorsichtig anbohren und ein Metallstäbchen einstecken, das in einem umgedrehten Tontopfuntersetzer befestigt ist.

Schwierigkeitsgrad
● ● ○

Motivgröße
Fisch in Blau-Gelb ca. 17 cm lang
Fisch in Rot ca. 12,5 cm hoch
Fisch in Orange-Rot ca. 10,5 cm hoch

Material für 3 Fische
- Brett aus Lindenholz, Weymouths- oder Zirbelkiefer, ca. 23 cm x 30 cm, 3 cm stark
- Holzrest, 5 mm stark (Flossen)
- Wasserfarben in Rot, Orange, Gelb, Blau und Schwarz
- Deckweiß
- Papperest
- 3 Heftzwecken mit rotem bzw. weißem Plastikkopf
- Lackmalstift in Schwarz

Schnitzeisen
- Hohleisen: 7/10
- Bohrer: 10/6 und 11/2

Vorlage
Seite 139

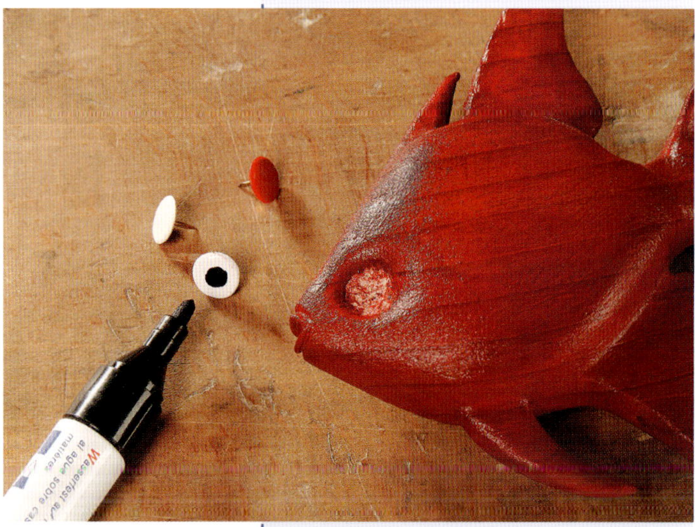

1 Das jeweilige Fischmotiv auf das ausgewählte Holz übertragen und aussägen.

2 Den Rohzuschnitt des Fisches flach auf die Arbeitsunterlage legen und an der Körpermitte (= dickste Stelle) mit einer Schraubzwinge befestigen. Zwischen der Schraubzwinge und dem Fisch ein Stück Pappe einspannen, so werden unschöne Druckstellen auf dem Holz vermieden.

3 Den Körper mit dem Hohleisen so formen, dass er am Kopf und Schwanzflossenende schmaler zuläuft und zu allen Seiten hin flacher wird (Stromlinienform). Auf diese Weise beide Seiten des Fisches ausarbeiten. Die Körpermitte sollte die dickste und kompakteste Stelle des Fisches sein.

4 Die einzelnen Flossen für den blau-gelben und orange-roten Fisch nach Vorlage separat aus der Hand schnitzen. Bei diesen beiden Fischen alle Flossen, auch die separat geschnitzten, mit dekorativen, eingekerbten Linien verzieren. Dafür den Bohrer 11/2 verwenden.

5 Die Höhlungen für die Augen mit den Bohrern ausarbeiten.

6 Für die abschließende Formgebung den Fisch aus der Einspannvorrichtung entfernen. Den Fisch auf der Unterlage ablegen, gut festhalten und die bisher unbearbeiteten Flächen zuerst mit grobem und anschließend mit feinem Schleifpapier abrunden und glätten.

7 Die Fische und die Flossen wie abgebildet bemalen. Um eine satte Tönung zu erreichen, den Farbauftrag ggf. mehrmals wiederholen. Die Fische zwischen jedem Farbauftrag trocknen lassen und mit feinem Schleifpapier abstehende Fasern entfernen. Je nach Schleifdruck entstehen so interessante hellere und farbintensivere Flächen. Eine Heftzwecke in Weiß oder Rot in die Höhlung drücken und die Pupille mit schwarzem Lackmalstift aufmalen (siehe Abb.).

8 Die einzelnen Flossen beidseitig mit Holzleim aufkleben. Dabei am besten an der Abbildung und Vorlage orientieren. Eine glänzende Lackierung lässt den Fisch natürlich nass aussehen.

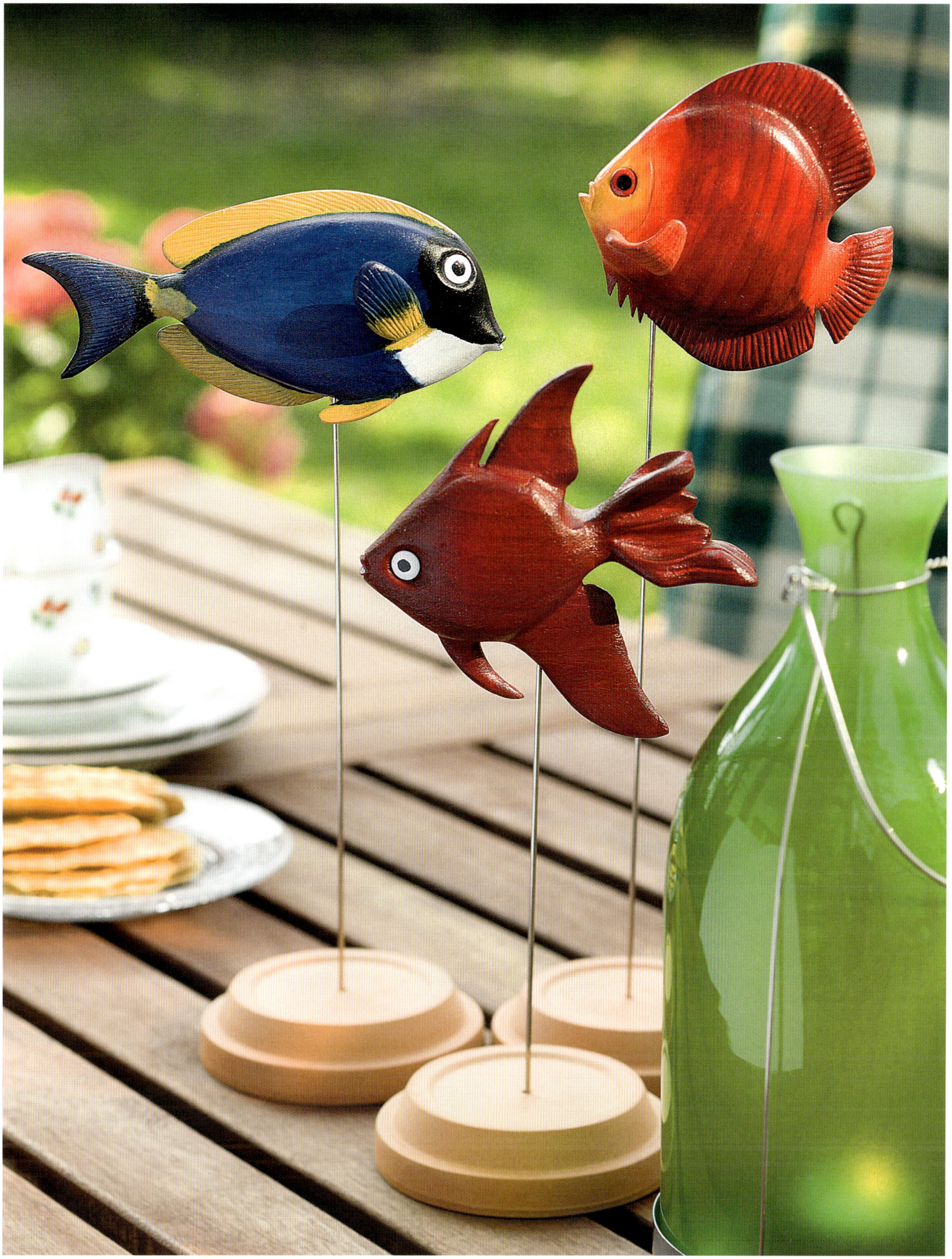

Ährenrelief

Tipps & Tricks

- Bei diesem Motiv (wie auch beim „Barocken Relief“ auf Seite 75) ist die Verwendung eines „verkehrt gekröpften“ Eisens notwendig. Es wird verwendet, um Wölbungen zu schnitzen, die mit einem geraden Hohleisen teilweise schwierig zu erreichen sind.

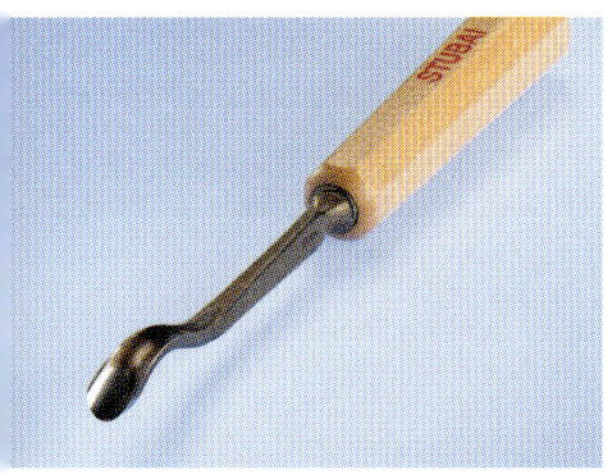

- Schwer zugängliche Schnitzbereiche können auch gut mit einem abgeschrägten Balleisen gearbeitet werden.

- Nach dem Ausspannen des fertigen Reliefs kann auf der Rückseite ringsum noch eine ca. 3 cm breite und 1 cm hohe Schräge mit dem Balleisen Stich 1/30 (nicht in Grundausstattung enthalten) angebracht werden, um das Relief eleganter wirken zu lassen und einen optischen Abstand zur Wand zu erreichen.

Schwierigkeitsgrad
● ● ●

Motivhöhe
ca. 24 cm

Material pro Relief
- Brett aus Lindenholz, 24 cm x 12 cm, 1,5 cm stark
- Holzkaltleim
- Ölfarbe in Weiß, Blau, Grün, Braun, Gelb und Orange
- verschiedene Pinsel

Schnitzeisen
- Balleisen: 2/10
- Flacheisen: 3/5, 5/8 und 5/18
- Hohleisen: 7/10
- verkehrt gekröpftes Hohleisen: 38/4 und 38/10 (nicht in Grundausstattung enthalten)
- Bohrer: 10/6 und 11/2
- Geißfuß: 45°/5 mm

Vorlage
Seite 140

1 Die Vorlage auf das Holzbrett übertragen und dieses vor Arbeitsbeginn fest einspannen.

2 Die zwischen den Stielen, Blättern und Ähren liegende Fläche (= Grund) ca. 7 mm tief ausheben. Ggf. an den Seiten des Bretts ringsum eine entsprechende Markierung anbringen. Ca. 2 mm von den Umrisslinien entfernt mit dem Bohrer Stich 10/6 eine Hohlkehle ziehen und die Flächen absenken. Anschließend die Grundflächen mit den Flacheisen Stich 5/8 und 5/18 begradigen (siehe Seite 34).

3 Nun das Motiv entlang der Umrisslinien mit den jeweils passenden Schnitzeisen senkrecht bis zum Boden absetzen. Dazu ggf. den Bildhauerklüpfel verwenden. Das abgetrennte Holz mit einem Flach- und Balleisen entfernen und auf diese Weise nach und nach die angestrebte Grundtiefe erreichen (siehe Seite 34).

4 Liegen alle Teile des Motivs frei, kann mit der detaillierten Ausbildung der Formen begonnen werden. Die Grannen von den Körnern nach außen hin mit dem Flacheisen Stich 3/5 auf ca. 2 mm Höhe (über der Grundfläche) absenken. Stiele und Blätter mit den verkehrt gekröpften Hohleisen schnitzen. Für die Ausbildung der Körner und einzelnen Grannen kommen die Schnitzeisen Stich 7/10, Stich 11/2 und der Geißfuß zum Einsatz.

5 Mit dem verkehrt gekröpften Eisen Stich 38/10 wird der Rahmen des Reliefs zum Schluss in Form eines Viertelstabes geschnitzt. Dafür in den Gehrungen vorher einen Trennschnitt setzen um zu verhindern, dass an den Kanten das Holz ausbricht.

6 Das Relief nach Wunsch bemalen. Das Motiv links im Bild wurde wie folgt mit Ölfarben gestaltet: Das Relief zuerst mit Leimwasser bestreichen. Dafür Holzkaltleim und Wasser im Verhältnis 2:1 mischen und das Leimwasser mit einem Pinsel flächendeckend auftragen. Das Motiv gut trocknen lassen und anschließend wie abgebildet mit den Ölfarben bemalen. Das Relief wiederum gut durchtrocknen lassen und die Farbe zum Schluss mit Klarlack oder Haarspray fixieren.

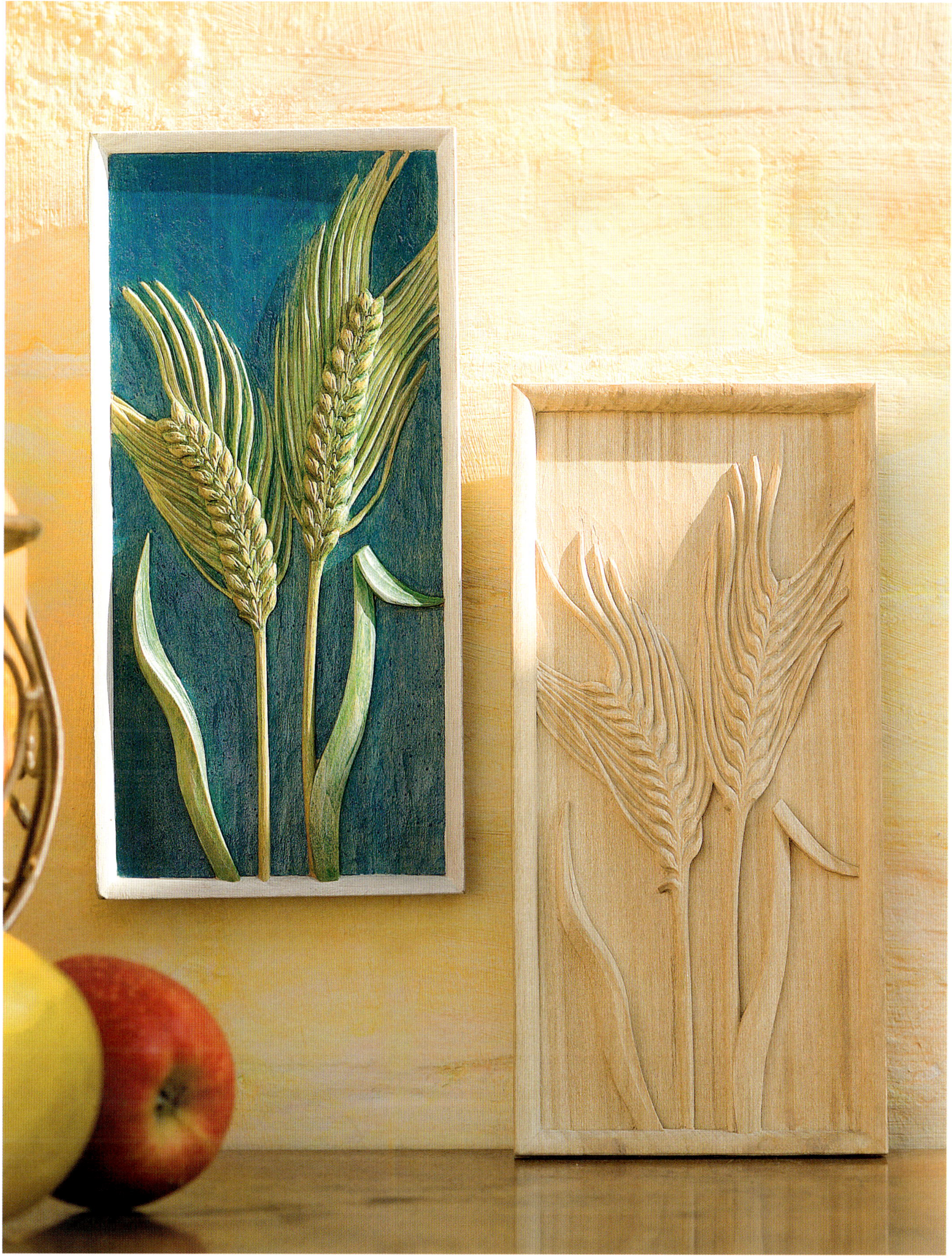

Bäume

Tipps & Tricks

◆ Die Außenkanten der Bäume lassen sich gut mit einem Schnitzmesser auf der Hand sauber schneiden. Achtung: Ungeübte sollten das Motiv besser einspannen, da sonst Verletzungsgefahr besteht!

Schwierigkeitsgrad
● ● ●

Motivgröße
Baum links ca. 22 cm x 20 cm
Baum Mitte ca. 18 cm x 14,5 cm
Baum rechts ca. 28 cm x 12 cm

Material
- Brett aus Lindenholz, 2,5 cm stark
  Baum links ca. 22 cm x 20 cm
  Baum Mitte ca. 18 cm x 15 cm
  Baum rechts ca. 28 cm x 12 cm
  (insgesamt ca. 30 cm x 45 cm)

Schnitzeisen
- Flacheisen: 3/10, 3/16 und 5/14
- Bohrer: 10/6
- Rosenmesser
- Geißfuß: 45°/5 mm und 10 mm

Vorlage
Seite 141

1 Die Bäume gemäß Vorlage auf das Holzbrett übertragen, aussägen und einspannen.

2 Mit dem Geißfuß die übertragenen Linien nachschneiden und die unterschiedlichen Höhen des Motivs wie abgebildet oder nach eigenem Formempfinden mit den Flacheisen herausarbeiten. Dafür die tieferzuschneidenden Flächen um 5 mm bis 10 mm absenken, damit das Blattwerk plastisch hervortritt.

3 Danach nochmals die Äste und das Blattwerk mit den Geißfüßen etwas tiefer nachschneiden.

4 Die scharfen Kanten mit dem Flacheisen 3/10 arbeiten, anschließend die Flächen sauber schneiden.

5 Dem Blattwerk mit dem Bohrer eine wolkenähnliche Form geben und das gesamte Motiv sauber nachschnitzen. Die Äste und der Stamm sollten am Schluss tiefer liegen als das vorderste Blattwerk.

6 Zuletzt die Außenkanten mit dem Flacheisen Stich 3/10 sauber schneiden.

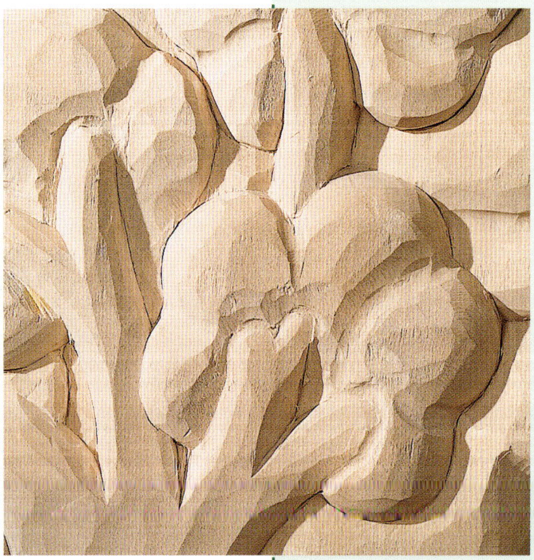

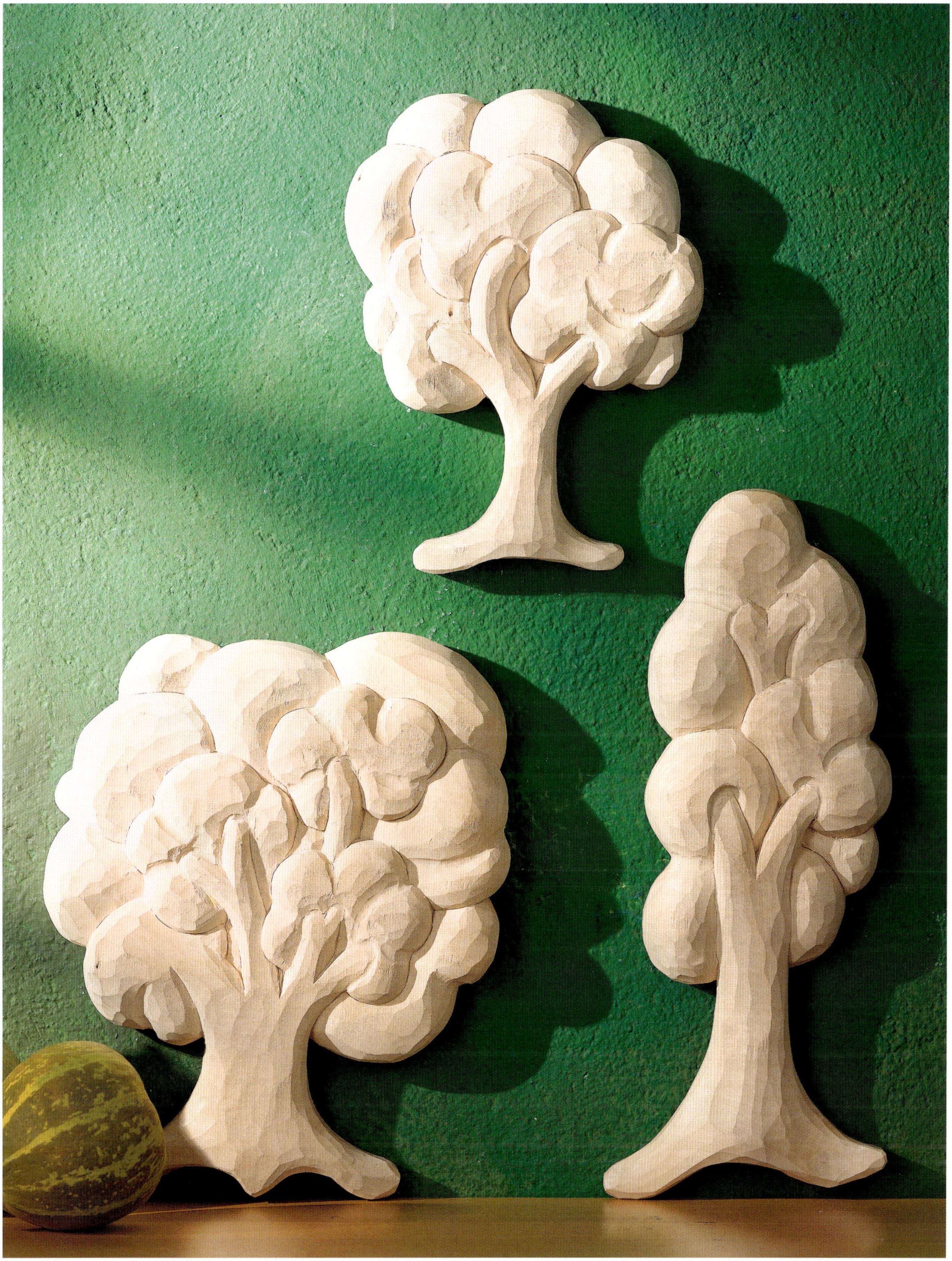

Adventskranz und Tischlicht

Tipps & Tricks

- Mit einem Topfbohrer und einer Bohrmaschine mit Bohrständer können Sie die Kerzen- und Teelichthalterungen schnell und bequem arbeiten. Achtung: Setzen Sie den Topfbohrer langsam an, damit der Rand nicht einreißt.
- Damit der Adventskranz später vor überlaufendem farbigen Wachs und Verschmutzungen geschützt ist, die gesamte Fläche mit Klarlack überziehen.
- Übergelaufenes Wachs lässt sich auf folgende Weise leicht entfernen: Den Haarföhn auf Heißstufe einstellen, das Wachs damit verflüssigen und mit einem Lappen abwischen.
- Bienenwachskerzen sehen in diesem Adventskranz nicht nur sehr schön aus, überschüssiges, verriebenes Wachs verleiht dem unlackierten Holz eine dekorative und schützende Oberfläche.

Schwierigkeitsgrad
● ● ○

Motivgröße
Adventskranz ø ca. 25 cm
Tischlicht ca. 16 cm hoch, ca. 10 cm breit und ca. 12 cm tief

Material Adventskranz
- Bohle aus Weymouths- oder Zirbelkiefer, ø ca. 25 cm, 5 cm stark
- Punziereisen oder -nagel
- 4 Kerzen, ø ca. 2,5 cm

Schnitzeisen
- Hohleisen: 16/16
- Bohrer: 10/6 und 11/2
- Geißfuß: 45°/5 mm

Material Tischlicht
- Quader aus Lindenholz, 16 cm x 10 cm x 12 cm
- Teelicht mit Glashülle

Schnitzeisen
- Flacheisen: 3/5
- Hohleisen: 7/10 und 16/16
- Bohrer: 10/6, 10/10 und 11/2
- Geißfuß: 45°/5 mm

Vorlage
Seite 142

Adventskranz

1 Das Muster und die Kerzenlöcher gemäß Vorlage auf die Holzscheibe übertragen.

2 Das gerundete, kreuzförmige Innenmuster mit dem Bohrer und dem gebogenen Hohleisen ausheben. Dabei immer von außen nach innen zum Mittelpunkt hin arbeiten (siehe Seite 41) Während des Arbeitens immer wieder die Tiefe prüfen bzw. korrigieren. Der Boden sollte nicht dünner als 1,5 cm bis 2 cm sein.

3 Die Kerzenlöcher mit dem Hohleisen und dem Bohrer ca. 2 cm tief ausarbeiten. Während des Schnitzens immer wieder die Passgenauigkeit und Standsicherheit der Kerzen prüfen.

4 Mit dem Punziereisen wie auf Seite 57 beschrieben dekorative Oberflächenabschnitte gestalten: Zuvor die acht gemäß Vorlage markierten Flächen mit dem kleinen Bohrer entlang den Linien nachschnitzen und damit die Punzierflächen erkennbar abgrenzen.

5 Mit einer Schablone die Sterne auf den Rand übertragen und mit dem Geißfuß sorgfältig einkerben: Den Geißfuß jeweils an den Sternspitzen ansetzen und mit einer Neigung von etwa 20° zum tiefsten Punkt in der Mitte führen. Diese Vertiefung nach Wunsch ausarbeiten.

Tischlicht

1 Das Motiv wie bei der Figur auf Seite 43 auf den Holzquader übertragen und aussägen oder mit dem großen Bohrer schnitzen. Die Verwendung des Bildhauerklüpfels erspart hier das kraftaufwändige Drücken mit den Händen.

2 Die Profillinie des Motivs auf der Vorderseite anzeichnen und mit den Bohrern die Frontalansicht herausschnitzen.

3 Den rechteckigen Boden zu einer ovalen Fläche ausarbeiten, indem die Kanten mit den Bohrern zu gleichmäßigen Rundungen geschnitzt werden (siehe Seite 43).

4 Die Oberkörper und Köpfe des Paares werden ebenfalls harmonisch gerundet. Mit den Flach- und Hohleisen können die rillenförmigen Bohrerstrukturen geglättet werden.

5 Die beiden Köpfe, die Hände und das Kopftuch mit dem Geißfuß im Profil ausarbeiten und mit dem Flacheisen glätten (siehe Seite 44/45).

6 Die Vertiefung für das Teelicht mit den Hohleisen ausarbeiten. Diese Vertiefung kegelförmig, d. h. nach unten spitz zulaufend herausschnitzen, damit das Teelicht einen sicheren Halt bekommt.

7 Die Oberfläche des Motivs nach Wunsch gestalten oder natur belassen.

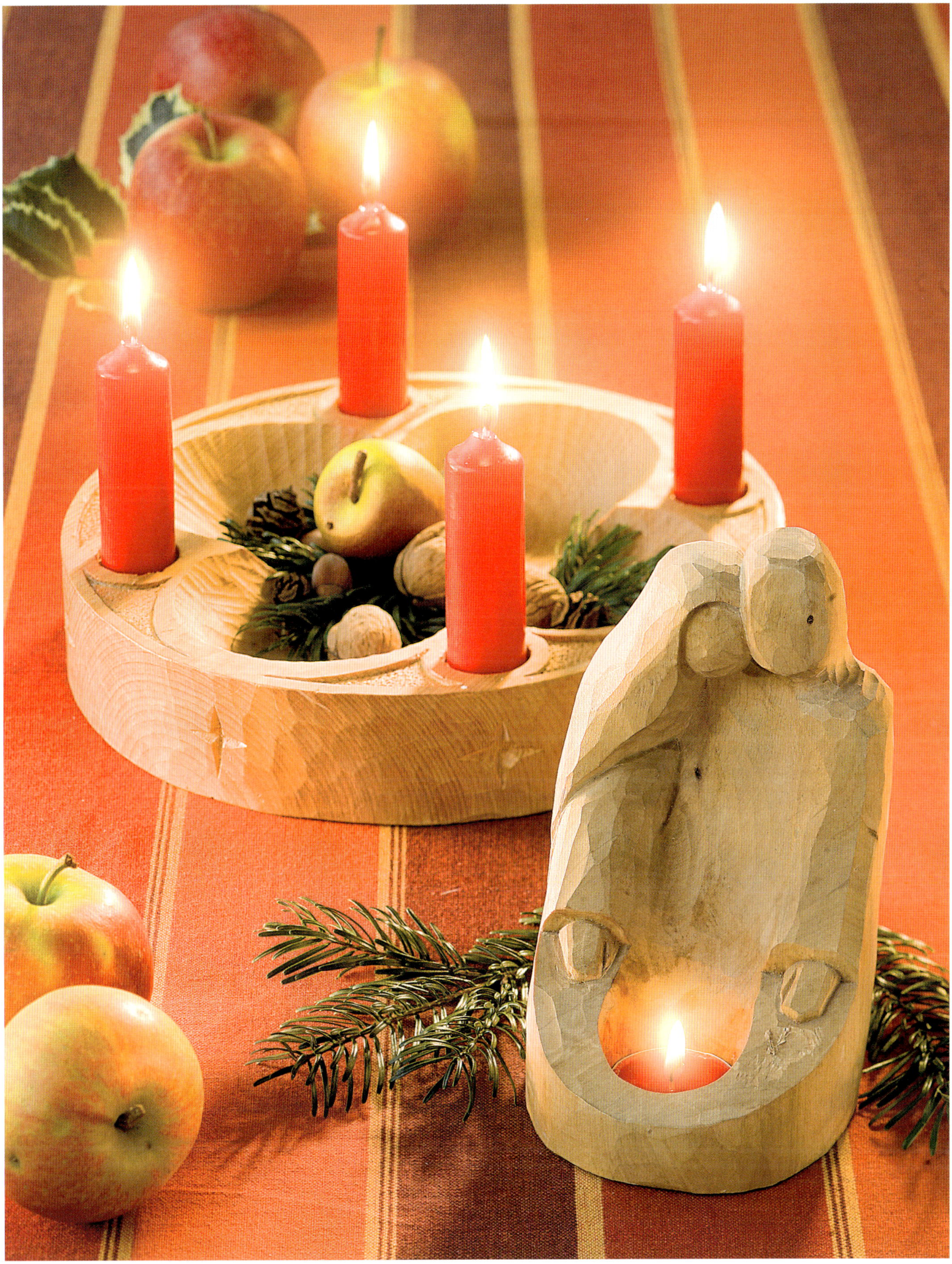

Kerzendekoration

Tipps & Tricks

- Sehr sicher ist das Ausarbeiten der Flammen, wenn die Holzleiste lang genug für zwei ist und damit besser eingespannt werden kann.

- Für den Docht und Bodenstecker können auch ganz dünne Ästchen verwendet werden.

- Die Kerzen sehen auch im Miniaturformat ohne Stecker sehr schön aus. Besonders große Kerzen sind in Beeten oder Balkonkästen ein außergewöhnlicher Blickfang.

- Beim Arbeiten mit Trockensteckmasse sollten Sie künstliches Grün oder langlebige Tannenzweige verwenden. Wenn Sie mit Nasssteckmasse arbeiten, können Sie jegliche Art von winterlichem Grün dekorieren. Die Nasssteckmasse ist sehr saugfähig und sorgt für eine dauerhafte Feuchtigkeitszufuhr.

Schwierigkeitsgrad
● ● ●

Motivgröße
ø ca. 5 cm, ca. 7 cm bis 15 cm hoch

Material für 2 Kerzen
- Ast aus Weymouths- oder Zirbelkiefer, ø 5 cm, 20 cm lang (Flammen)
- 2 Birken- oder Haselnussäste (Kerzen)
- Schaschlikstäbchen (Dochte)
- Rundholz- oder Schaschlikstäbchen (Stecker)

zusätzlich
- Zinkeimer
- frisches oder künstliches Grün
- Schleifenband
- Dekomaterial, z. B. Nüsse, Zieräpfel und Kiefernzapfen
- Nass- oder Trockensteckmasse (zum Fixieren des Grüns und der Kerzen)

Schnitzeisen
- Rosenmesser
- Flacheisen: 5/14

1 Den Ast auf die gewünschte Länge absägen, an den Rändern nach Wunsch etwas Rinde entfernen. Die Bohrungen für den Stecker und Docht mittig mit der Bohrmaschine anbringen. Der Durchmesser des Bohrers richtet sich dabei nach dem Durchmesser des Schaschlik- oder Rundholzstäbchens.

2 Den Kiefernstab an den Enden mit dem Flacheisen so zuspitzen, dass der Eindruck einer Flamme entsteht.

3 Den Stab nun beidseitig bei einer Länge von ca. 6 cm bis 7 cm mit Bleistift markieren. Die Markierung ca. 2 cm tief ringsherum einkerben und die Unterseite rund ausarbeiten.

4 Die beiden Flammen absägen und die restlichen Rundungen mit dem Rosenmesser schnitzen. Die Flammen sollten einen möglichst bewegten, lebendigen Eindruck vermitteln. Durch die glatten Schnitte entsteht je nach Lichteinfall ein ganz unterschiedlicher, faszinierender Schatteneffekt auf der Flamme.

5 Die Bohrungen für den Docht in der Flamme anbringen. Flamme, Docht, Kerze und Bodenstecker zusammenfügen. Auf diese Weise nach Wunsch weitere Kerzen (in unterschiedlichen Längen) arbeiten. Etwas Nass- oder Trockensteckmasse in den Zinkeimer legen und das Grün sowie die Kerzen einstecken. Mit den Dekomaterialien verzieren und das Schleifenband wie abgebildet um den Eimer binden und zu einer Schleife verknoten.

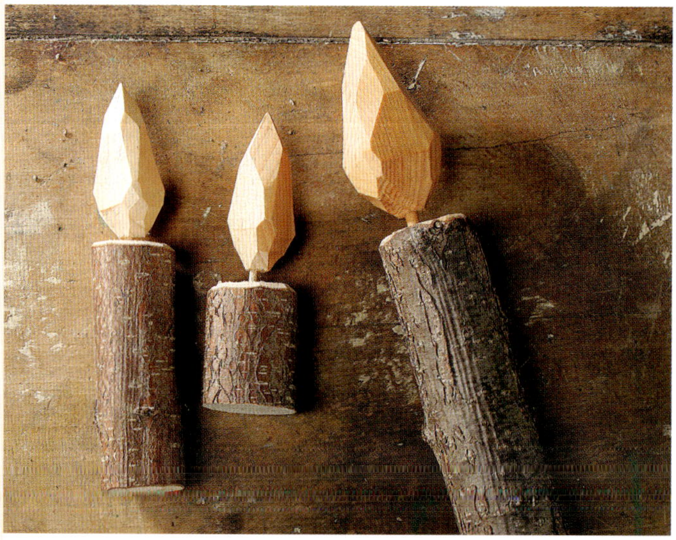

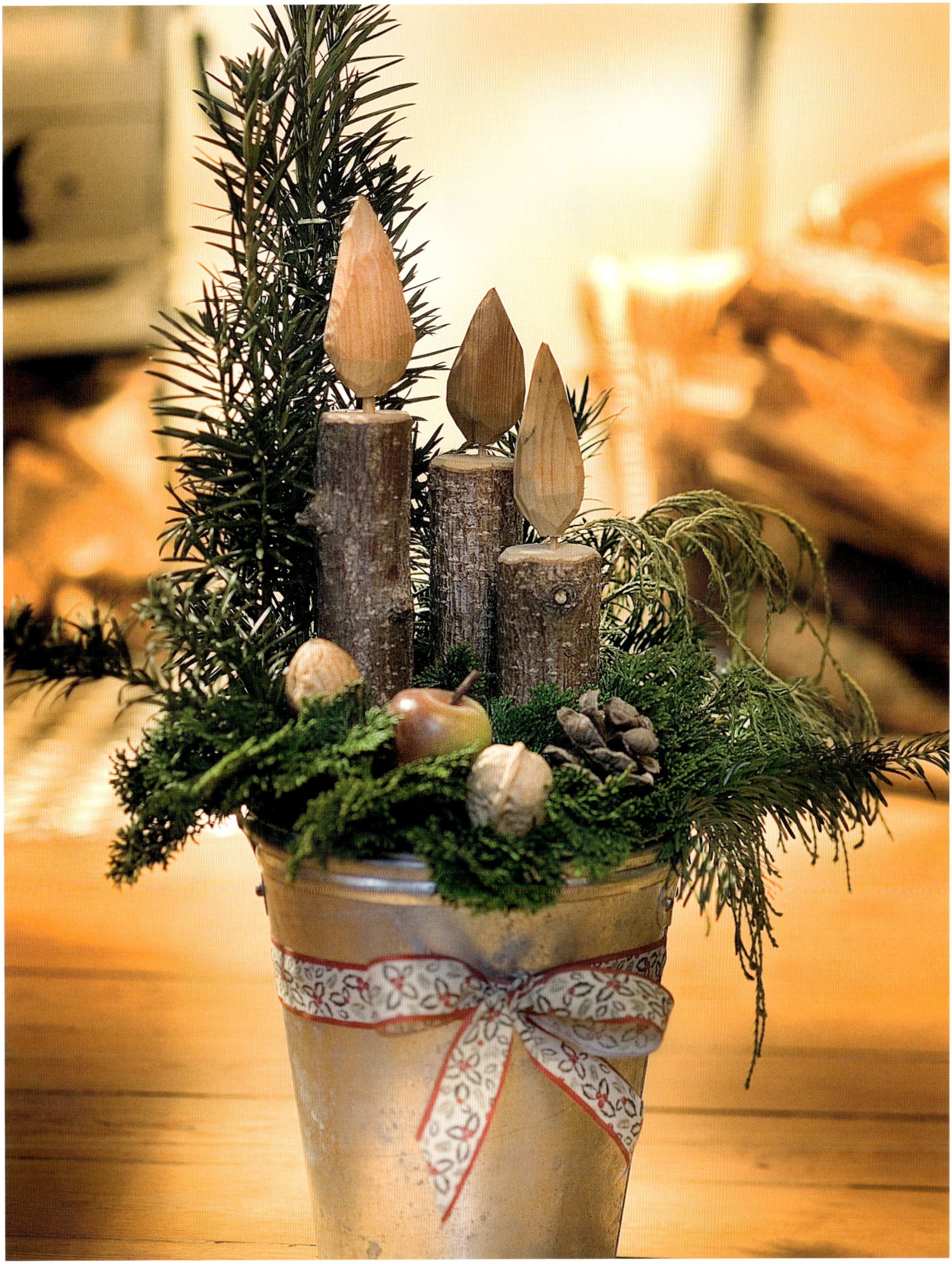

Krippenfiguren

Tipps & Tricks

- Auf der Fensterbank sehen die schlichten Figuren sehr dekorativ aus. Der Reiz dieser Krippenszene liegt gerade in der Einfachheit der Darstellung und gleichzeitig in der ausdrucksstarken Körperhaltung von Maria und Josef. Wenn Sie schon etwas Übung haben, können Sie z. B. die Gewänder feiner ausarbeiten und ein einfaches Gesicht schnitzen.

Schwierigkeitsgrad
● ● ○

Motivgröße
Maria ca. 13,5 cm hoch
Josef ca. 14,5 cm hoch
Jesuskind ca. 4 cm lang

Material
- Quader aus Lindenholz:
  Maria 13,5 cm x 7 cm x 6 cm
  Josef 14,5 cm x 9 cm x 6 cm
  Jesuskind 4 cm x 2 cm x 2 cm
  Krippe 6 cm x 6 cm x 6 cm

Schnitzeisen
- Balleisen: 2/10
- Flacheisen: 3/16
- Hohleisen: 7/10
- Rosenmesser
- Geißfuß: 45°/5 mm und 10 mm

Vorlage
Seite 140

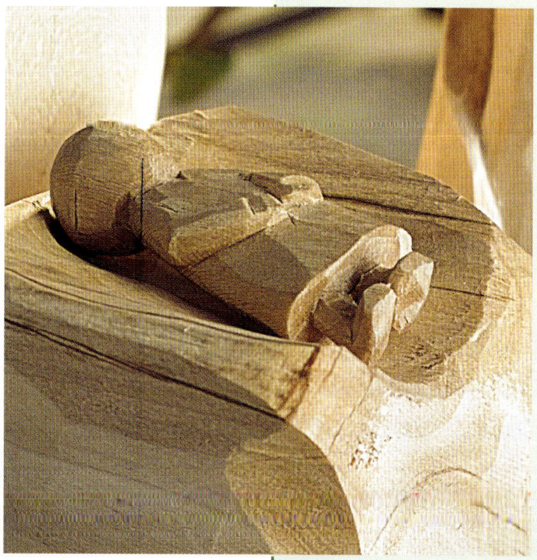

1 Die drei einzelnen Figuren gemäß Vorlage auf das Holz übertragen und aussägen.

2 Bei Maria und Josef die Mittellinie auf der Vorderseite aufzeichnen, Hände und Kopf der Figuren sind von der Vorderseite betrachtet mittig angeordnet (siehe Seite 43).

3 Josef: Die Figur auf der Einspannvorrichtung befestigen. Zuerst die Schultern herausarbeiten, dann die Arme mit dem Geißfuß nachschneiden und abrunden. Anschließend die gesamte Figur abrunden und sauber schneiden. Wichtig: Bei den Armen auf den richtigen Schwung der Linien achten. Gesicht, Bart und Haare mit dem Geißfuß nachschneiden.

4 Maria: Die Figur ebenfalls auf der Einspannvorrichtung befestigen und zuerst auf der Rückseite abrunden. Anschließend von vorn die Arme mit dem Geißfuß und Balleisen nachschneiden und abrunden. Das Gesicht mit dem Flacheisen anlegen, freischneiden und abrunden. Zum Schluss die Figur sauber schneiden. Schleier und Obergewand mit dem Geißfuß nachschneiden (siehe Seite 44/45).

5 Jesuskind: Diese kleine Figur sollte am besten vollständig mit dem Rosenmesser gearbeitet werden, da sie aufgrund ihrer geringen Größe nicht eingespannt werden kann.
Den Kopf abrunden, die vorgezeichneten Linien für die Arme einkerben und das Gewand flacher schneiden, damit die Arme aufliegen. Die Hände bzw. Fäuste andeuten und die Beine und Füße ausarbeiten. Dabei sehr vorsichtig vorgehen, da die Füße aufgrund der Faserrichtung leicht abbrechen können! Die Figur abschließend sauber schneiden.

6 Krippe: Den Holzwürfel einspannen und die Umrisse des Jesuskindes in Faserrichtung auf die Oberseite zeichnen. Mit dem Hohleisen nun eine Aushöhlung schneiden, in die die Figur gelegt werden kann. Die Längsseiten des Würfels mit dem Flacheisen leicht hohl schneiden. Die Kanten an Kopf- und Fußende mit dem Flacheisen brechen (siehe Abb.). Eventuell zwischendurch den Würfel drehen und neu einspannen, damit das Schneiden leichter fällt. Auf der Unterseite wie abgebildet ebenfalls eine Aushöhlung einschneiden, anschließend die ganze Krippe sauber schneiden.

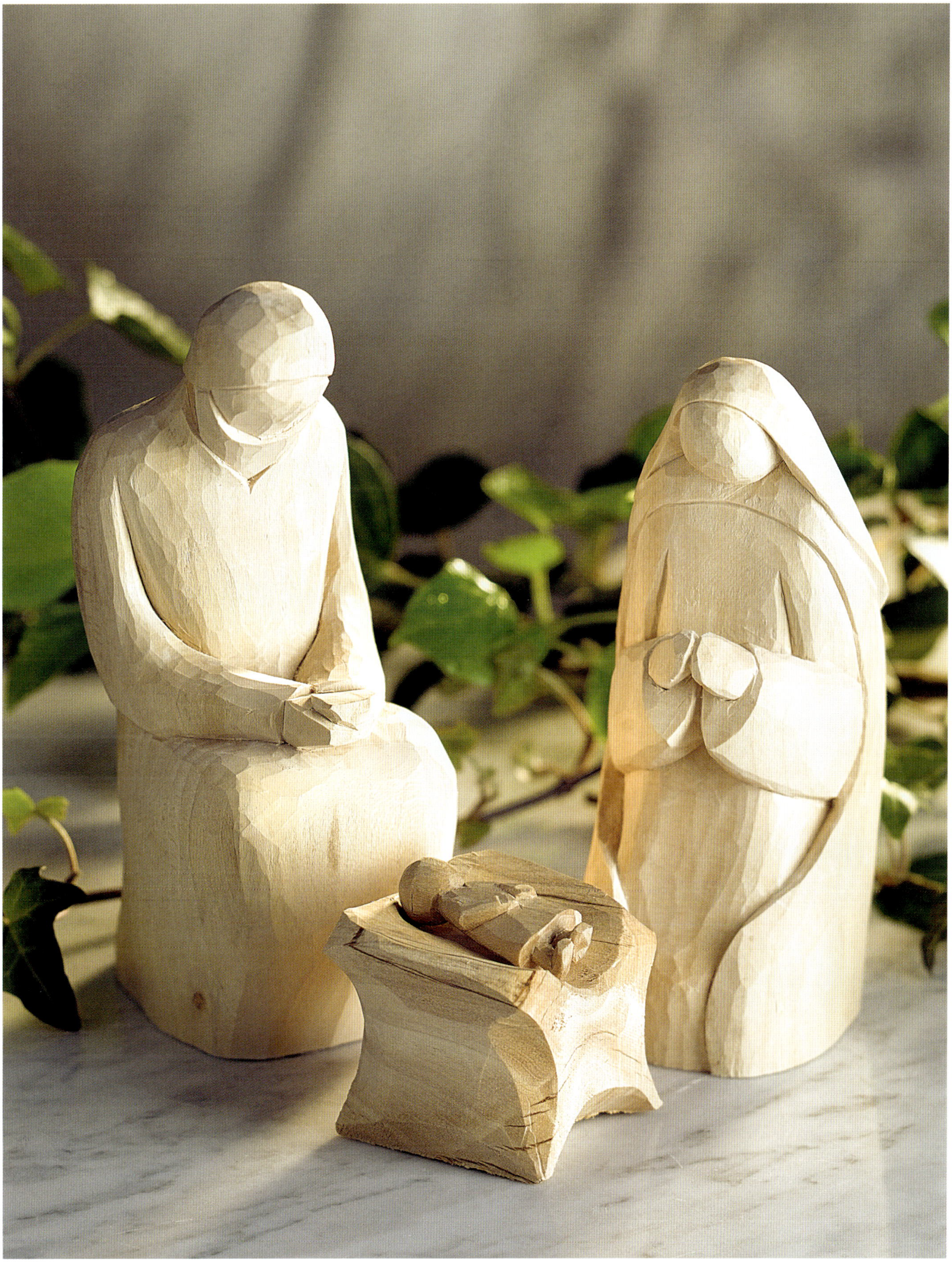

Madonna und Kreuz

Tipps & Tricks

- Die kleinere Madonna ist durch die sanfte Kopfneigung auch ohne ein ausgearbeitetes Gesicht sehr ausdrucksstark.

- Üben Sie das Gestalten von Gesichtern zuerst auf einem Holzrest oder durch Modellieren mit FIMO® oder einer anderen weichen Modelliermasse.

Schwierigkeitsgrad
● ● ●

Motivhöhe
große Madonna ca. 30 cm
Kreuz ca. 30 cm
kleine Madonna ca. 17,5 cm

Material große Madonna
- Quader aus Lindenholz, 30 cm x 10,5 cm x 8 cm

Schnitzeisen
- Flacheisen: 3/16
- Hohleisen: 7/10
- Bohrer: 10/10
- Geißfuß: 45°/5 mm und 10 mm

für das Gesicht:
- Balleisen: 2/10
- Flacheisen: 3/10 und 5/8
- Bohrer: 11/2

Material Kreuz
- gehobeltes Brett aus Lindenholz, 20 cm x 30 cm, 2,5 cm bis 4 cm stark

Schnitzeisen
- Flacheisen: 3/16
- Bohrer: 11/2
- Geißfuß: 45°/5 mm und 10 mm

Vorlage
Seite 138 und 142

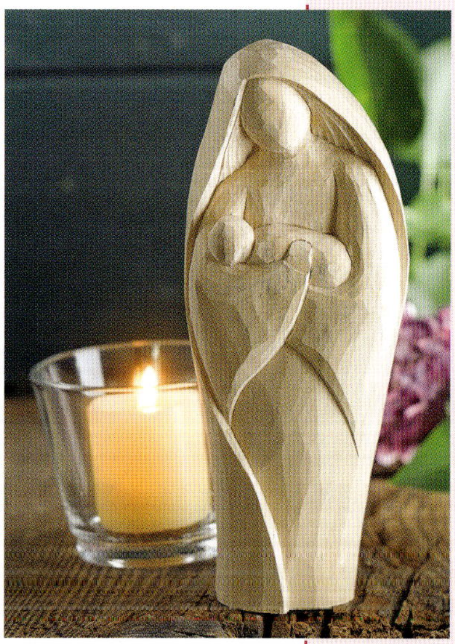

Madonna

1 Die Umrisse der Madonna auf das Holz aufzeichnen und am besten bei einem Schreiner aussägen lassen (= Rohzuschnitt). Zum Aussägen ist hier eine Bandsäge am geeignetsten, eine Dekupiersäge kann für diese Holzstärke nicht verwendet werden.

2 Den Rohzuschnitt der Figur einspannen. Da die Figur von hinten relativ einfach gehalten ist, mit der Gestaltung der Vorderseite beginnen. Anhand der aufgezeichneten Linien das Jesuskind sowie Arme und Kopf der Madonna anlegen. Um die Neigung des Kopfes optimal herauszuarbeiten, zuerst die Gesichtsmittellinie und die dazu waagerecht liegende Augenlinie aufzeichnen. Bitte diese Linien auch aufzeichnen, wenn kein Gesicht ausgearbeitet wird! Die ovale Gesichtsform symmetrisch um diese Linien herum anlegen. Die Stirn ist der vorderste Punkt der Figur, ebenso die Hand. Die grobe Anlage mit Bohrer 10/10 arbeiten, Stich 11/2 für feine Ausarbeitungen verwenden. Das Gesicht mit dem Hohleisen 7/10 glätten. Sehr feine Schnitte wie z. B. am Mund mit den Stichen 11/2 und 2/10 ausführen. Die Finger mit dem Balleisen 2/10 einkerben.

3 Wenn die Vorderseite der Figur angelegt ist, die Rückseite rund schneiden. Dabei ebenfalls die schräge Neigung des Kopfes berücksichtigen. Anschließend die gesamte Figur sauber schneiden (siehe Seite 43–45).

4 Zuletzt das Gesicht der Madonna und des Jesuskindes im Detail ausarbeiten und sauber schneiden. Die kleine Madonna wird identisch gearbeitet, jedoch ohne Gesicht und Finger.

Kreuz

1 Die Form des Kreuzes auf das Brett übertragen und aussägen.

2 Auf das Kreuz den Korpus und die Tafel aufzeichnen, das Werkstück einspannen und mit einen Geißfuß die Konturen sauber nachschneiden. Die Buchstaben mit dem feinen Bohrer in die Tafel schneiden.

3 Mit dem Flacheisen die Kanten des Korpus abrunden und den Kopf rund schneiden.

4 Die äußeren Kanten scharf stehen lassen, also nicht abrunden, um so eine größere Tiefenwirkung zu erzielen.

5 Zum Schluss die gesägten Kanten sauber schleifen oder mit dem Flacheisen sauber schneiden.

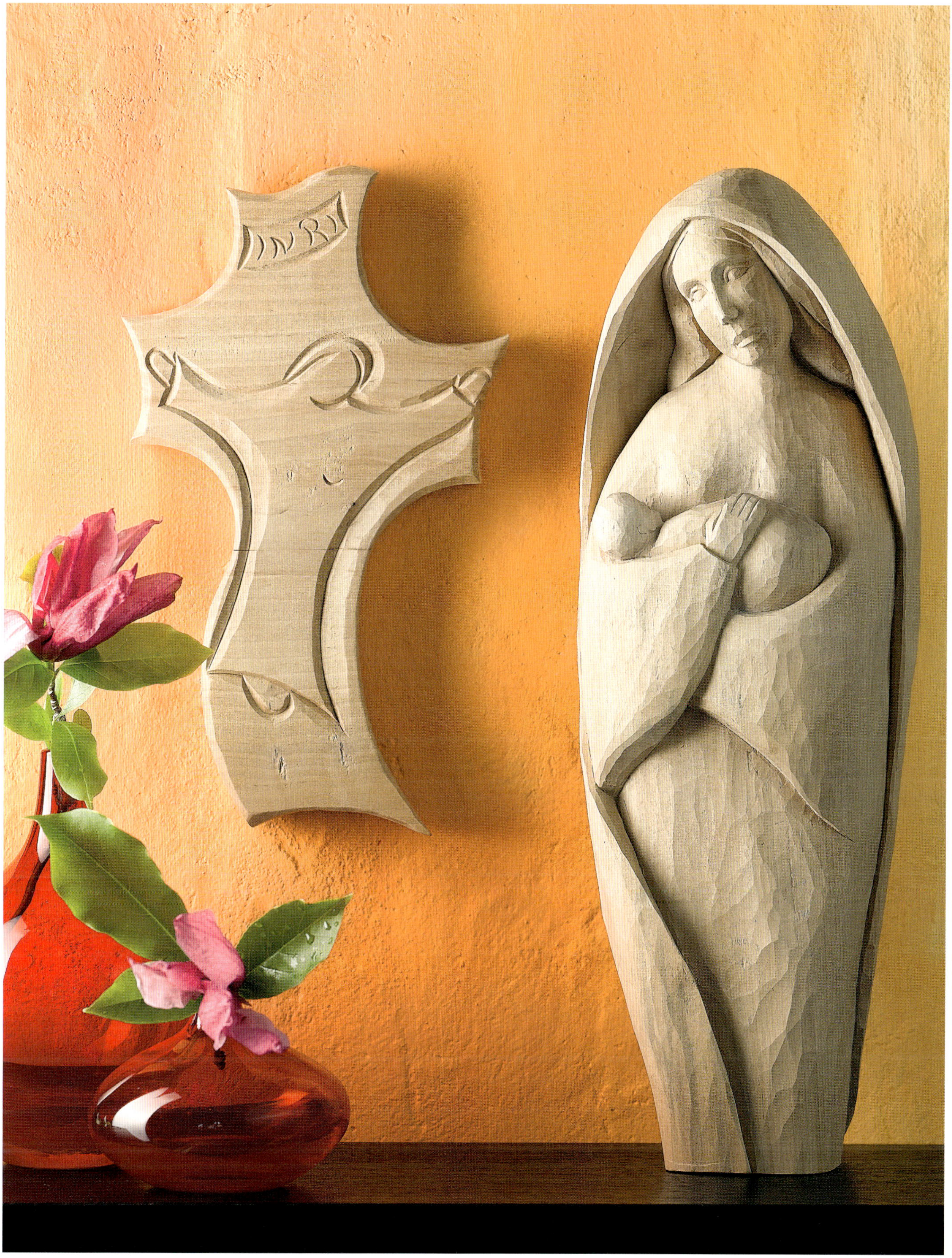
INRI

Engel

Tipps & Tricks

- Damit die Standfläche schön rund und gleichmäßig wird, können Sie vor dem Schnitzen auf die Unterseite des Holzes einen Kreis mit ø 5 cm aufzeichnen. Allerdings müssen Sie die Figur dann immer wieder ausspannen, um die Standfläche zu überprüfen und ggf. zu korrigieren. Eingezeichnete Mittellinien wie bei der Figur im Workshop (siehe Seite 43) sind bei der Ausarbeitung des Gewandes ebenfalls hilfreich.

Schwierigkeitsgrad
● ● ○

Motivhöhe
ca. 16,5 cm

Material
- Quader aus Lindenholz, 17 cm x 10 cm x 6 cm

Schnitzeisen
- Flacheisen: 3/16
- Hohleisen: 16/16
- Bohrer: 10/10 und 11/2
- Geißfuß: 45°/5 mm

Vorlage
Seite 124

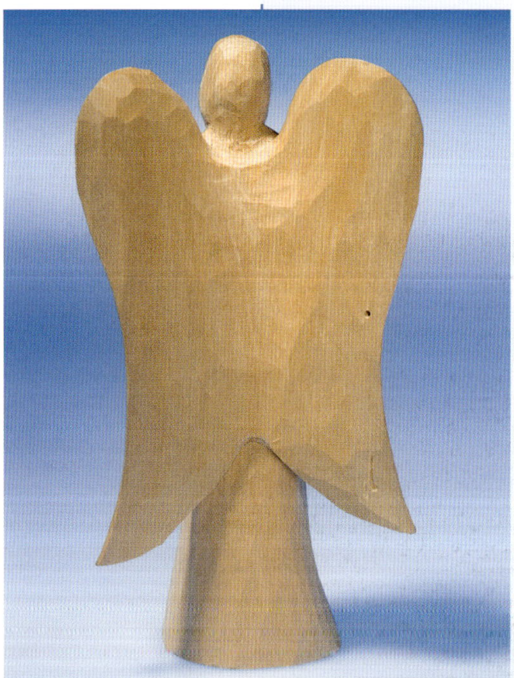

1 Die Vorlage wie bei der Figur auf Seite 43 beschrieben mithilfe von Schablonen auf das Holz aufzeichnen und aussägen.

2 Die Figur einspannen. Den Engel zunächst von vorne anlegen, d. h. die grobe Form herausschnitzen. Dafür die Flügel mit dem großen Bohrer 10/10 zurückschneiden; auf die schräge Stellung der Flügel achten, die äußeren, seitlichen Flügelkanten liegen ganz hinten im Holz. Der Kopf liegt ganz vorn, ebenso die Hände und die Vorderkante des Gewandes.

3 Als nächstes den Engel auf der Rückseite anlegen: Dafür die Dicke des Kopfes festlegen und das Holz zwischen den Flügeln mit dem Hohleisen wegschneiden. Das überschüssige Holz am Kopf ebenfalls entfernen und mit dem Flacheisen die Kopfform herausarbeiten.

4 Den unteren Teil des Gewandes auf der Rückseite mit dem Flacheisen flacher schneiden, sodass die Figur in etwa eine runde Standfläche, ø 5 cm, erhält. Dadurch werden die Flügel plastischer.

5 Die Ärmel des Gewandes seitlich aufzeichnen und die Linien mit dem Geißfuß nachschneiden. Das Gewand mit dem Flacheisen unterhalb der Ärmel flacher schneiden, sodass diese erhaben aufliegen. Dann die Ärmel abrunden und sauber schneiden.

6 Anschließend die Figur mit dem Flacheisen sauber schneiden, die Flügel sollten eine Stärke von ca. 5 mm haben. Die Linien von Ärmel und Gewand möglichst genau mit dem Geißfuß nachschneiden, damit der dadurch entstehende Schwung dem Engel Eleganz verleiht.

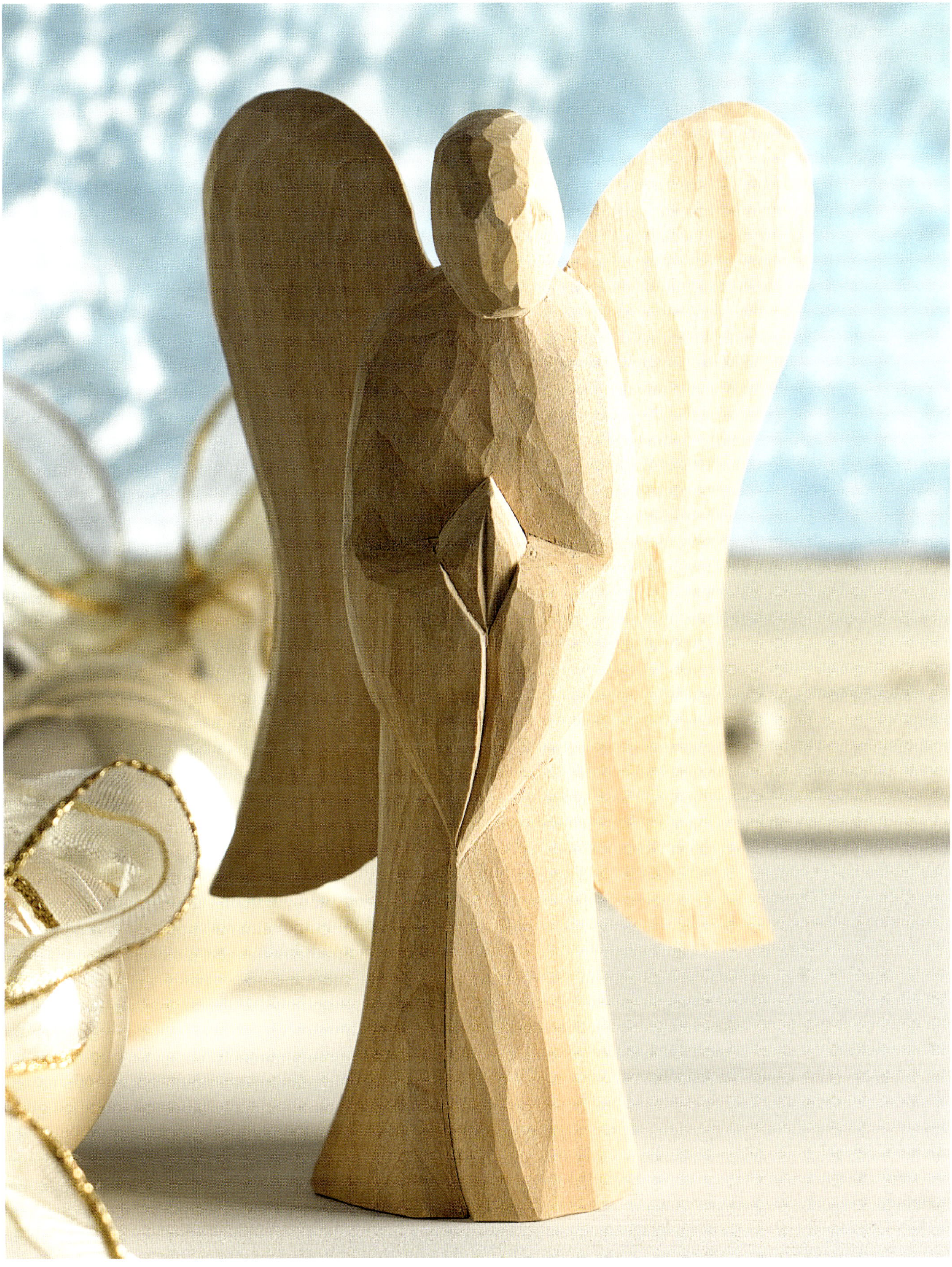

Schnitzhits für Kids

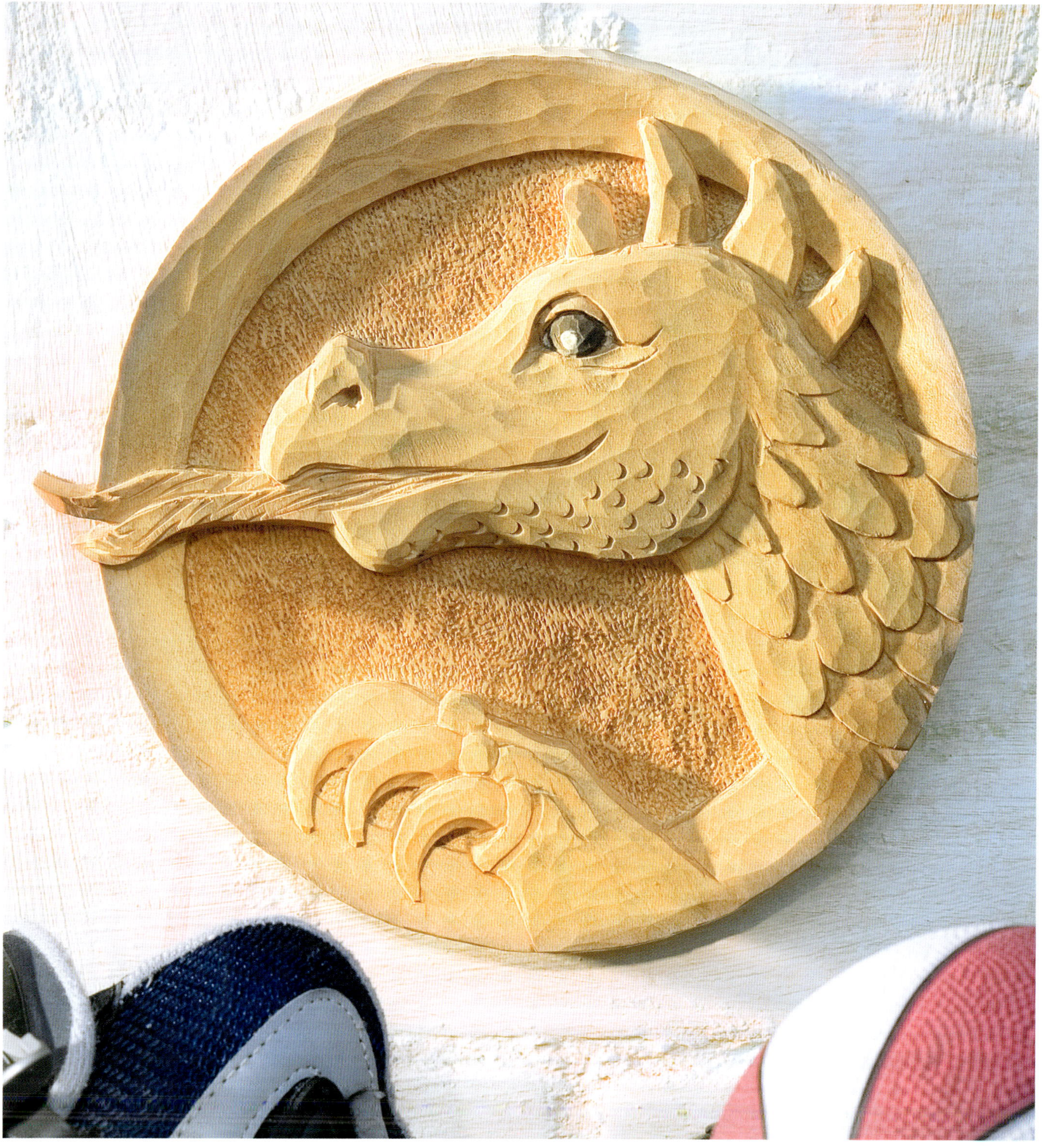

Feuerspeiender Drache

1 Das Motiv auf die Holzscheibe übertragen, aussägen und einspannen.

2 Den Hintergrund zwischen Motivrahmen und Drache gleichmäßig ca. 1,5 cm weit absenken. Die Konturen des Rahmens und der Figur zuvor senkrecht mit den Bohrern – ebenfalls 1,5 cm tief – abgrenzen. Für engere Stellen den Bohrer 11/2 verwenden.

3 Die Konturen mit Flach- und Hohleisen schärfer ausarbeiten. Den Rahmen von außen nach innen bis auf eine Höhe von ca. 3 mm abschrägen.

4 Die Oberfläche des Drachen wölben: Zuerst den Kopf mit sanften Wölbungen arbeiten, dann die Mundöffnung und Zunge mit einem kleinen Bohrer vertiefen. Das Auge mit dem Geißfuß leicht kugelförmig herausarbeiten, zuletzt die Krallen tiefenversetzt schnitzen.

5 Anschließend die Oberfläche strukturieren: Die Zunge mit dem kleinen Bohrer einkerben, am Kinn mit dem größeren Bohrer schuppenartige Vertiefungen einstechen. Den Hals ebenfalls schuppenartig als Relief gestalten: Die Konturen der Schuppen zuerst mit dem Geißfuß vorstechen, anschließend die Flächen mit dem Flacheisen strukturieren und glätten.
Den Hintergrund wie auf Seite 57 beschrieben punzieren. Dabei verschwinden Ungenauigkeiten in schwierig zu schnitzenden Ecken, der Hintergrund wirkt stimmig und lässt das Drachenmotiv besser zur Geltung kommen.

6 Das Auge farbig gestalten, gegebenenfalls den Hintergrund mit wenig Braun aquarellartig abdunkeln. Ein weißer Punkt als Lichtreflex verleiht dem Drachen Lebendigkeit.

Schwierigkeitsgrad
● ● ○

Motivgröße
ø ca. 23 cm

Material
- Scheibe aus Lindenholz, ø ca. 23 cm, ca. 3 cm stark
- Punziereisen
- Wasserfarben in Schwarz und Braun
- Deckweiß

Schnitzeisen
- Flacheisen: 3/5 und 5/8
- Hohleisen: 7/10
- Bohrer: 10/6 und 11/2
- Geißfuß: 45°/5 mm

Vorlage
Seite 125

Tipps & Tricks

- Schrauben Sie mittig unter die Scheibe ein ca. 40 cm langes Brett. Die überstehenden Enden können Sie mit Schraubzwingen auf der Werk- oder Hobelbank bzw. am Tisch befestigen und damit sicher schnitzen.

- Zur Aufhängung ist bereits eine kleine Bohrung mit dem 6 mm-Bohrer ausreichend. Die Bohrung schräg nach oben ansetzen, damit der in die Wand eingeschlagene Nagel leicht in das Bohrloch gleitet und das Bild nicht so leicht herunterrutscht.

- Abschließendes Lackieren verstärkt den Eindruck von glänzenden Hornplatten am Hals des Drachen.

Süße Piepmätze

Tipps & Tricks

- Als Verwirbelungen werden unregelmäßige Wachstumsverläufe bezeichnet, z. B. bei Astansätzen.

- Wenn Sie nicht in der Hand schnitzen möchten, sollten Sie ein ausreichend großes Holz bearbeiten, das eingespannt werden kann. Dann können Sie die Form mit beiden Händen mithilfe von Flacheisen und Bohrern gestalten.

- Naturbelassen sehen diese zauberhaften Piepmätze am schönsten aus. Natürlich können Sie diese auch bemalen oder lackieren. Da die Tiere ideal in den Handflächen liegen, macht es schon den Kleinsten viel Spaß, diese bunt zu bemalen.

- Die kleinen, putzigen Tiere eignen sich wunderbar zum Verschenken und Sammeln!

Schwierigkeitsgrad
● ● ○

Motivhöhe
ca. 5 cm bis 6 cm

Material pro Vogel
- Quader aus Linde, Weymouths- oder Zirbelkiefer, mind. 9 cm x 7 cm x 5 cm

Schnitzeisen
- Rosenmesser
- Bohrer: 10/6 und 11/2
- Geißfuß: 45°/5 mm

Vorlage
Seite 128

1 Für die Gestaltung lassen sich Reste verschiedener Holzarten verwenden. Da aus der Hand geschnitzt wird, ist ein weiches Holz ohne Verwirbelungen empfehlenswert.

2 Die Umrisslinie gemäß Vorlage oder frei Hand aufzeichnen und aussägen.

3 Die Form zum Schnabel hin zuspitzen. Einen dicken, runden Bauch und ein kleinen, kurzen, leicht nach oben gebogenen Schwanz ausarbeiten, sodass ein niedlicher, „pummeliger" Vogel entsteht. Dabei immer vom höchsten zum tiefsten Punkt schnitzen (siehe Seite 21).

4 Die Flügel mit dem Bohrer 11/2 umgrenzen und das Gefieder andeuten. Anschließend überschleifen, um scharfe Kanten zu entfernen. Schnäbel mit dem Rosenmesser einkerben, ggf. den Geißfuß verwenden. Geöffnete Schnäbel erst einsägen und dann mit dem Rosenmesser ausformen.

5 Die Augen mit dem Bohrer 10/6 gestalten, alternativ können diese auch mit dem Rosenmesser eingekerbt werden.

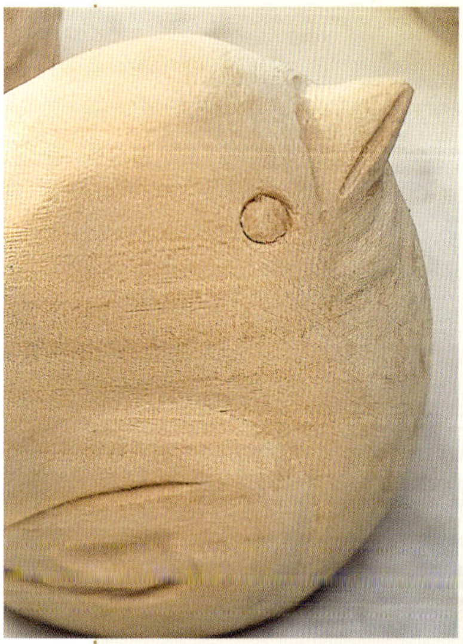
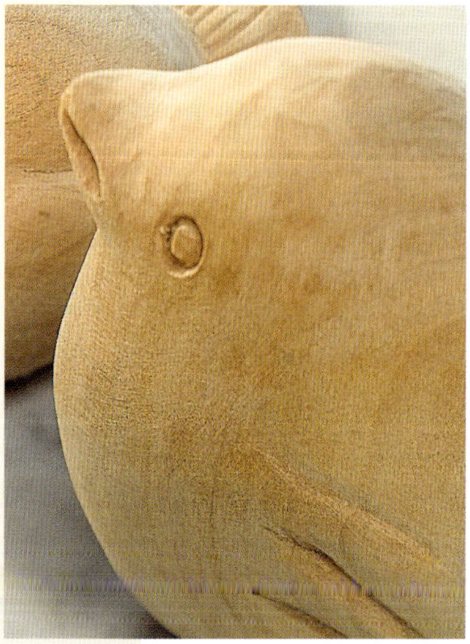
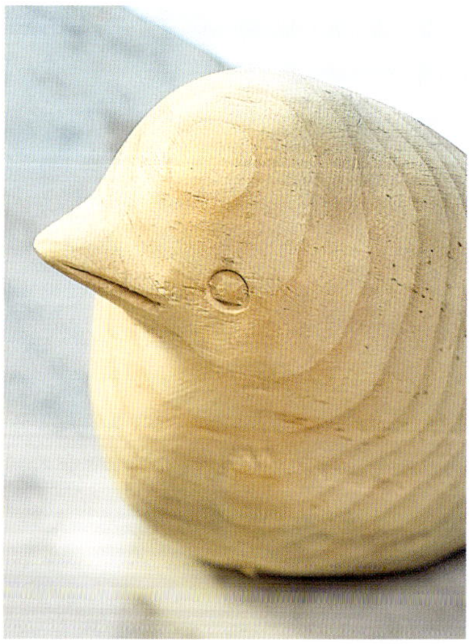

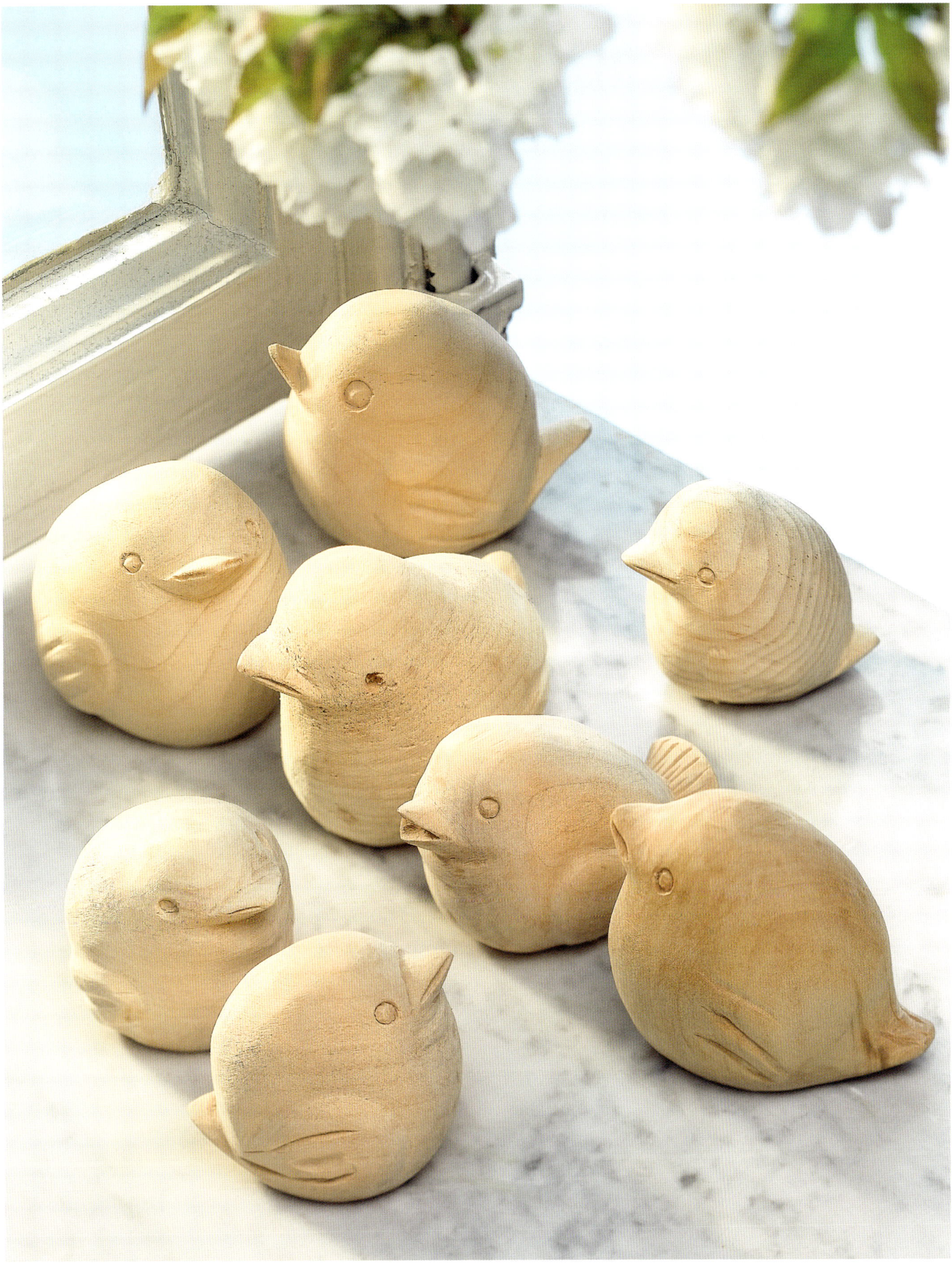

Dolch und Schwerter

Tipps & Tricks

- Verwenden Sie am besten eine Leiste, die ca. 20 cm länger ist als der fertig geschnitzte Dolch oder das Schwert. So können Sie die Leiste problemlos einspannen und mit beiden Händen sicher am Werkstück arbeiten.

- Einen bereits vorbereiteten Rohzuschnitt können Kinder mit Raspel und Schleifpapier unterwegs leicht zu einem kleinen Kunstwerk ausformen.

Schwierigkeitsgrad
● ● ●

Motivlänge
ca. 30 cm–40 cm

Material pro Dolch/Schwert
- Leiste aus Linde oder Weymouthskiefer, ca. 5 cm–9 cm breit, 30 cm–40 cm lang, ca. 2 cm stark
- Pflanzenöl

Schnitzeisen
- Flacheisen: 3/10 und 3/16
- Bohrer: 9/8 und 11/2

Vorlage
Seite 130

1 Die Vorlage für die Schwerter bzw. den Dolch auf das Holz übertragen und an der Umrisslinie aussägen.

2 Die Klinge mit den Flacheisen scharfkantig ausarbeiten, ggf. mit einer groben Raspel die Klingenform nacharbeiten.

3 Die Klinge mit 80er und 150er Schleifpapier sorgfältig glätten.

4 Den Griff mit den Flacheisen und Bohrern in die gewünschte runde Form bringen, ggf. auf die Spiegelbildlichkeit der Klingenhälften achten.

5 Mit der Raspel den Griff etwas aufrauen, damit dieser optisch besser zur Geltung kommt.

6 Durch abschließendes Ölen oder Lackieren (siehe Seite 55/56) kann die Holzoberfläche vor Verschmutzung geschützt werden.

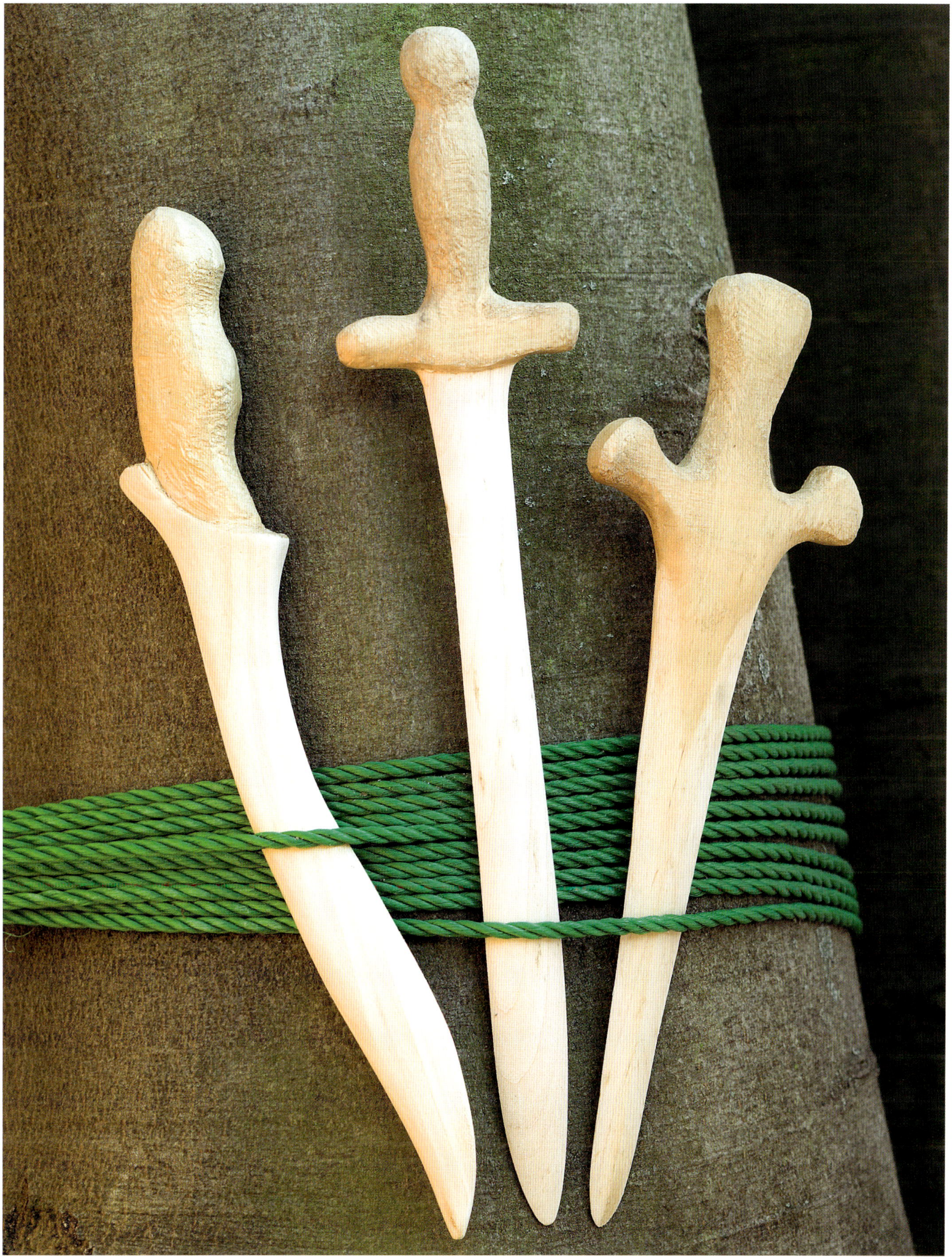

Bär

Tipps & Tricks

◆ Das Gesicht oder Fellstrukturen lassen sich dauerhaft mit einem Brenngerät „zeichnen“. Sogenannte „Brennpeter“ erhalten Sie in unterschiedlichen Preisklassen in gut sortierten Hobbyfachgeschäften und Baumärkten.

◆ Die Abbildung unten zeigt noch einmal im Uhrzeigersinn links unten beginnend die einzelnen Schritte, wie die Körperteile des Bären gearbeitet werden.

Schwierigkeitsgrad
● ● ●

Motivgröße
sitzend ca. 8 cm hoch

Material
- Brett aus Lindenholz, 15 cm x 5 cm, 3,5 cm stark
- Filzstift in Braun
- 2 Gummifäden, je 20 cm lang
- Bohrer, ø 2 mm
- Schaschlikstäbchen oder Zahnstocher (zum Verleimen der Gummifäden)

Schnitzeisen
- Rosenmesser

Vorlage
Seite 132

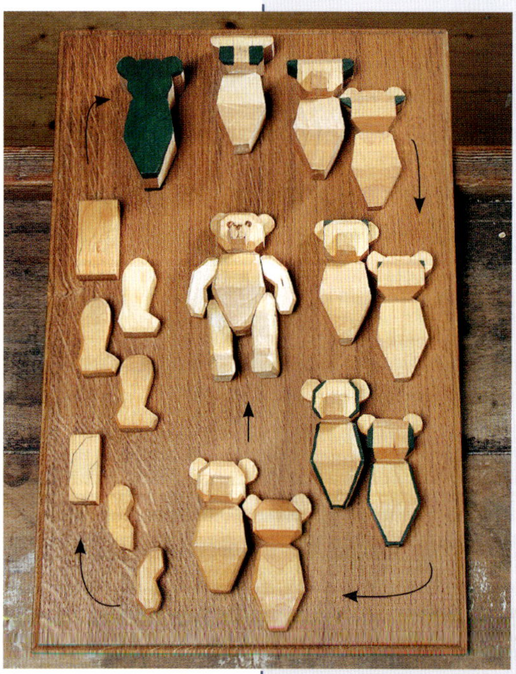

1 Mithilfe von Schablonen die Arme und Beine jeweils zweimal auf das Holz aufzeichnen und aussägen. Den Körper mit dem darauf festsitzenden Kopf einmal.

2 Mit dem Rosenmesser die vorderen und hinteren Kanten der Arme und Beine mit glatten Schnitten etwas anschrägen.

3 Die Beine an der schraffierten Fläche anschrägen und an die „Hüfte“ des Bären anpassen.

4 Das Seitenprofil des Körpers anzeichnen und schnitzen.

5 Die Kopfform, Schnauze und die Ohren mit gezielten Schnitten ausarbeiten.

6 Abschließend die vorderen und hinteren Kanten des Körpers abschrägen.

7 Den Körper sowie die Arme und Beine an den gekennzeichneten Stellen für die Führung des Gummifadens durchbohren.

8 Die beiden Gummifäden doppelt nehmen und durch die Bohrungen führen: Einen Gummifaden zuerst von außen durch ein Bein, anschließend durch die Hüfte und dann durch das zweite Bein nach außen fädeln. Auf beiden Seiten etwas Gummifaden überstehen lassen. Mit dem zweiten Gummifaden auf dieselbe Weise die beiden Arme am Oberkörper befestigen.

9 Jeweils ein Fadenende an einem Arm und einem Bein mit einem kleinen Holzstift (Länge = Tiefe der Bohrung) bündig verleimen.

10 Damit die Arme und Beine unter Spannung ihre Position halten, die Fäden an den Gegenseiten anziehen und ebenfalls mit kleinen Holzstiften fest verleimen. Darauf achten, dass die Gummifäden unter Spannung stehen und von außen so fest verleimt und verkeilt werden, dass sie nicht nachrutschen!

11 Überstehende Teile des Fadens abschneiden bzw. das Holz mit Schleifpapier oder einer Raspel sauber abtragen.

12 Mit Filzstift die Augen, Nase und Schnauze aufmalen.

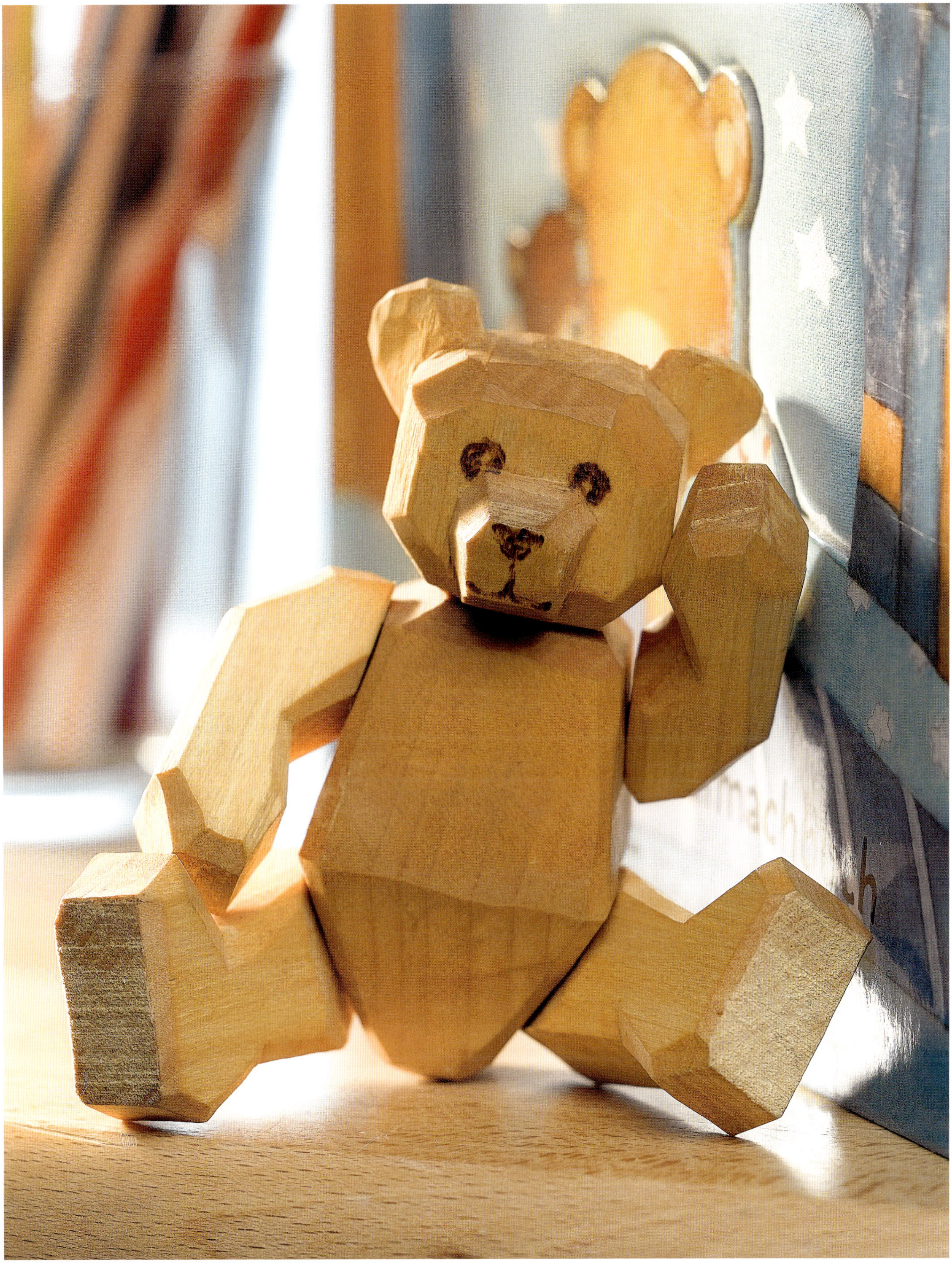

VORLAGEN

Hinweis

◆ Die Vorlagen sind zum Teil verkleinert abgebildet. Mit dem angegebenen Kopierfaktor oder dem Rastermaß können Sie sie leicht zu der auf den „Los geht's"-Seiten oder bei den Projektideen genannten Motivhöhe vergrößern. Beachten Sie auch die Anleitung auf Seite 22.

Proportionslehre

Haare gehen über die Kopfhöhe hinaus

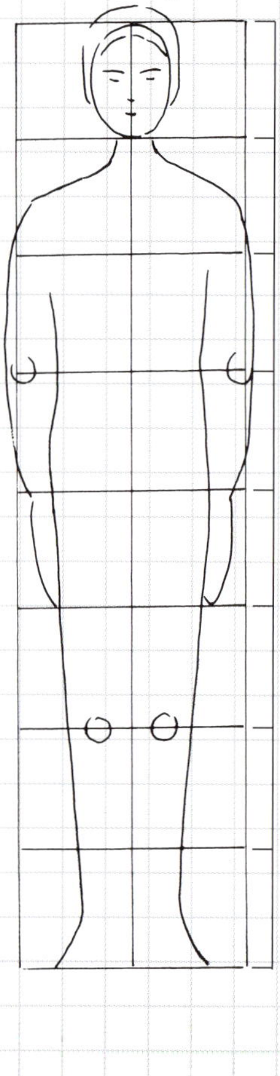

Pfannenwender

Seite 31
Vorlage auf 8 mm Rastermaß oder auf 160 % vergrößern

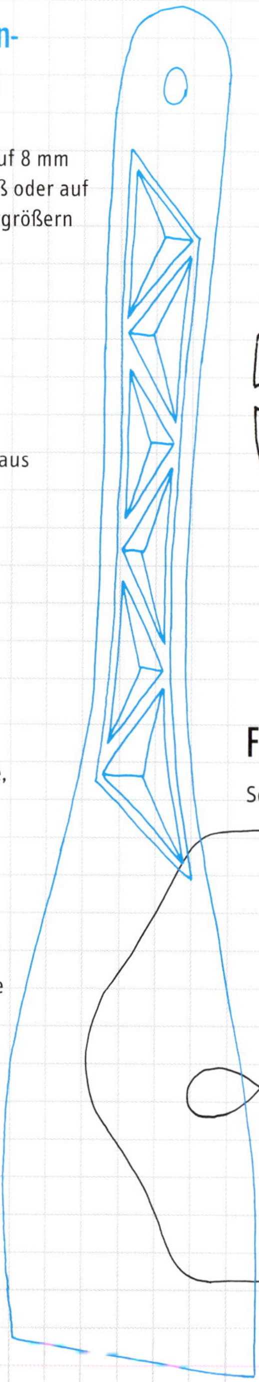

Dose

Seite 30

Vorlage auf 8 mm Rastermaß oder auf 160 % vergrößern

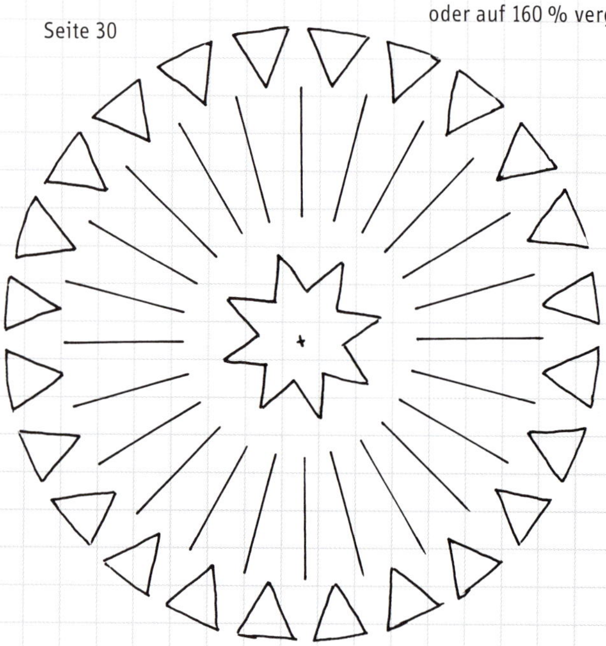

Frühstücksbrett

Seite 30

Vorlage auf 10 mm Rastermaß oder auf 200 % vergrößern

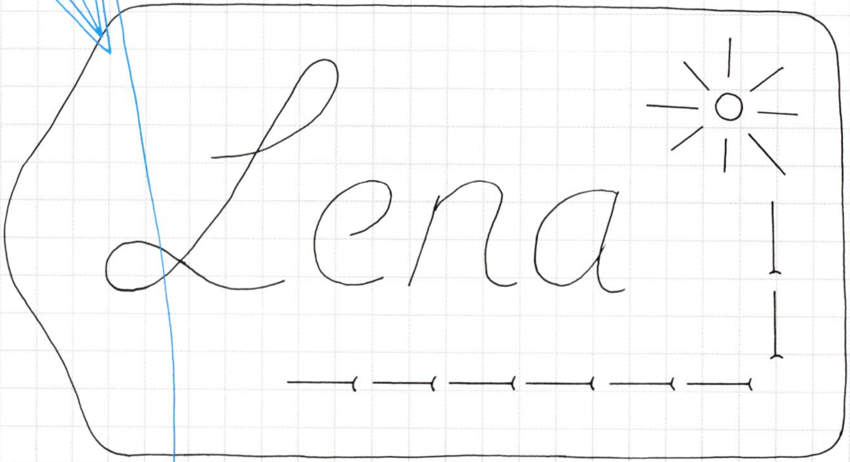

Buchstützen „Sonnenrad“

Seite 31
Vorlage in Originalgröße

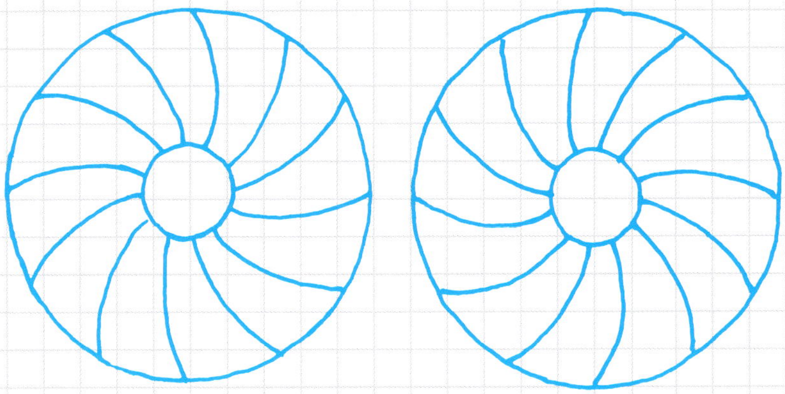

Buchstütze „Keltischer Knoten“

Seite 38 und 59
Vorlage in Originalgröße

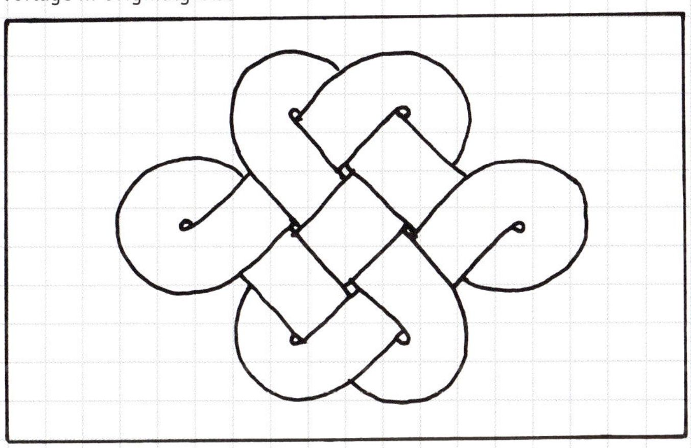

Ornament

Seite 38
Vorlage auf 13 mm Rastermaß oder auf 250 % vergrößern

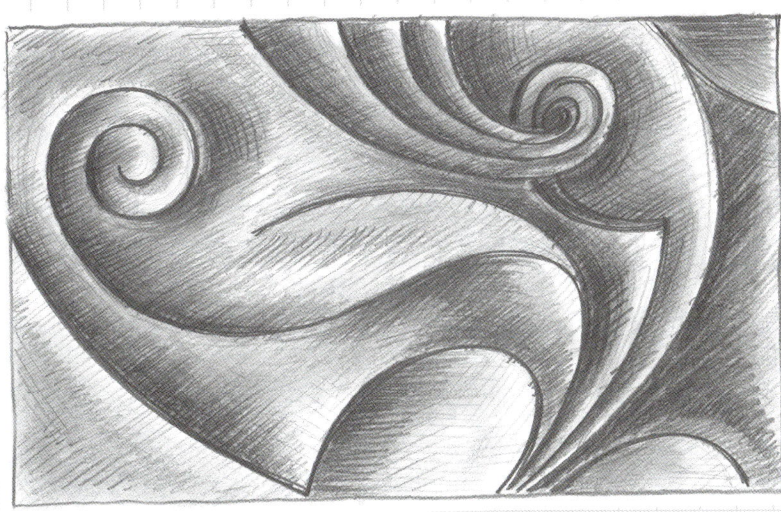

Spruchbild

Seite 39

Vorlage auf 13 mm Rastermaß
oder auf 250 % vergrößern

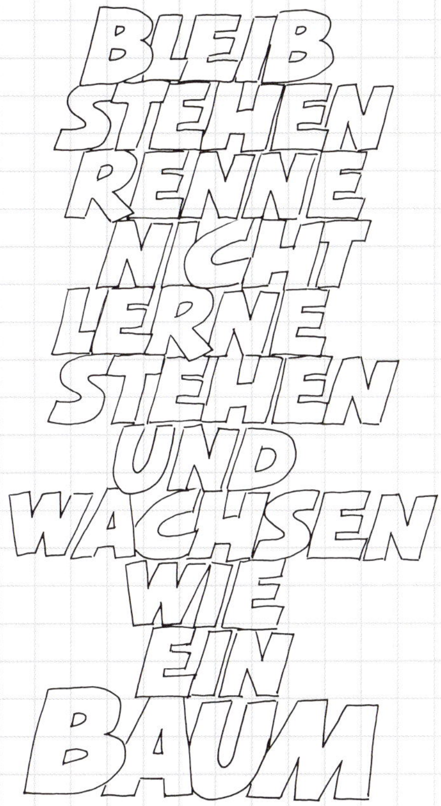

Hoch- und Flachrelief Margerite

Seite 39
Vorlage auf 13 mm Rastermaß oder auf 250 % vergrößern

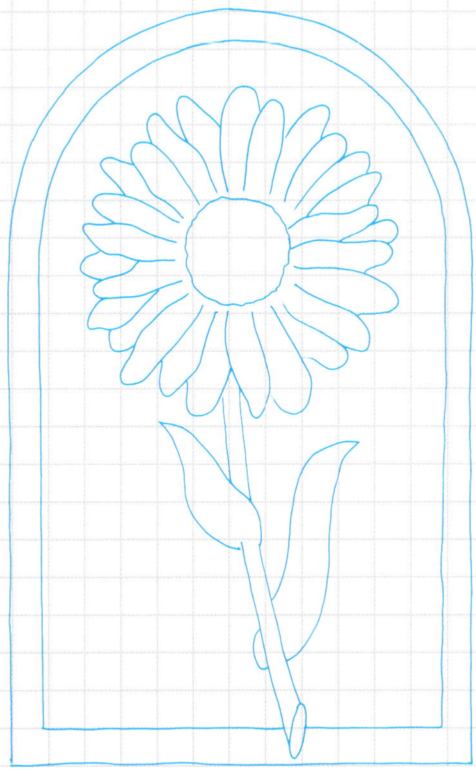

Schriftzug

Seite 33
Vorlage für das Alphabet auf 6 mm Rastermaß
oder auf 125 % vergrößern

Engel

Seite 113
Vorlage in Originalgröße

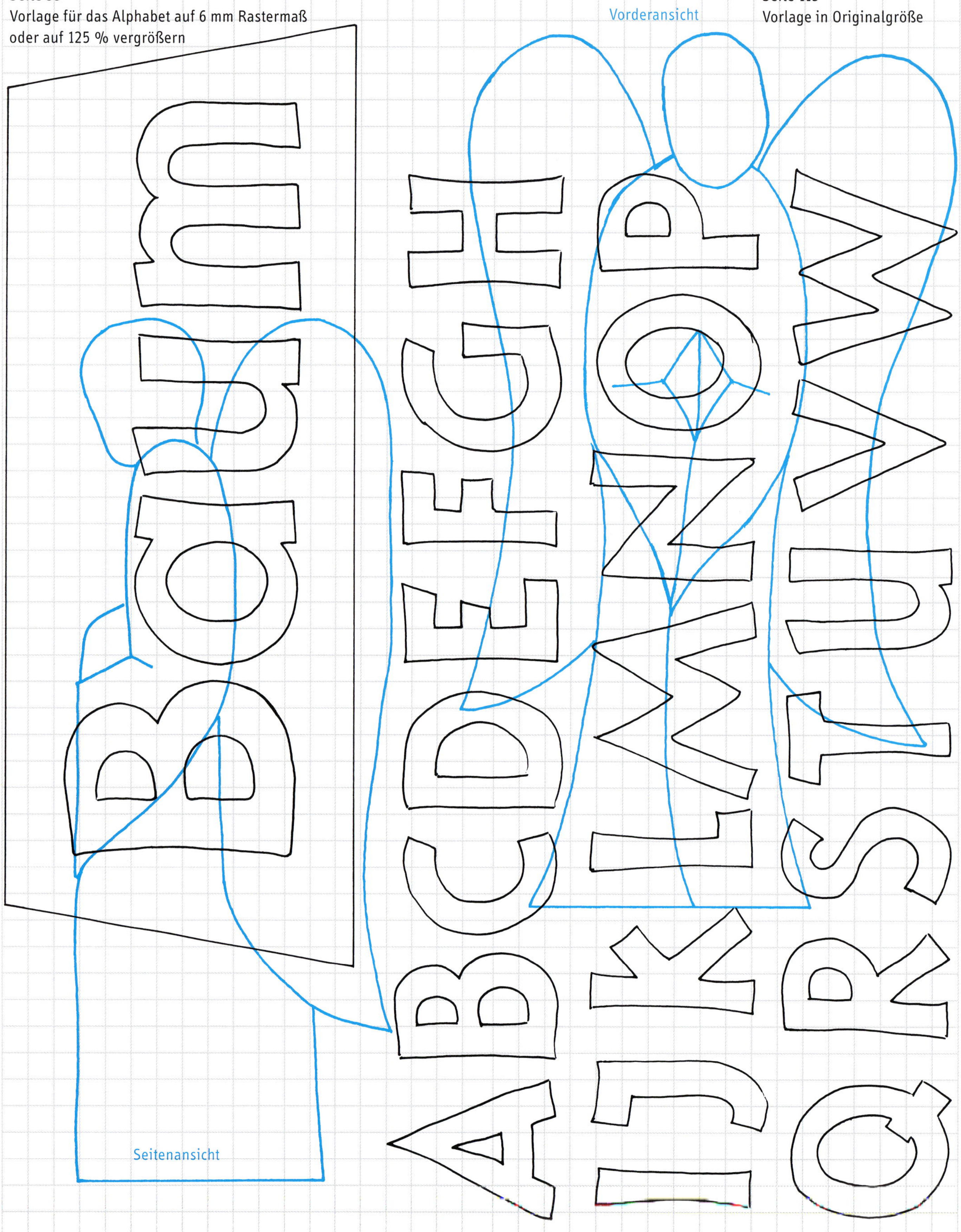

Feuerspeiender Drache

Seite 114
Vorlage auf 6 mm
Rastermaß oder auf
125 % vergrößern

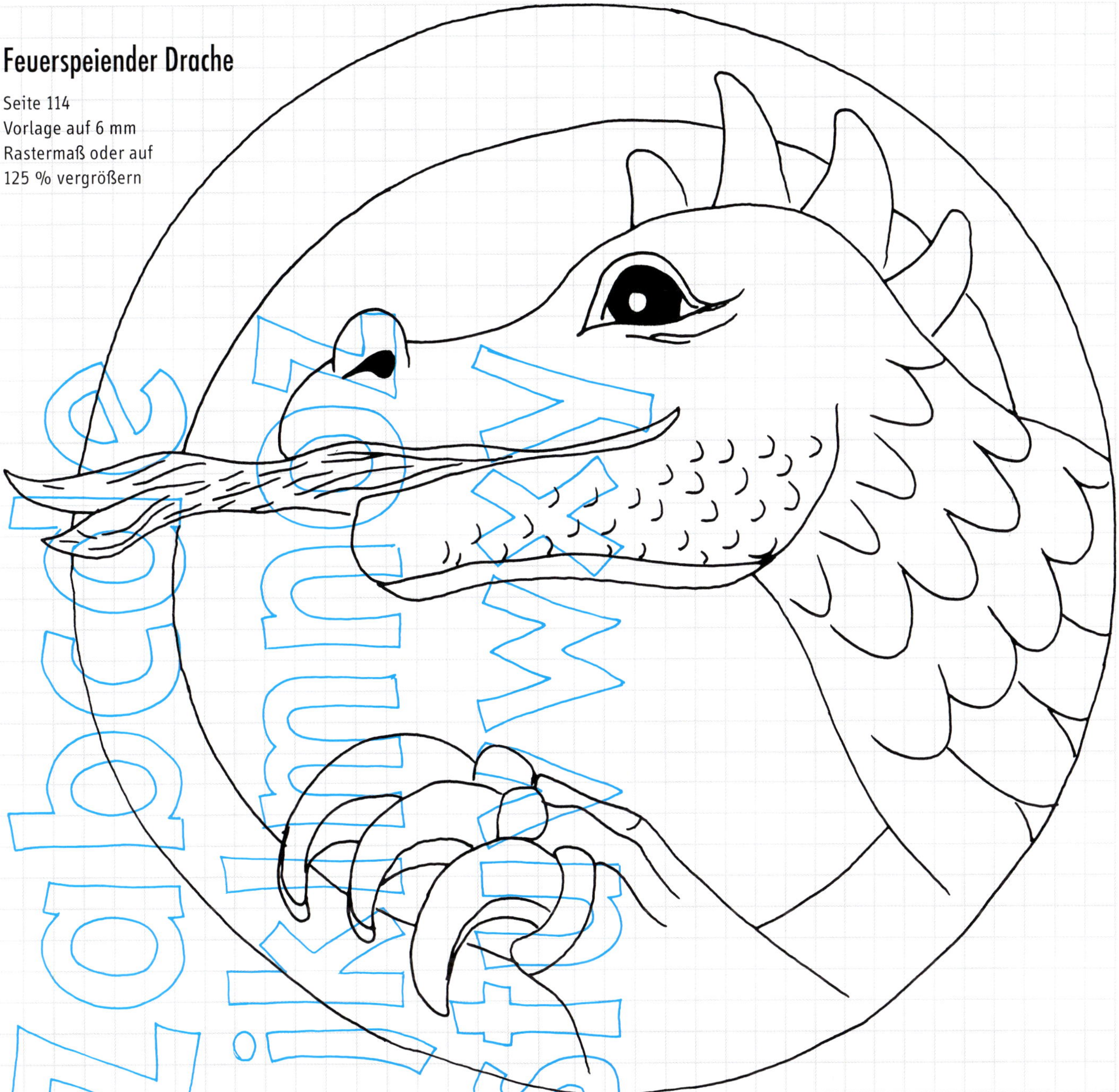

Vogel

Seite 46
Vorlage in Originalgröße

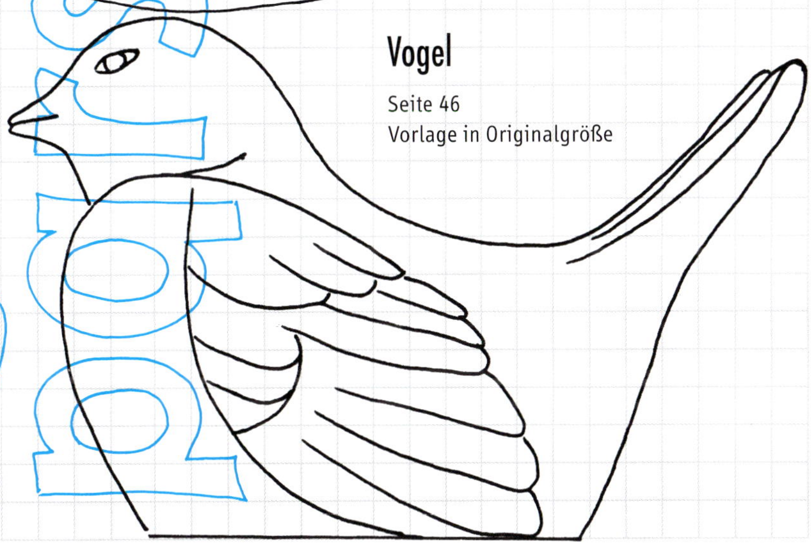

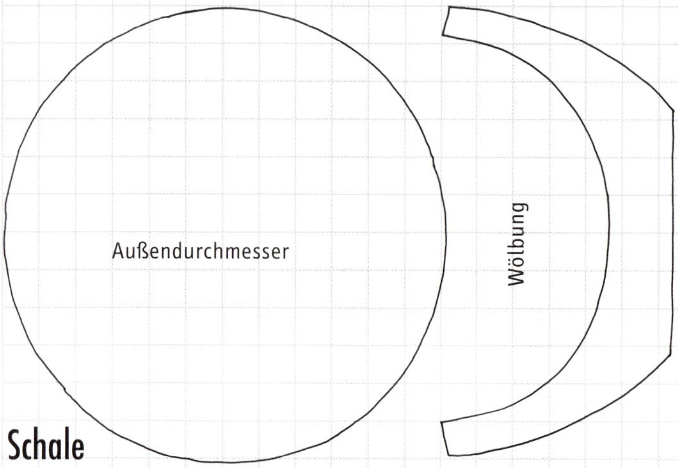

Schale

Seite 41
Vorlage auf 10 mm Rastermaß
oder auf 200 % vergrößern

Gans

Seite 52
Vorlage in Originalgröße

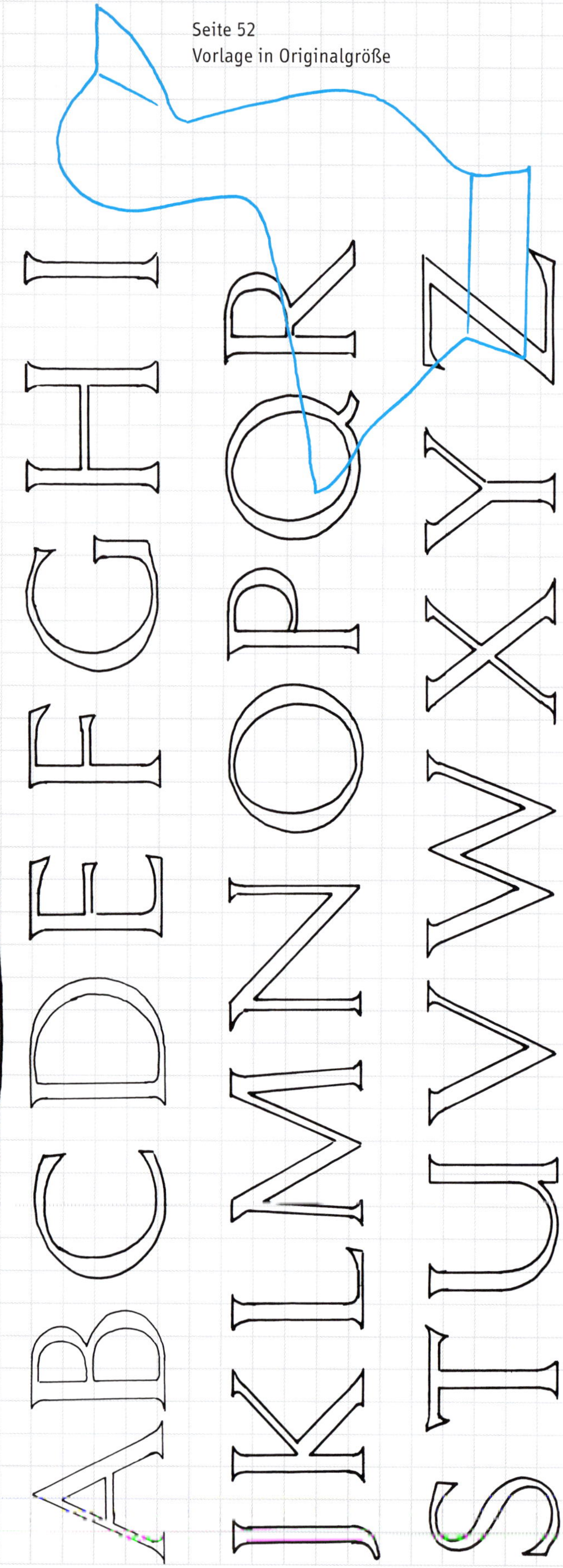

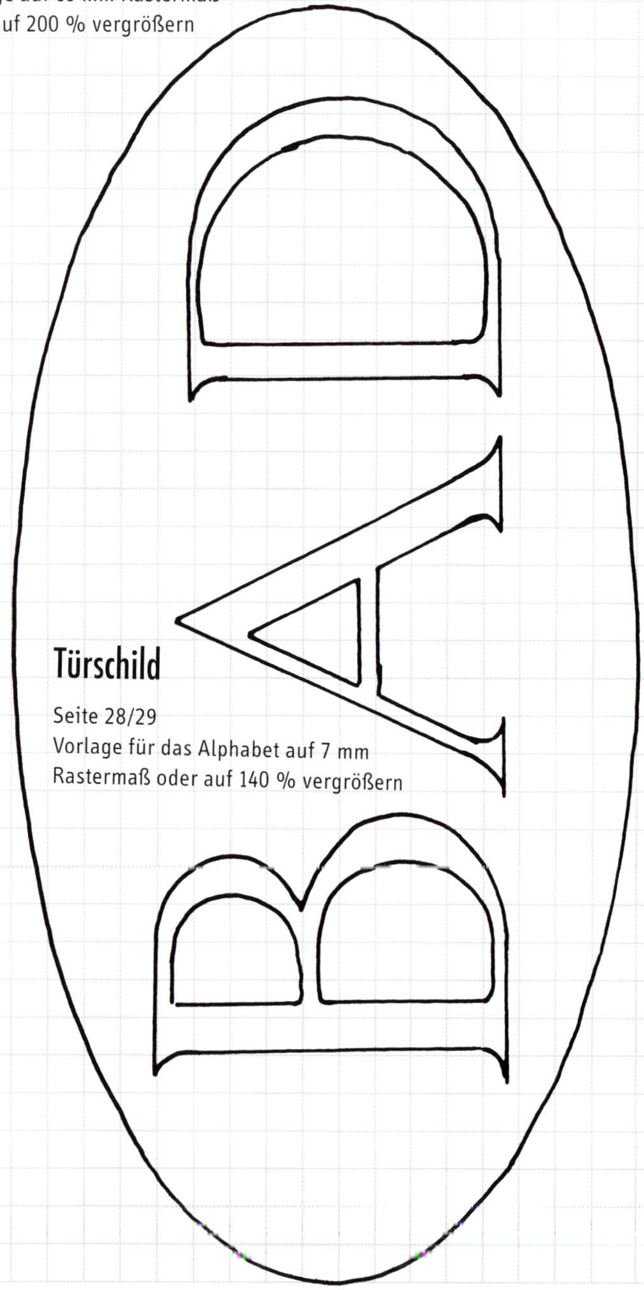

Türschild

Seite 28/29
Vorlage für das Alphabet auf 7 mm
Rastermaß oder auf 140 % vergrößern

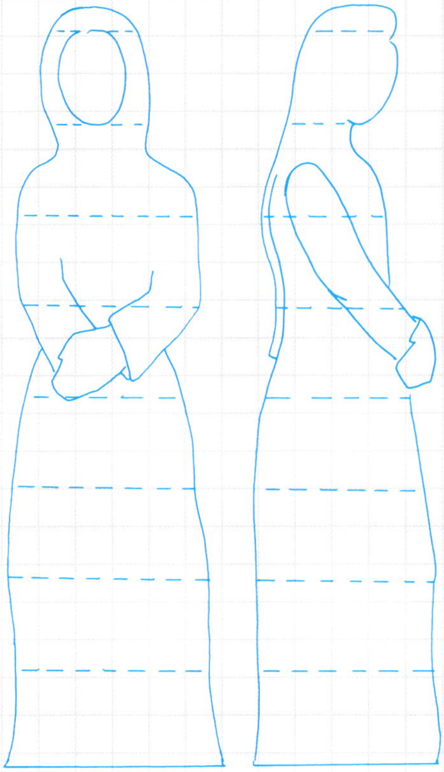

Einfache Figur

Seite 46
Vorlage auf 10 mm Rastermaß oder auf 200 % vergrößern

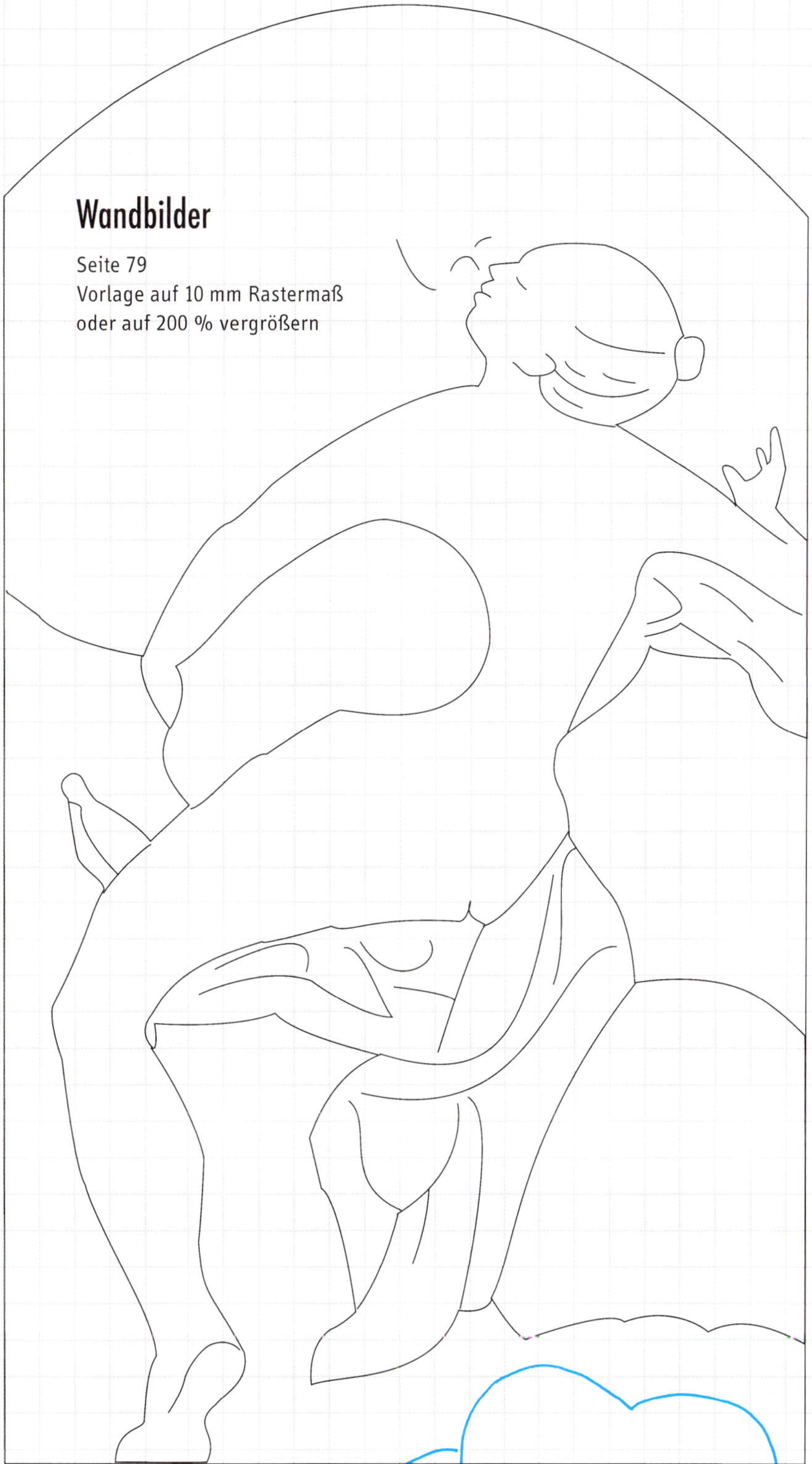

Wandbilder

Seite 79
Vorlage auf 10 mm Rastermaß oder auf 200 % vergrößern

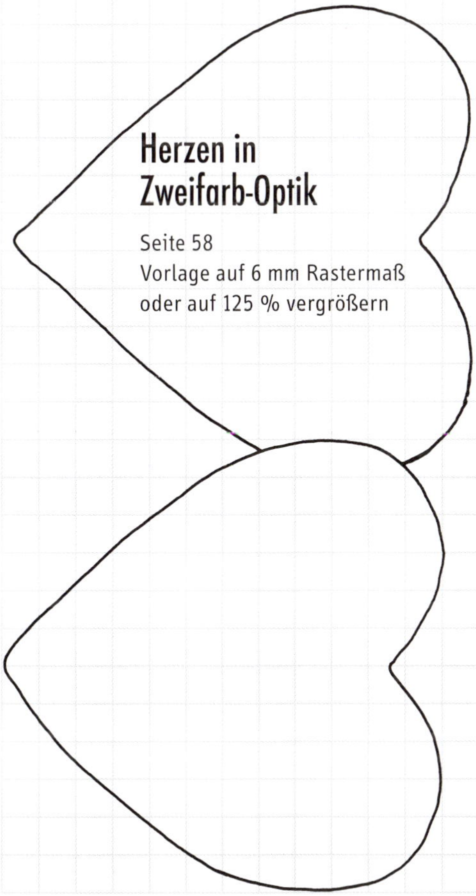

Herzen in Zweifarb-Optik

Seite 58
Vorlage auf 6 mm Rastermaß oder auf 125 % vergrößern

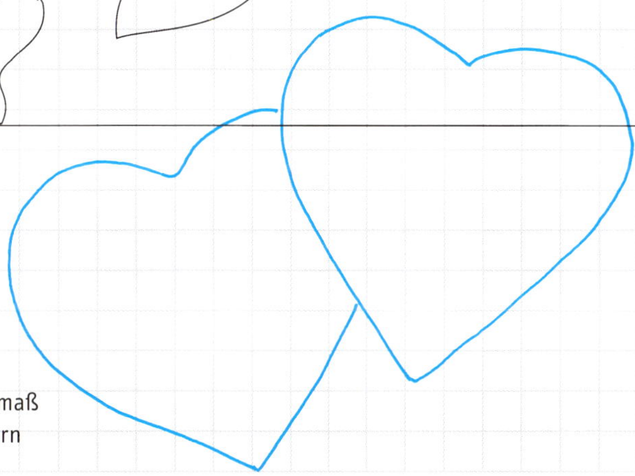

Verliebte Herzen

Seite 53
Vorlage auf 6 mm Rastermaß oder auf 125 % vergrößern

Süße Piepmätze

Seite 117
Vorlage in Originalgröße

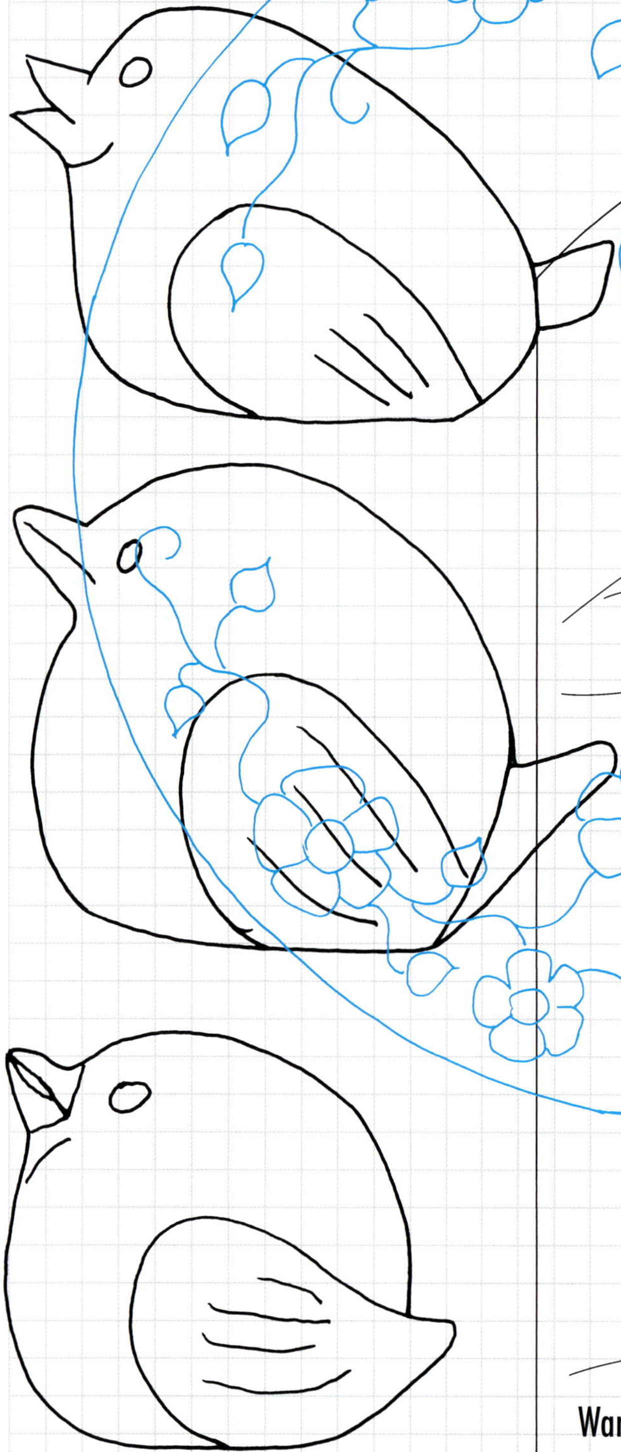

Formbeispiele

Blütenteller

Seite 62
Vorlage auf 8 mm Rastermaß
oder auf 160 % vergrößern

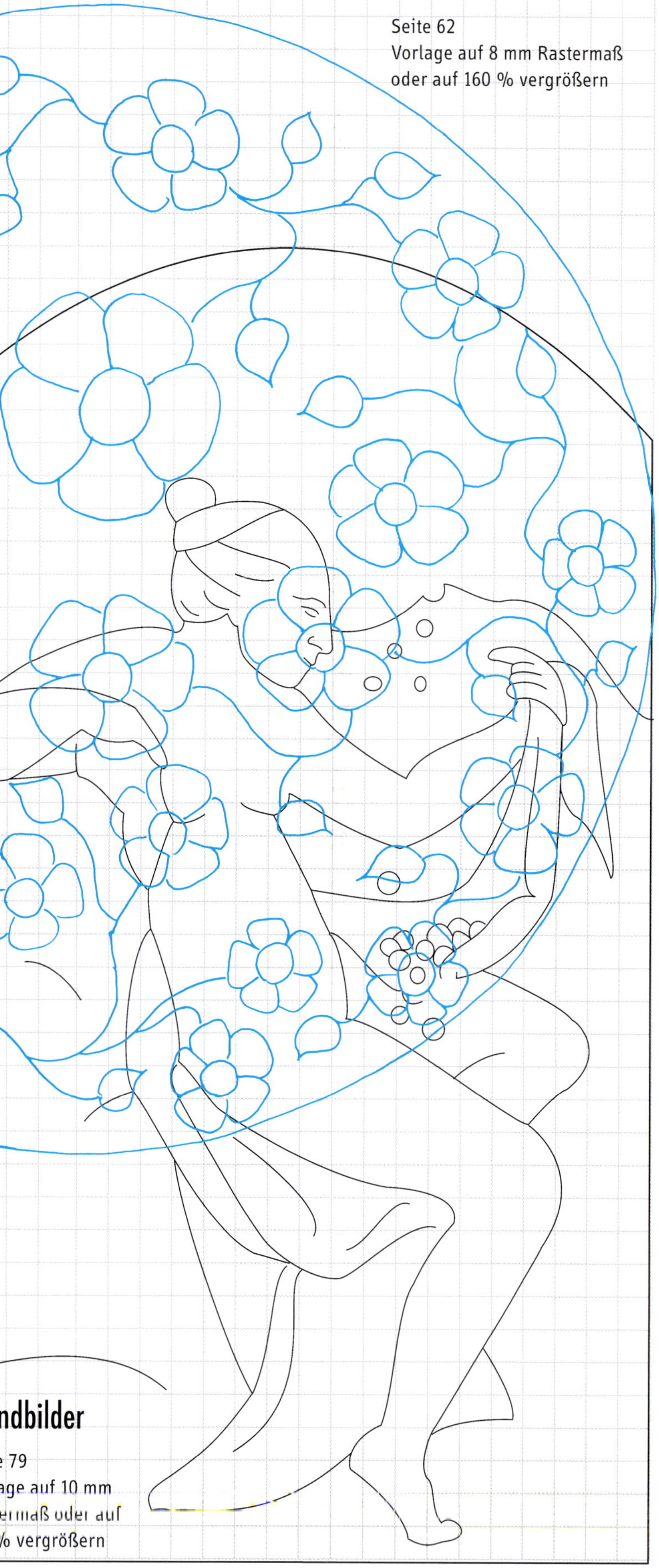

Wandbilder

Seite 79
Vorlage auf 10 mm
Rastermaß oder auf
200% vergrößern

Wandbilder im Paisley-Stil

Seite 64/65
Vorlage auf 13 mm Rastermaß oder auf 250 % vergrößern

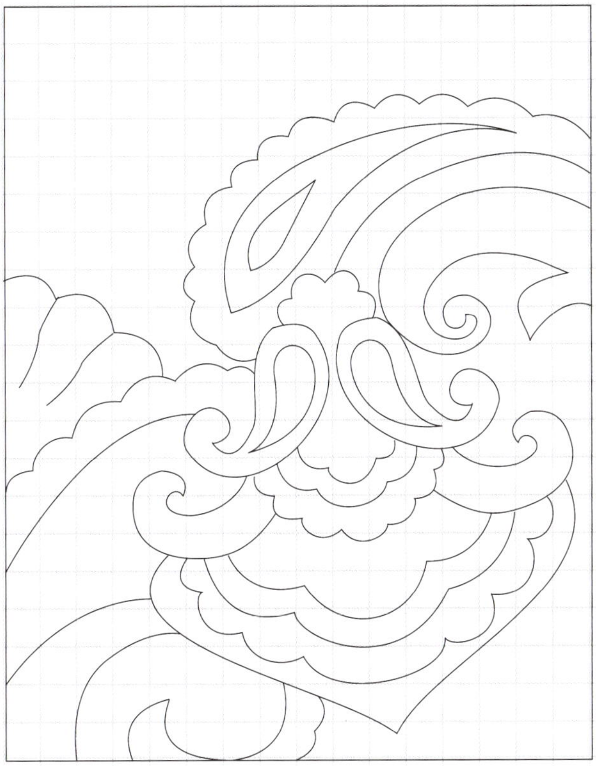

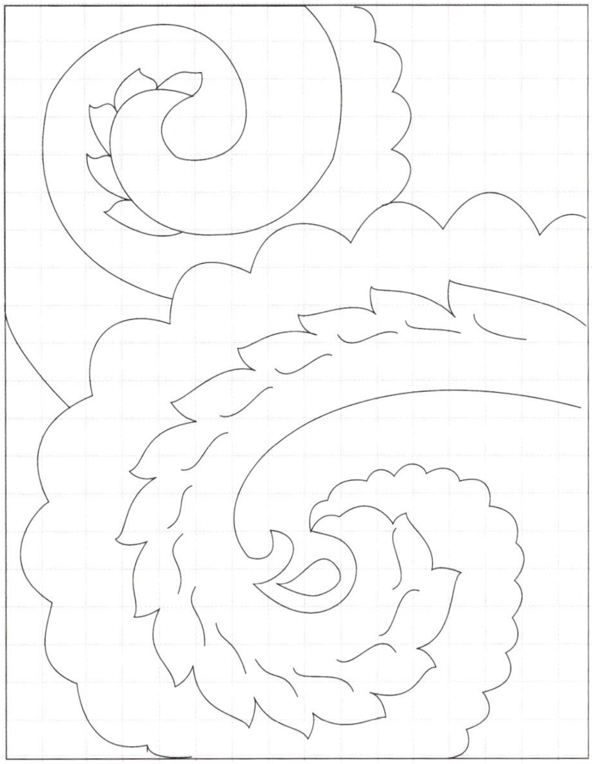

Blumenreliefs

Seite 67
Vorlage auf 13 mm Rastermaß oder auf 250 % vergrößern

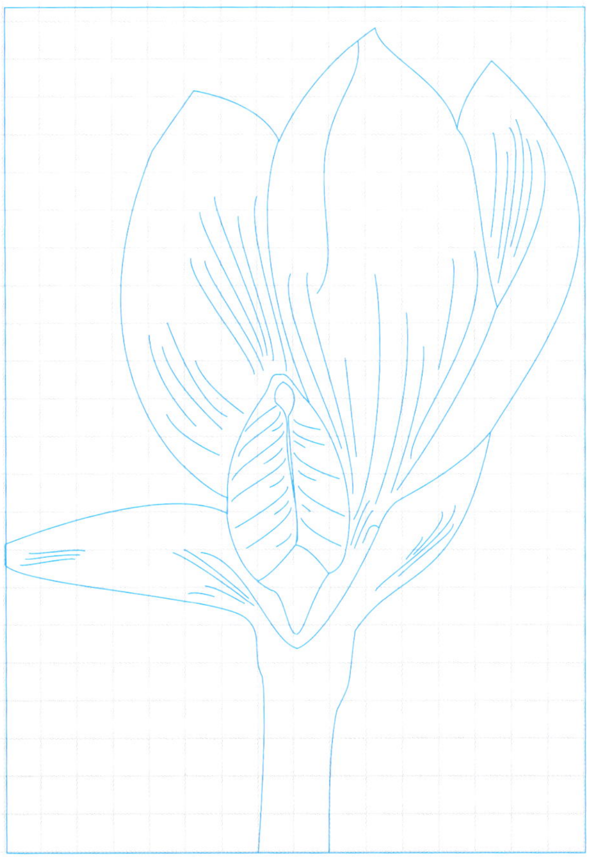

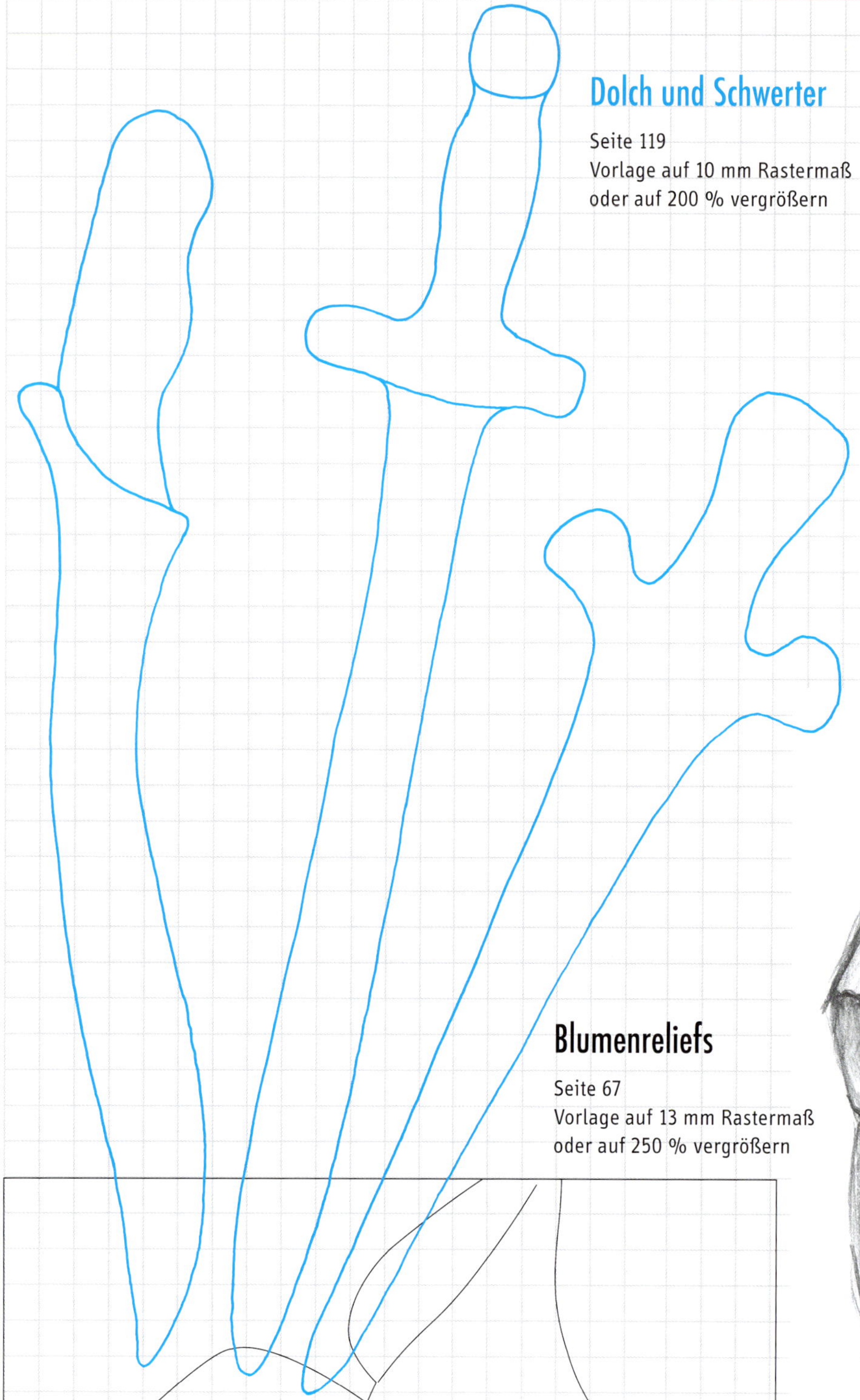

Dolch und Schwerter

Seite 119
Vorlage auf 10 mm Rastermaß
oder auf 200 % vergrößern

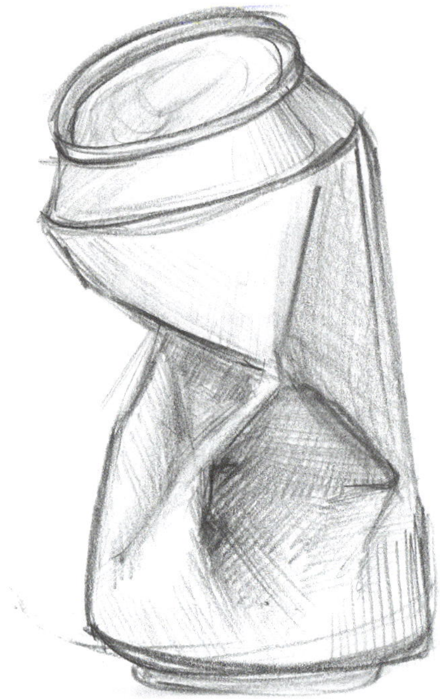

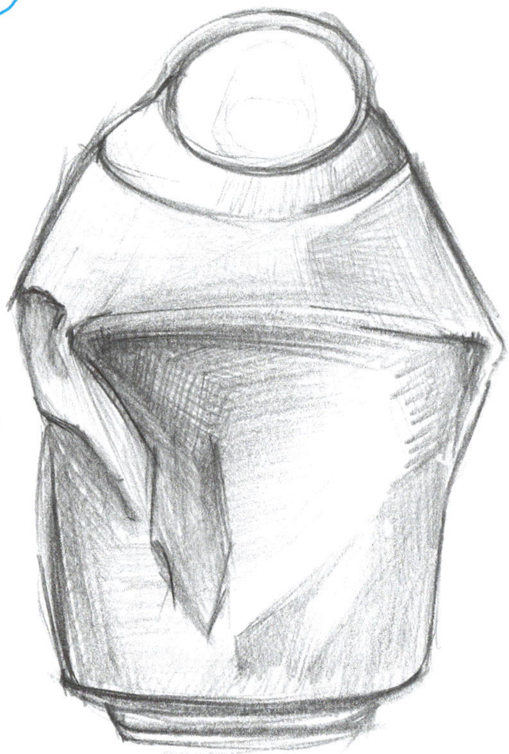

Blumenreliefs

Seite 67
Vorlage auf 13 mm Rastermaß
oder auf 250 % vergrößern

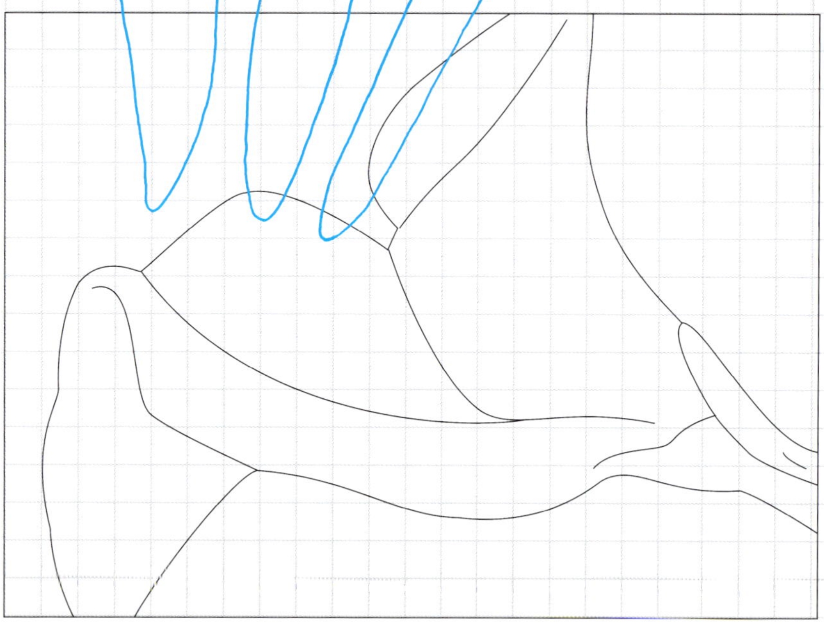

Entwurfsskizzen für Probestück entsprechen **nicht** der Abbildung auf Seite 68/69!

Coladose

Seite 69
Vorlage mind. auf 13 mm Rastermaß oder auf 250 % vergrößern

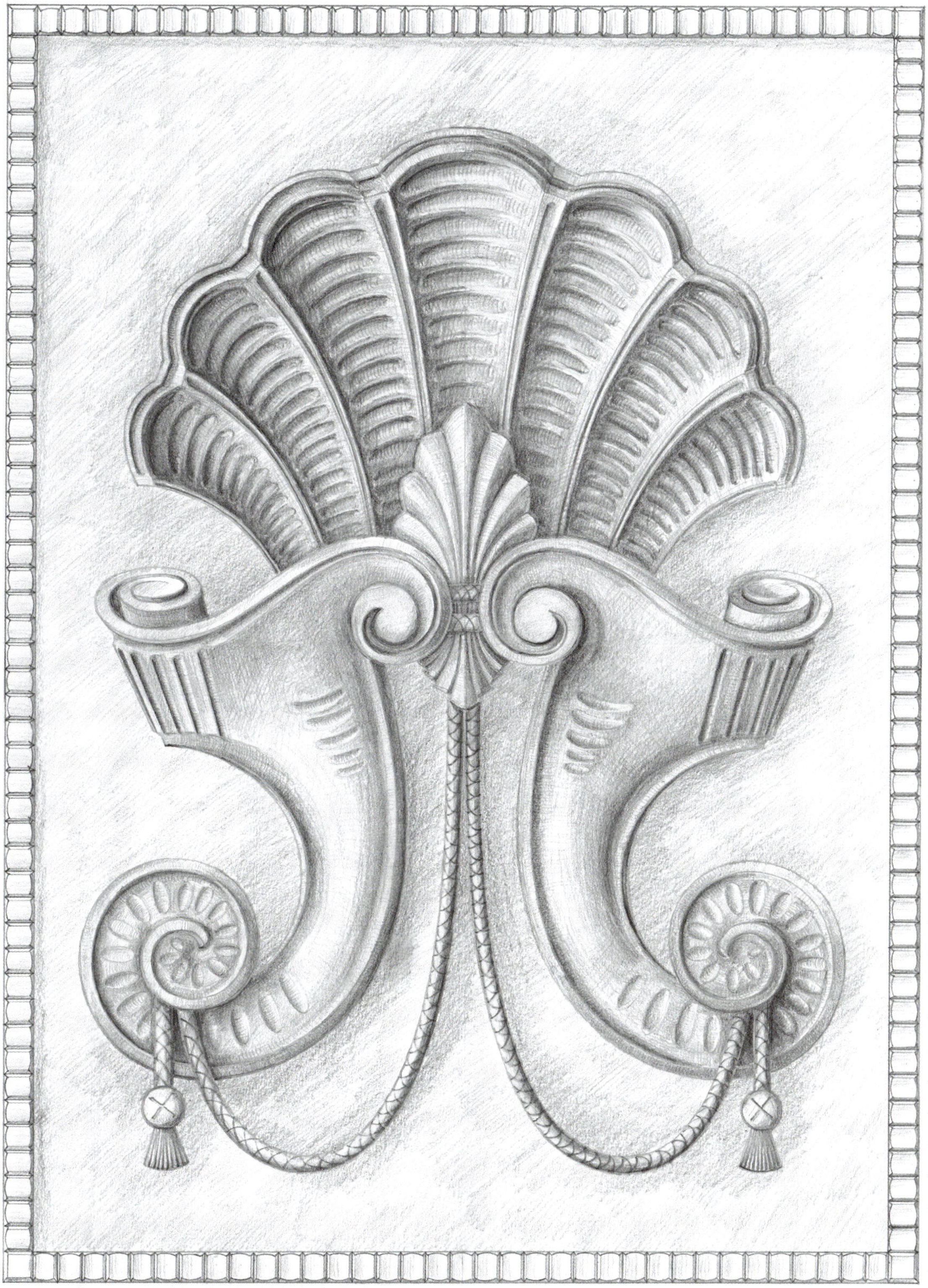

Barockes Relief

Seite 75
Vorlage auf 13 mm
Rastermaß oder auf
250 % vergrößern

Brieföffner

Seite 53
Vorlage auf 8 mm
Rastermaß oder auf
160 % vergrößern

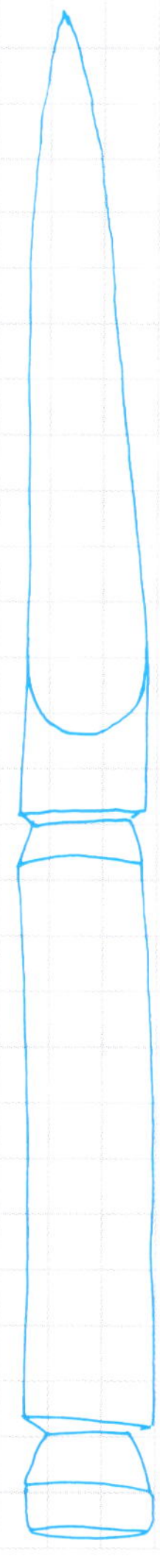

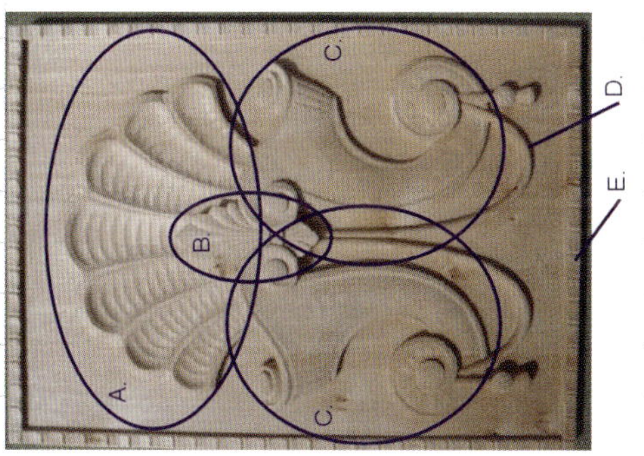

Unterngliederung der Elemente:
A. Muschel
B. Palmette
C. Voluten / Rollwerk
D. Kordel
E. Zierband
Die Vorlage auf das Holzbrett übertragen und eventuell vorab die Höhen und Tiefen der einzelnen Ornamente kennzeichnen. Das erleichtert später die plastische Ausarbeitung des Reliefs.

Hochzeitstruhe

Seite 71
Vorlage auf 7 mm Rastermaß oder auf 140 % vergrößern

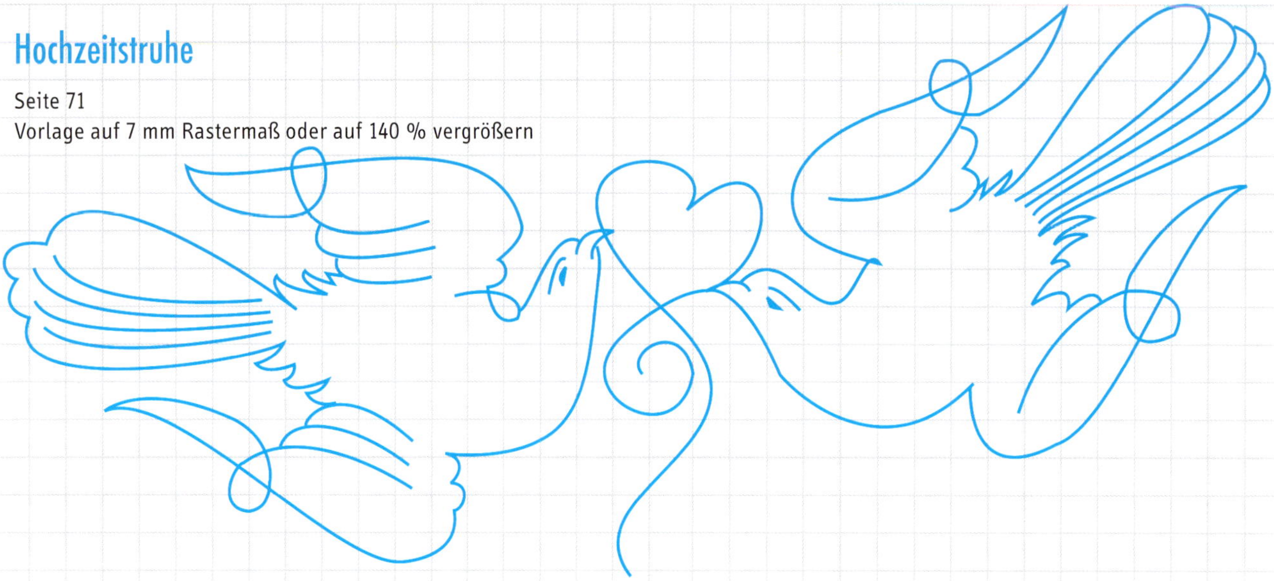

Schale „Wasserschöpfen"

Seite 73

Aufsicht

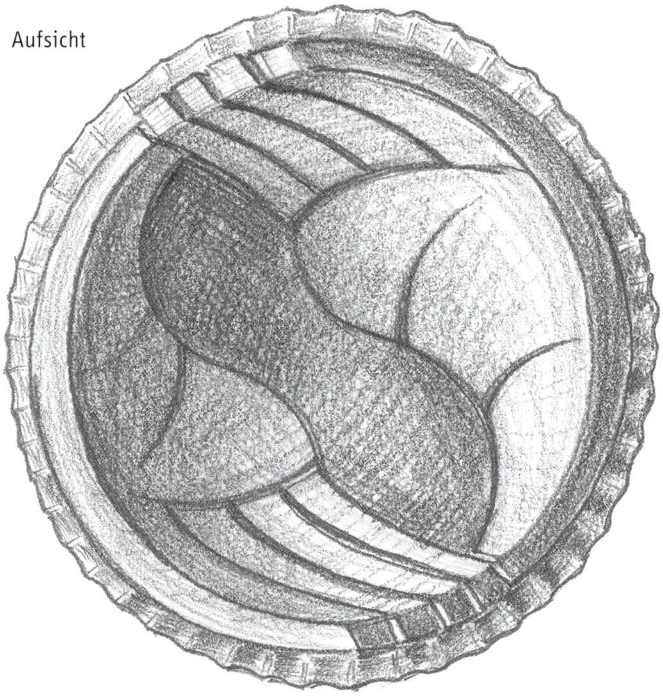

Seitenansicht

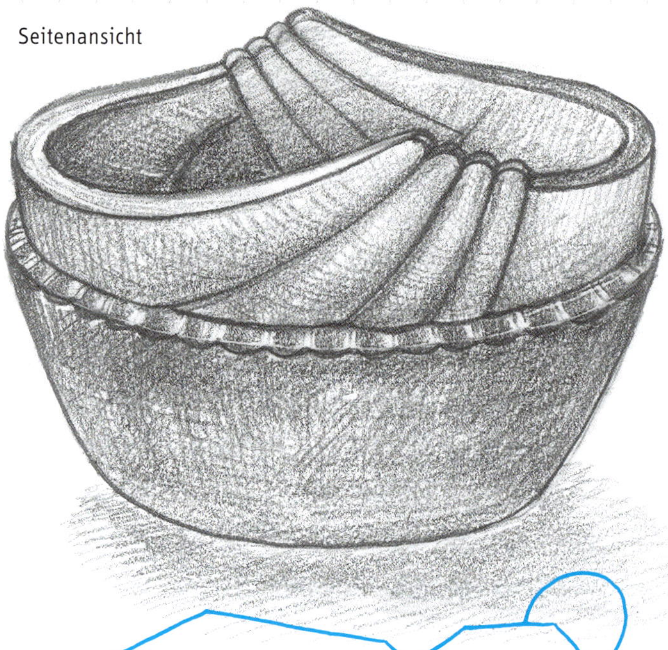

Bär

Seite 121
Vorlagen in Originalgröße

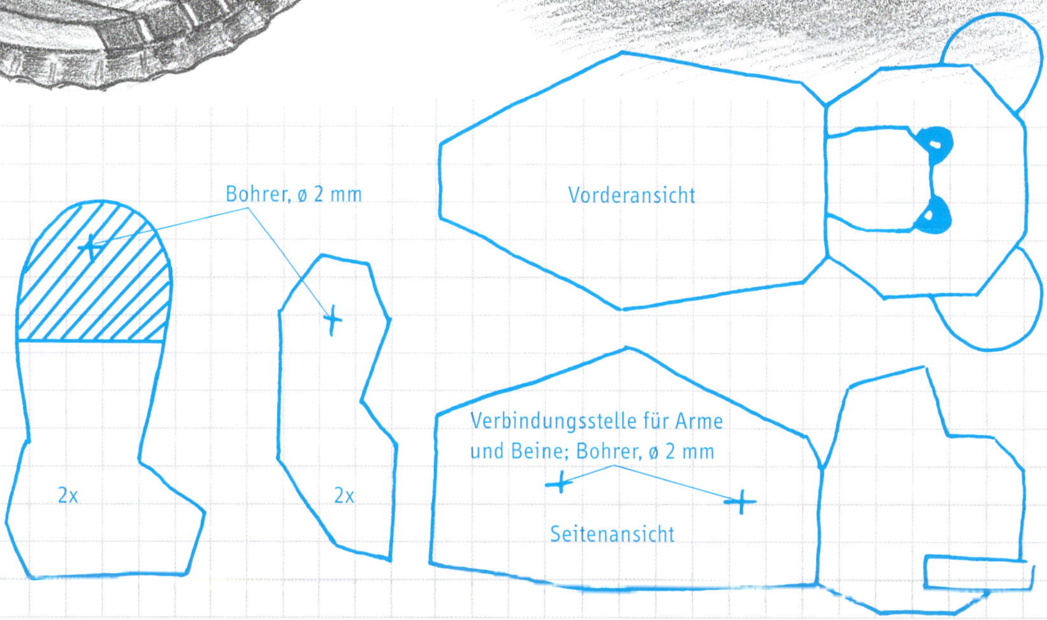

Außergewöhnliche Leuchter

Seite 77
Vorlage auf 7 mm Rastermaß oder auf 140 % vergrößern

Beispiel großer Leuchter

Seitenansicht

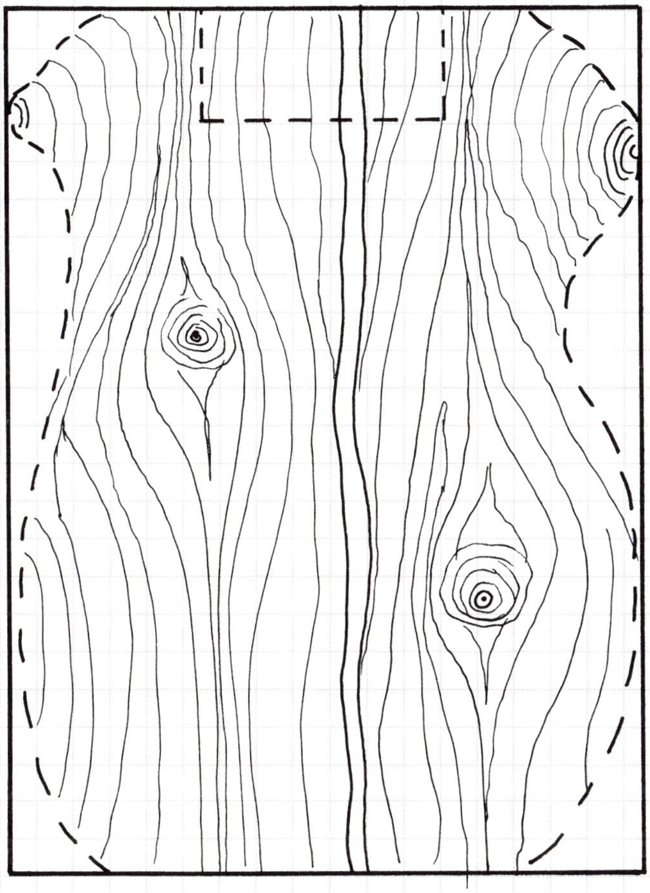

Aufsicht

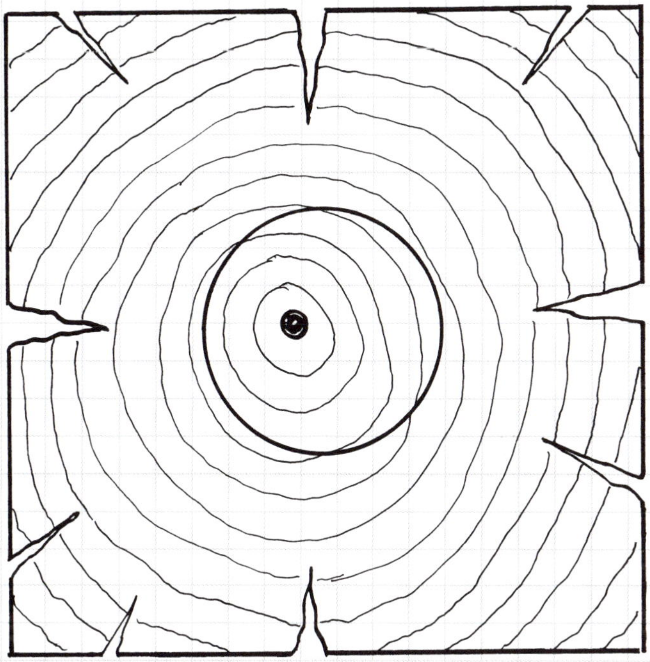

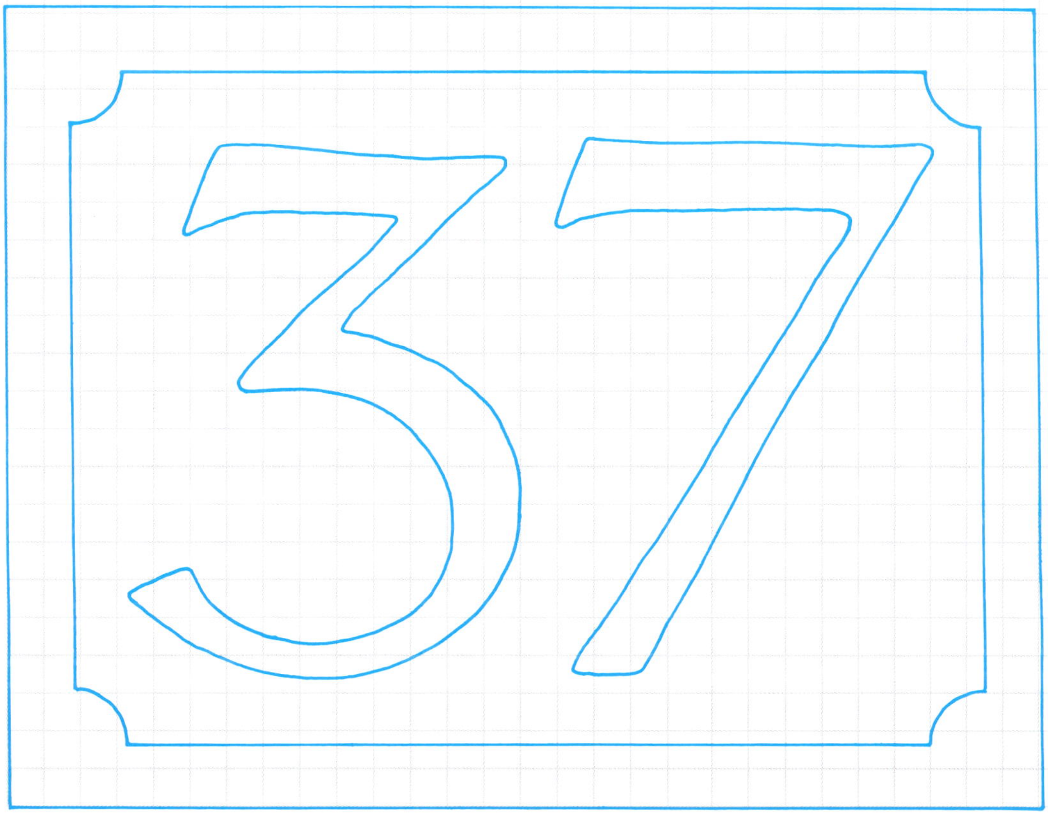

Hausnummer

Seite 80
Vorlage auf 6 mm Rastermaß
oder auf 125 % vergrößern

Türschild

Seite 80
Vorlage auf 8 mm Rastermaß oder auf 160 % vergrößern

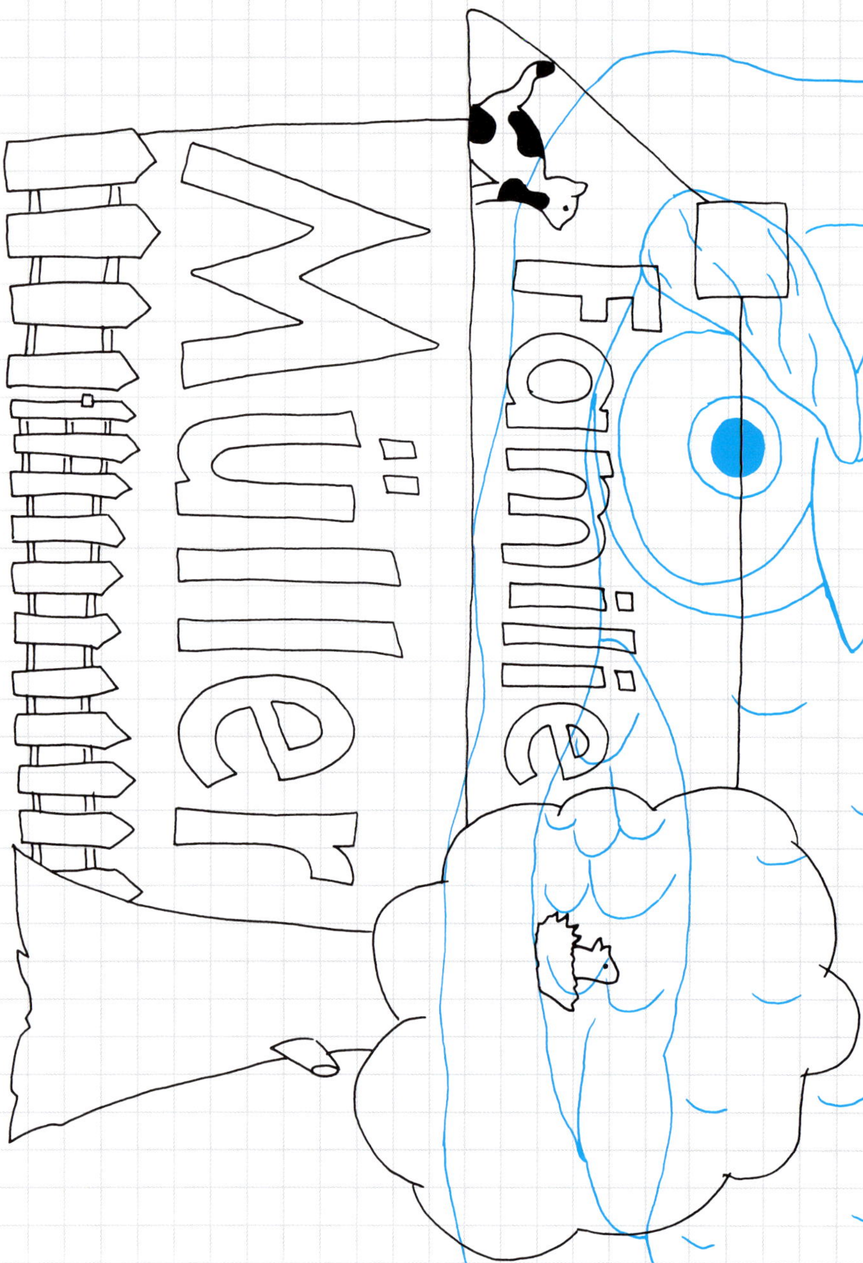

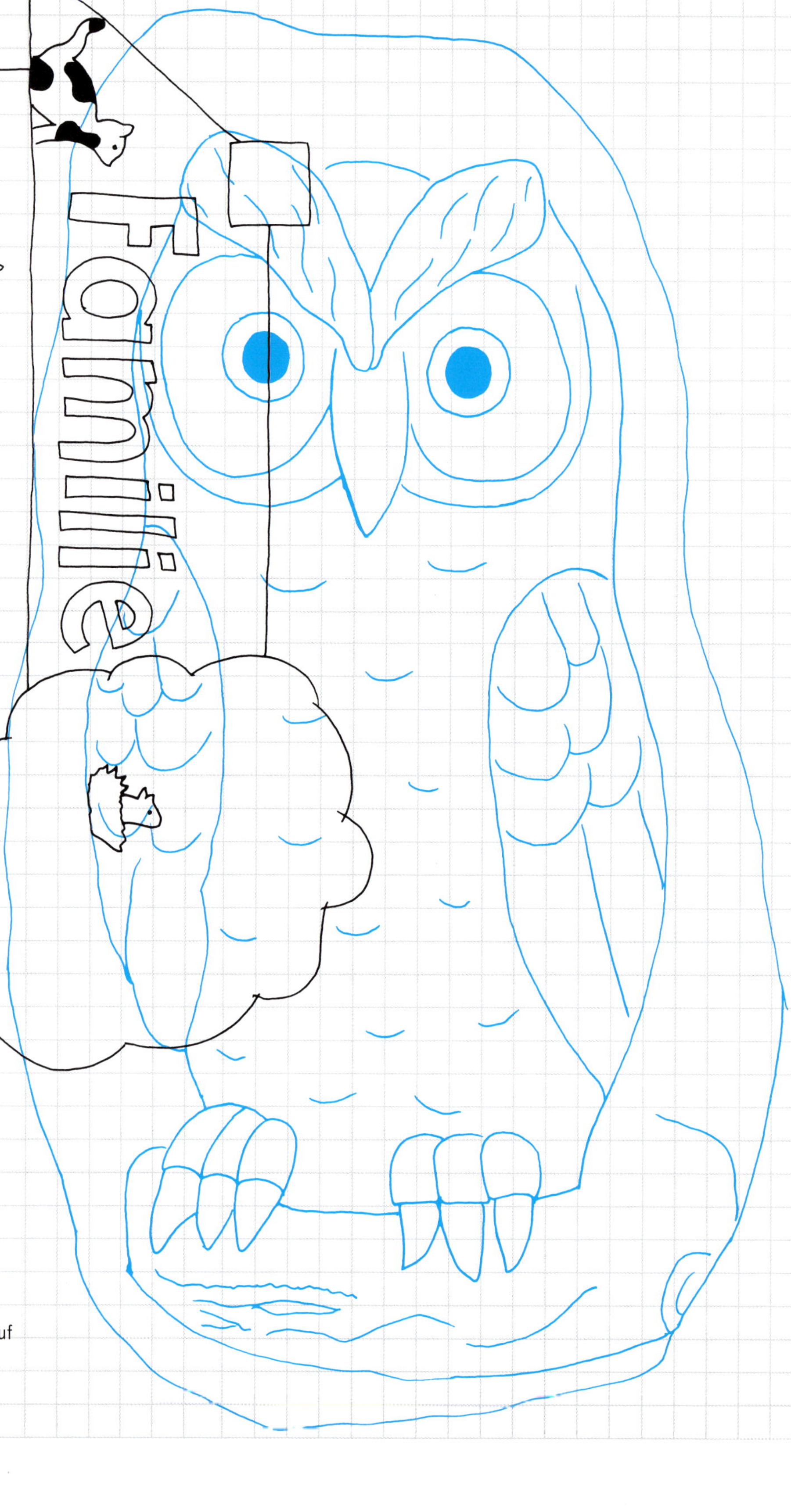

Eule im Baumstamm

Seite 83
Vorlage auf 8 mm Rastermaß oder auf 160 % vergrößern

Schnecke

Seite 85
Vorlage auf 6 mm Rastermaß oder auf 125 % vergrößern

Guter Hausgeist

Seite 87

Vorlage auf 8 mm Rastermaß oder auf 160 % vergrößern

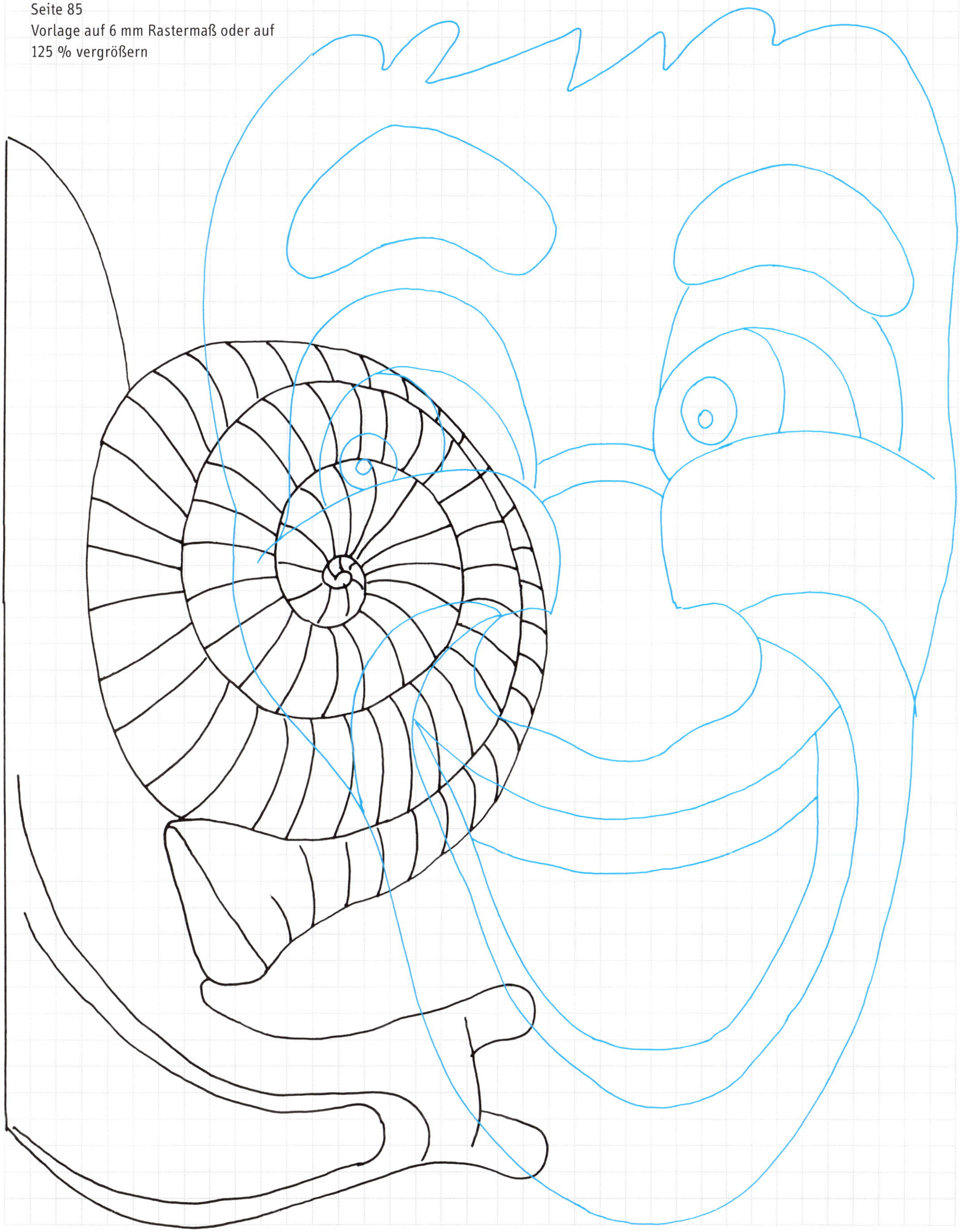

Tiefe Schale

Seite 47
Vorlage auf 8 mm Rastermaß oder auf 160% vergrößern

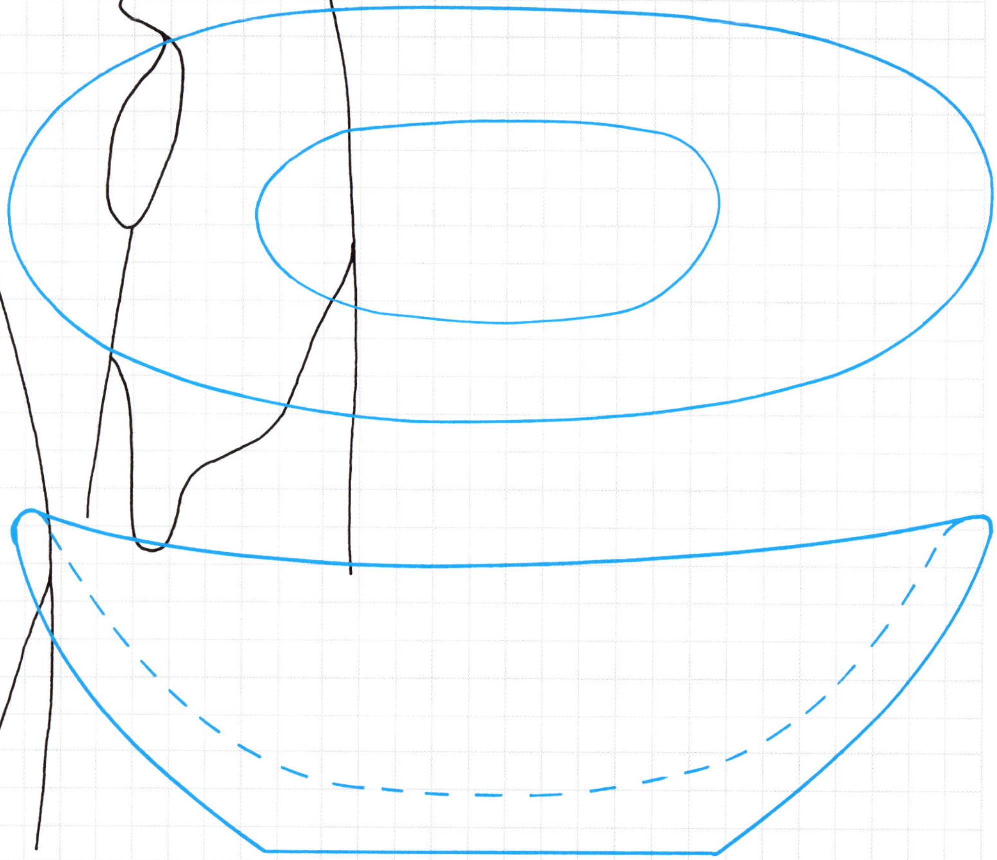

Flache Schale

Seite 47
Vorlage auf 8 mm Rastermaß oder auf 160% vergrößern

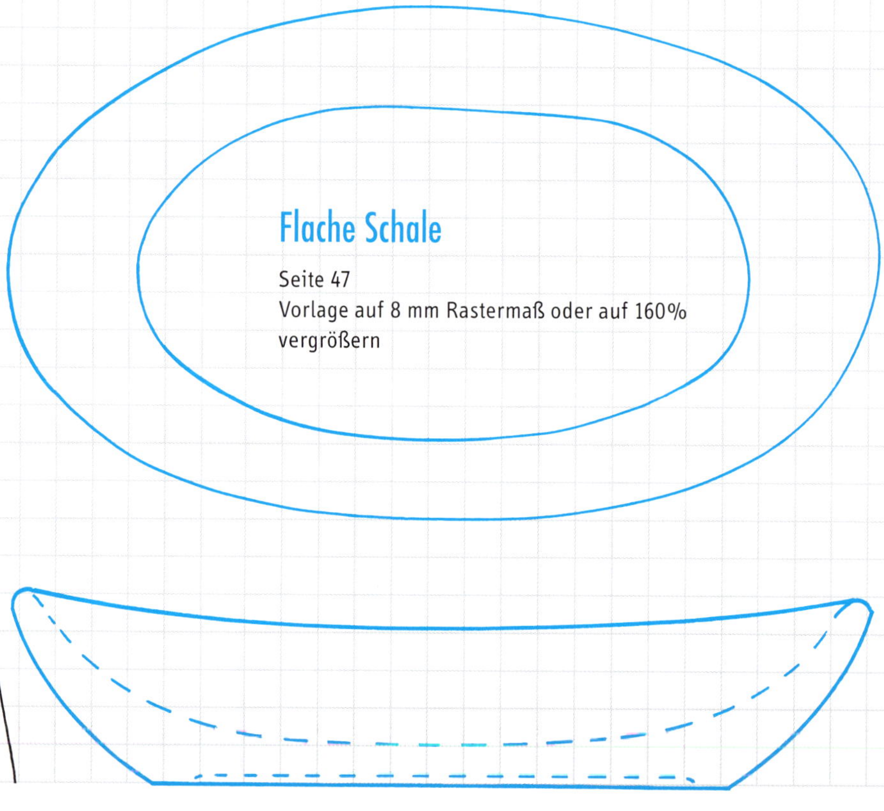

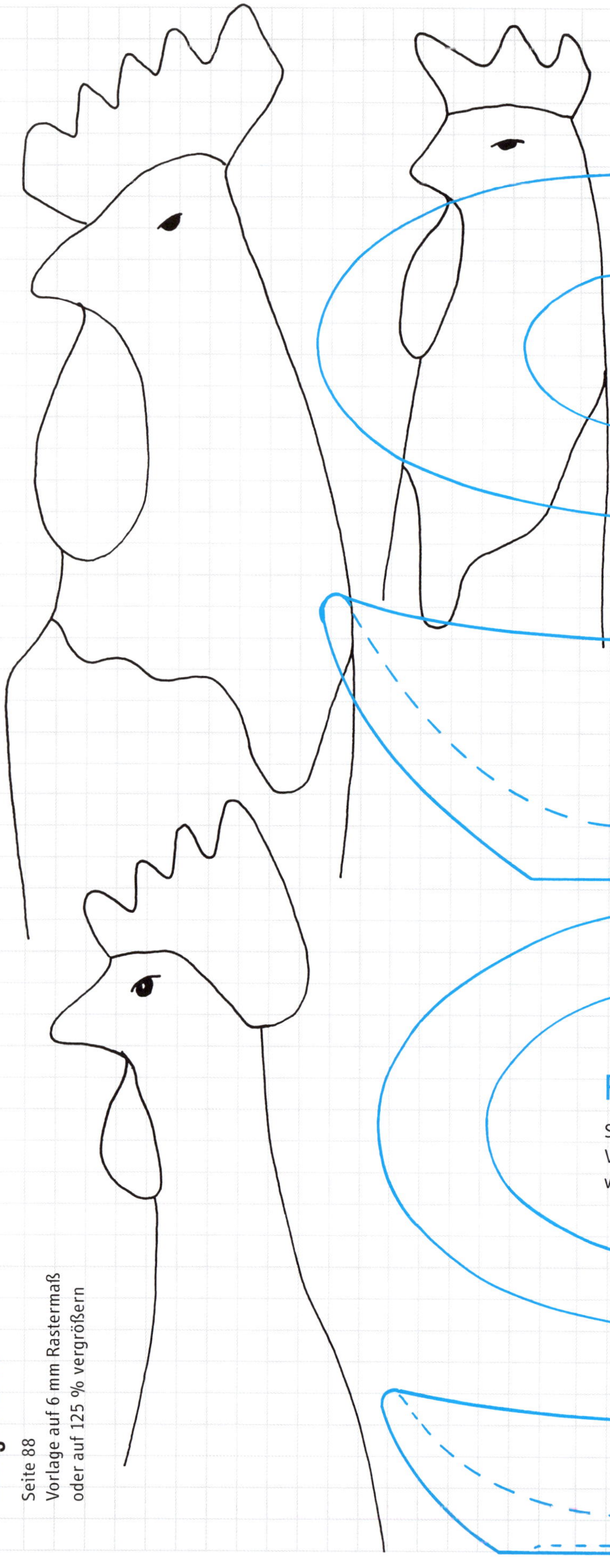

Lustige Hähne

Seite 88
Vorlage auf 6 mm Rastermaß
oder auf 125 % vergrößern

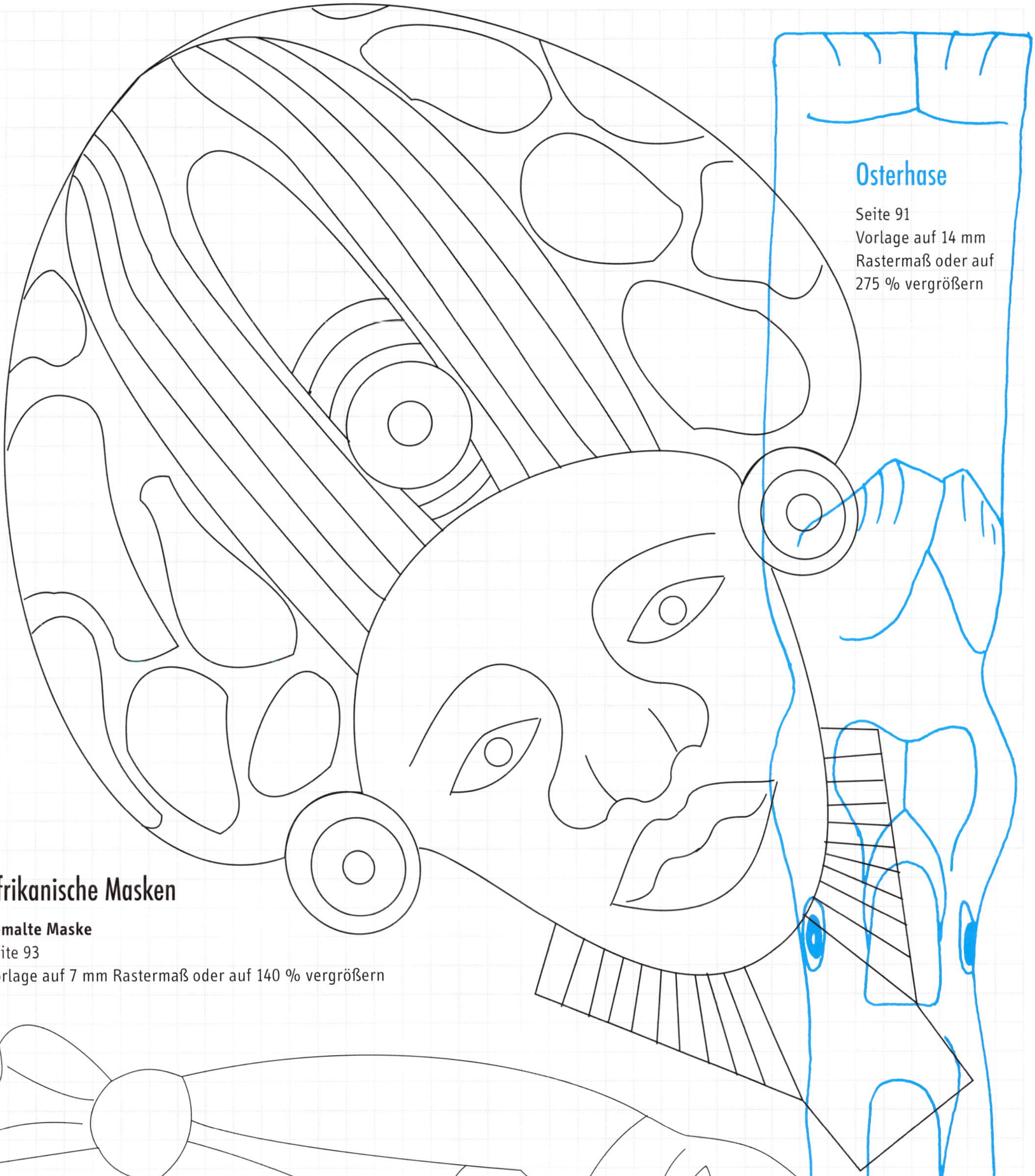

Afrikanische Masken

bemalte Maske

Seite 93

Vorlage auf 7 mm Rastermaß oder auf 140 % vergrößern

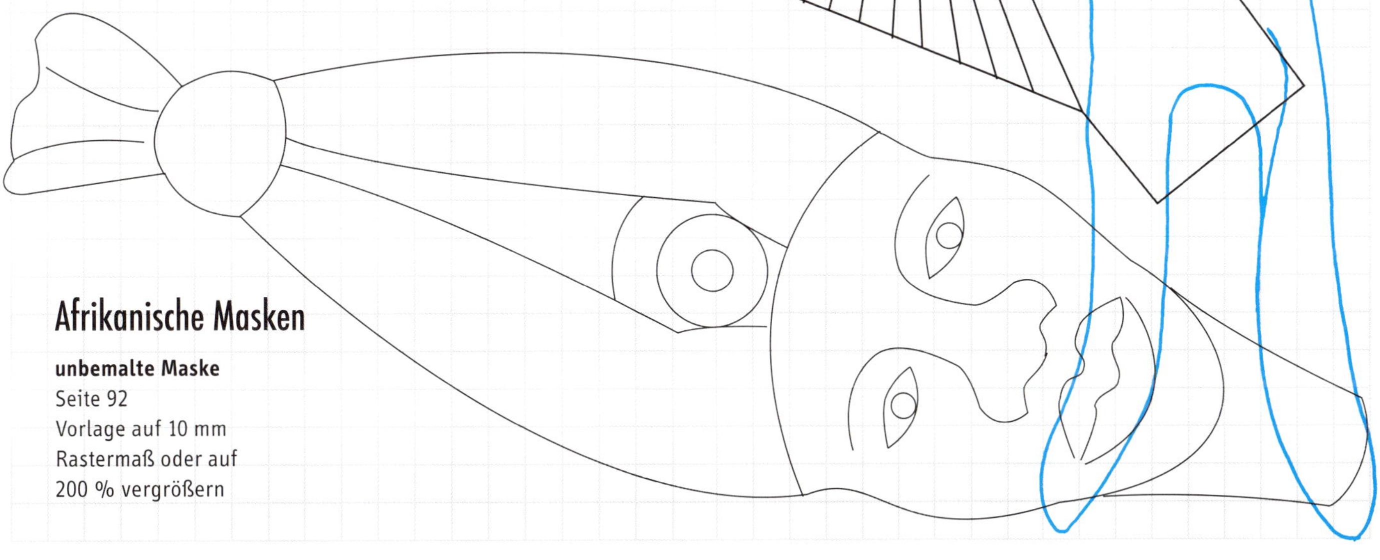

Afrikanische Masken

unbemalte Maske

Seite 92

Vorlage auf 10 mm Rastermaß oder auf 200 % vergrößern

Osterhase

Seite 91

Vorlage auf 14 mm Rastermaß oder auf 275 % vergrößern

Sonne

Seite 95
Vorlage auf 7 mm Rastermaß
oder auf 140 % vergrößern

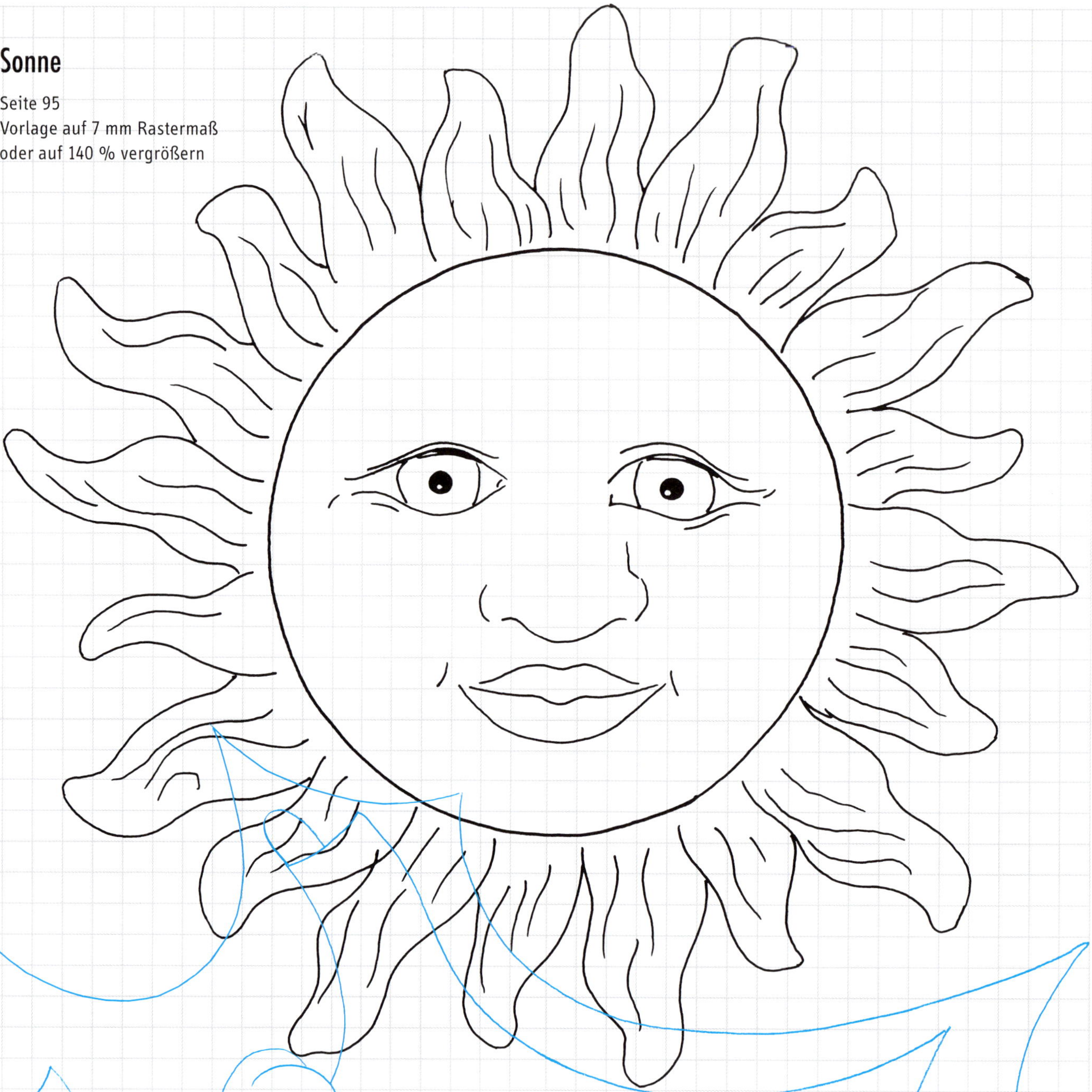

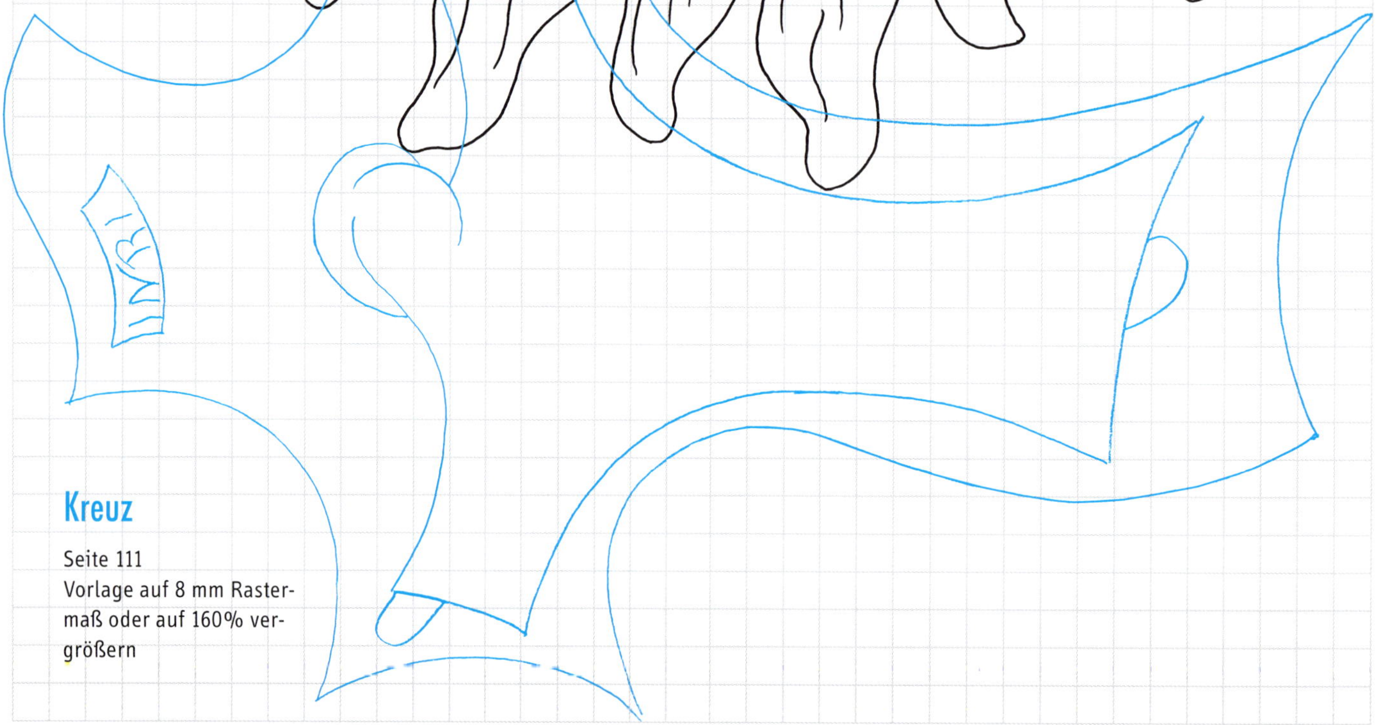

Kreuz

Seite 111
Vorlage auf 8 mm Rastermaß oder auf 160% vergrößern

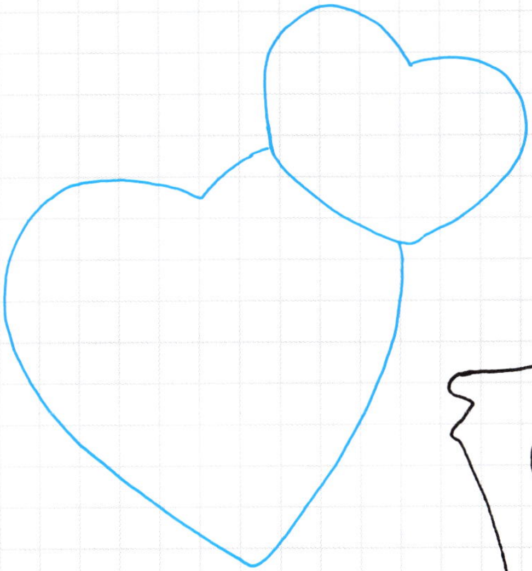

Herzen mit Marmoreffekt

Seite 59
Vorlage auf 10 mm Rastermaß oder auf 200 % vergrößern

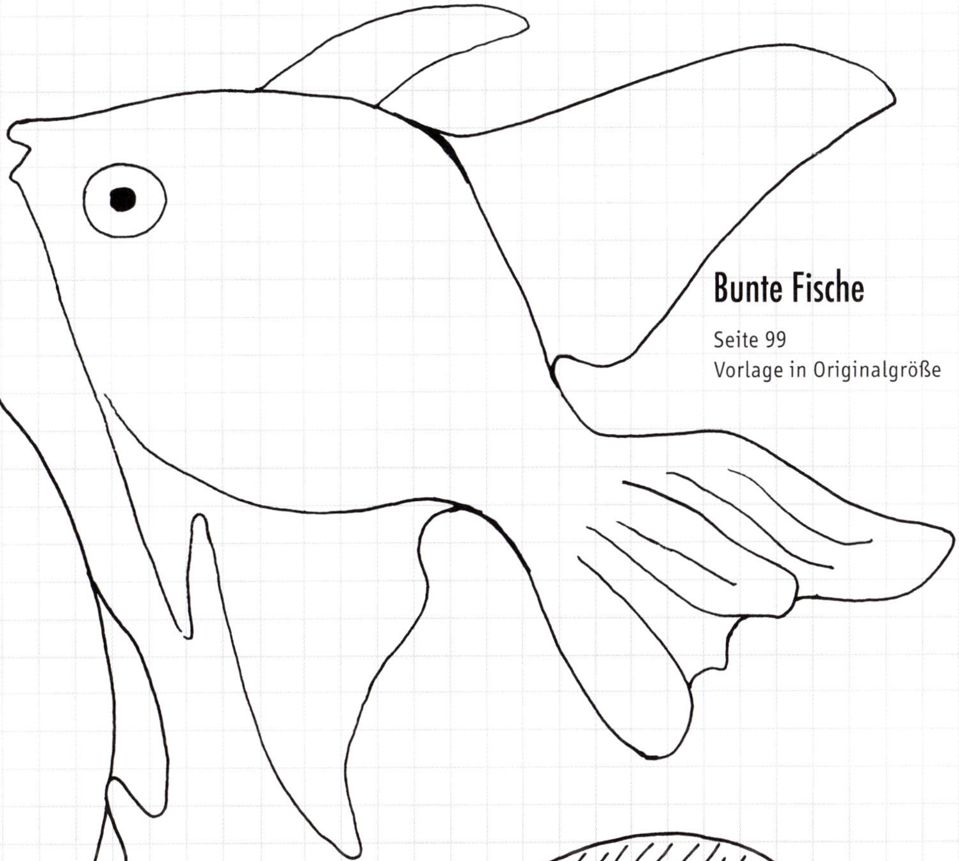

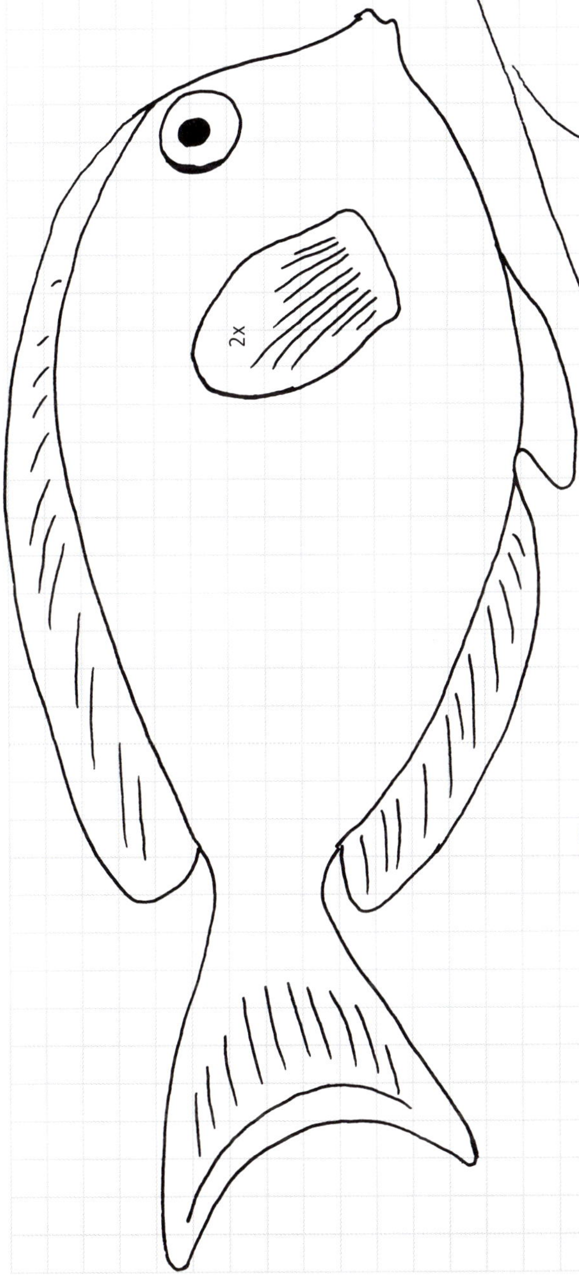

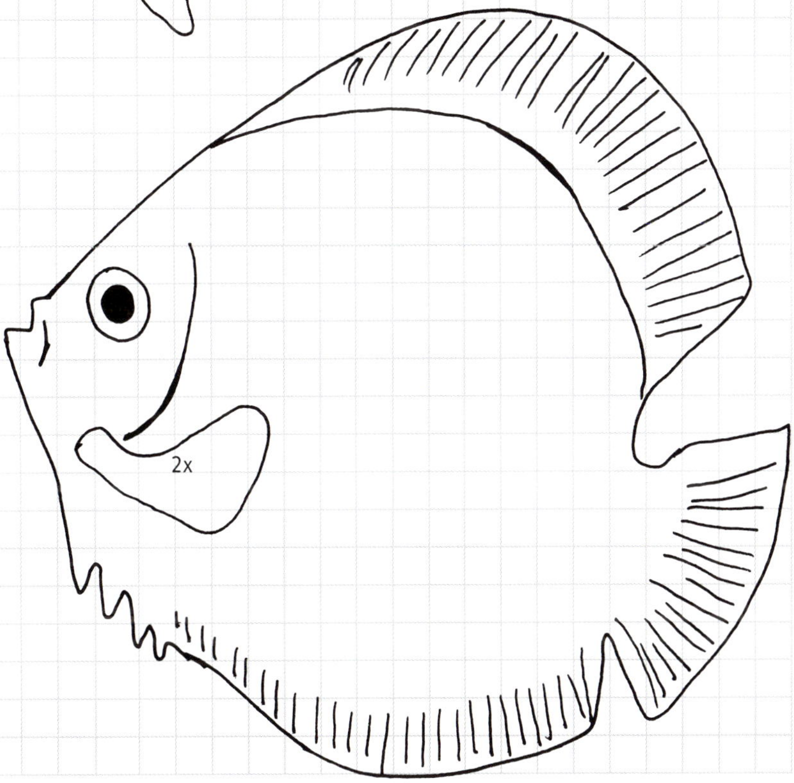

Bunte Fische

Seite 99
Vorlage in Originalgröße

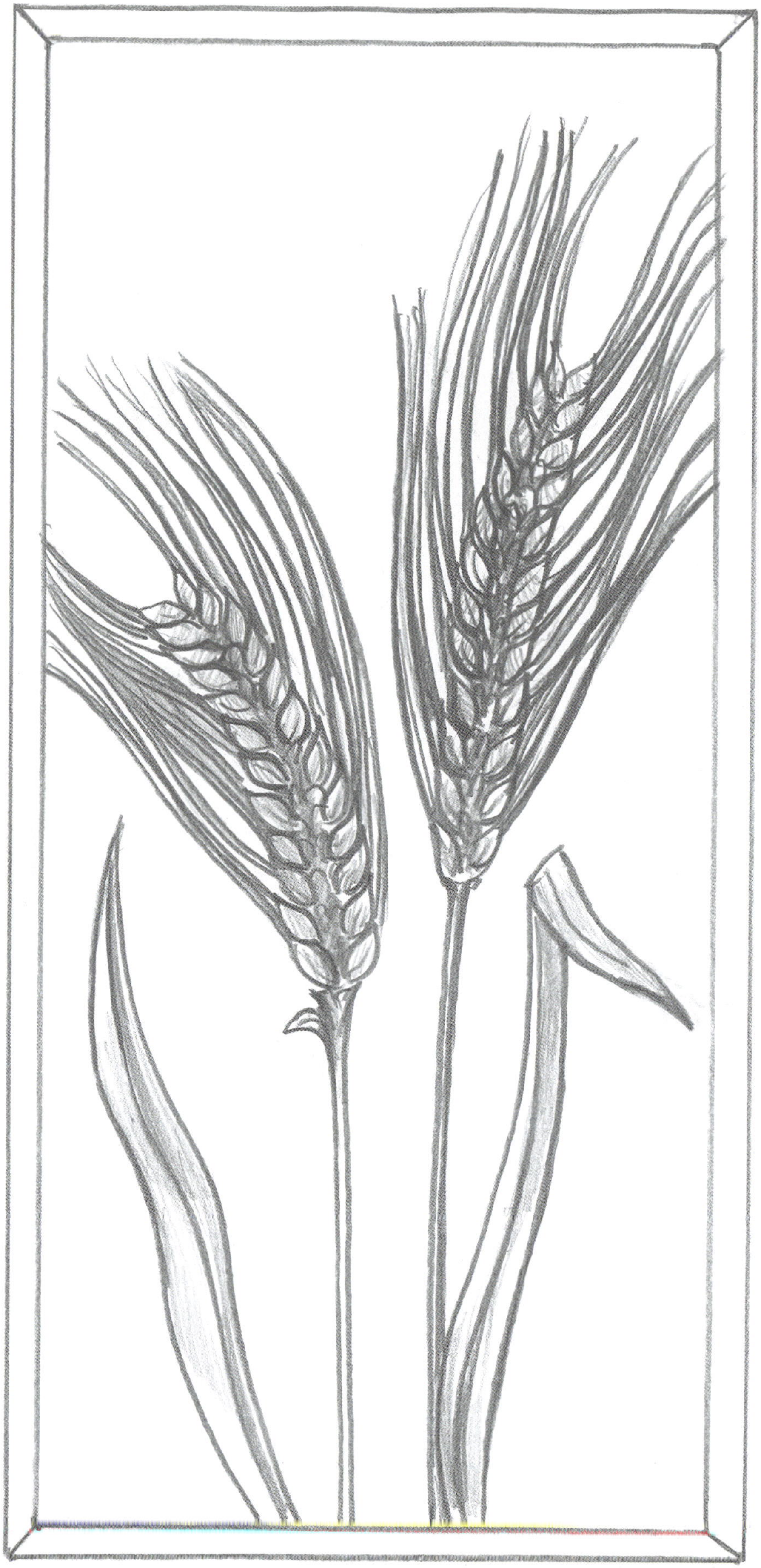

Ährenrelief

Seite 101
Vorlage in Originalgröße

Krippenfiguren

Seite 109
Vorlage auf 10 mm Rastermaß
oder auf 200% vergrößern

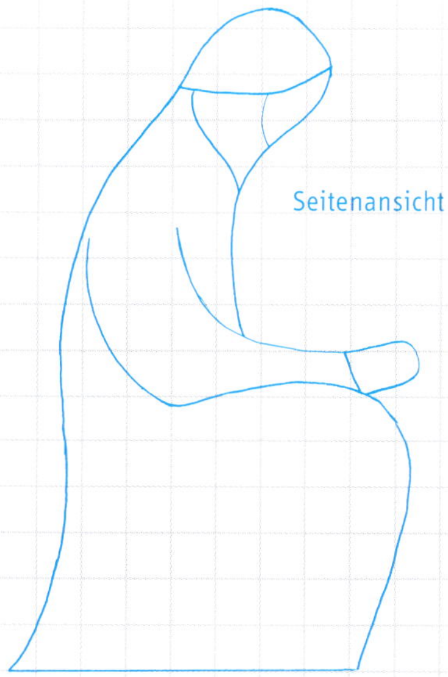

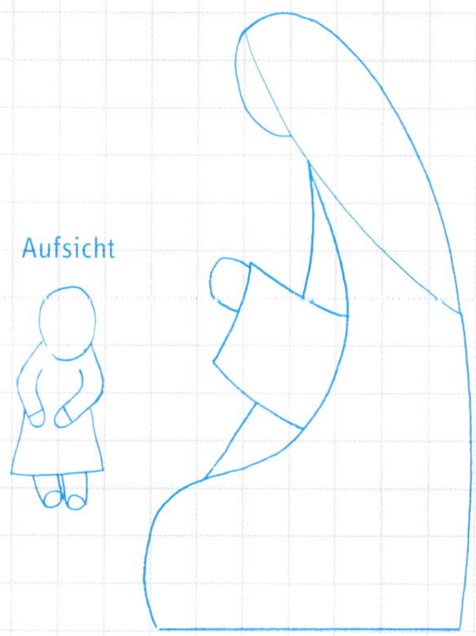

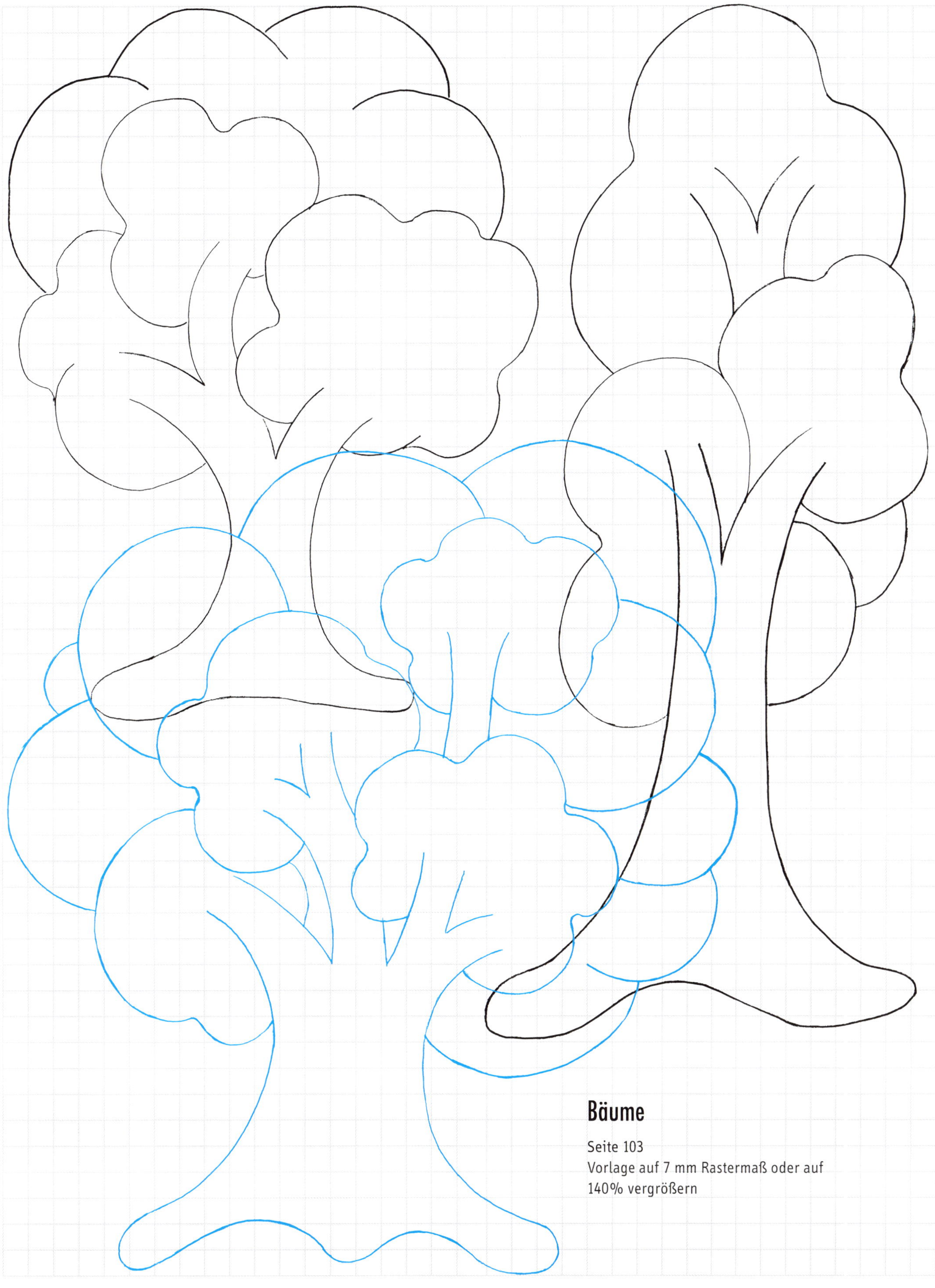

Bäume

Seite 103
Vorlage auf 7 mm Rastermaß oder auf 140% vergrößern

Adventskranz

Seite 105
Vorlage auf 10 mm Rastermaß
oder auf 200 % vergrößern

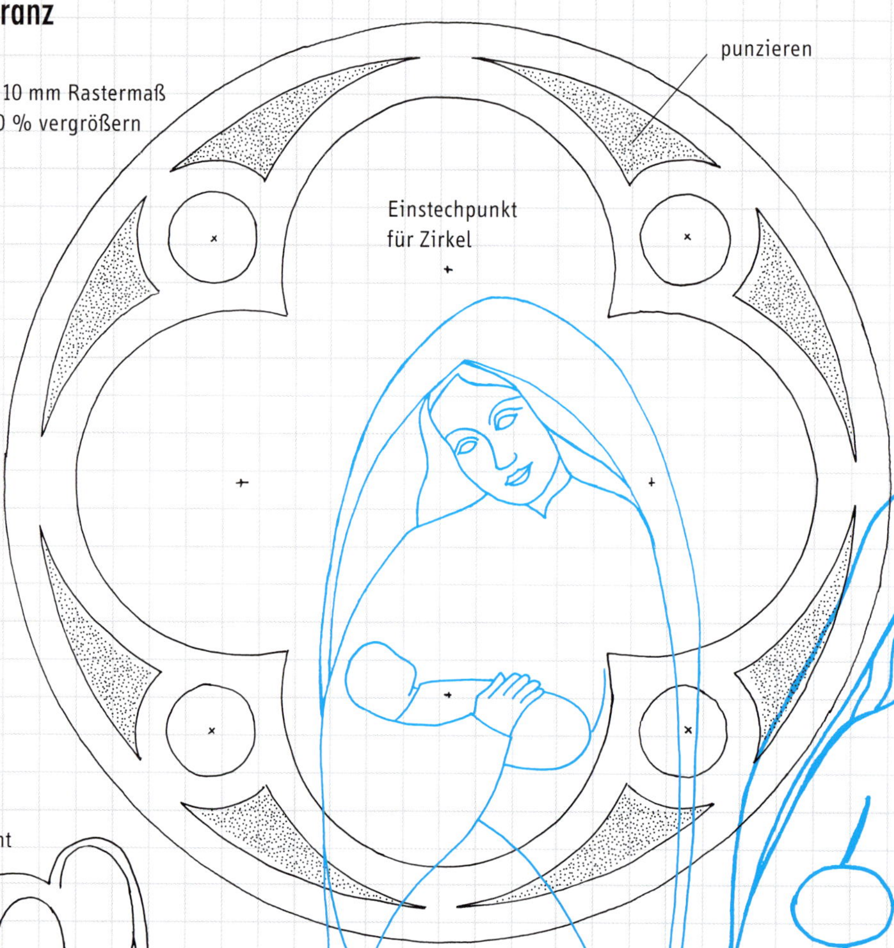

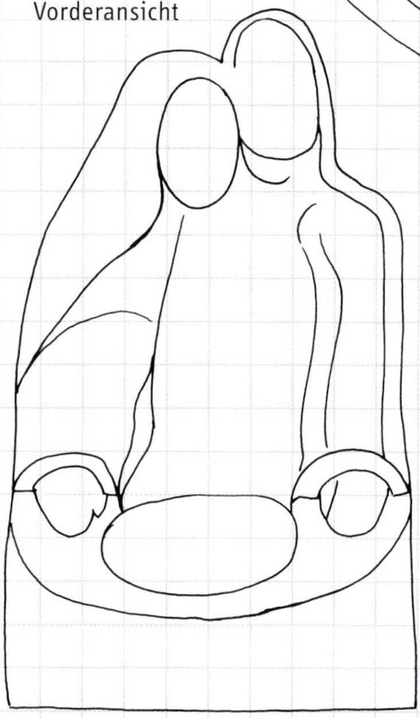

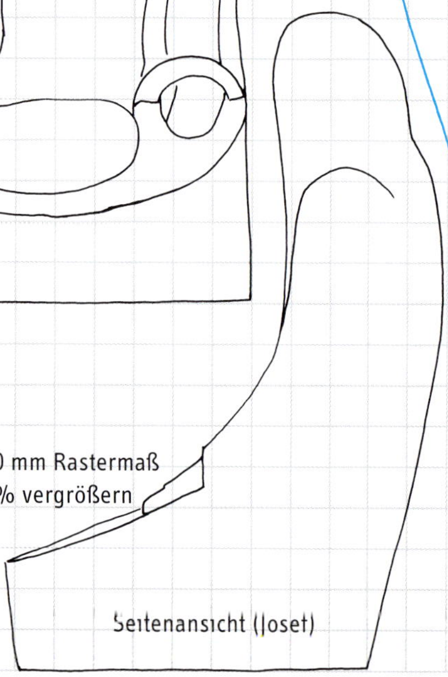

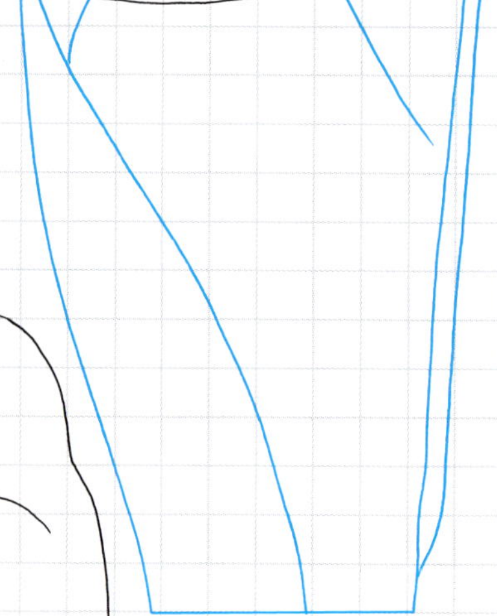

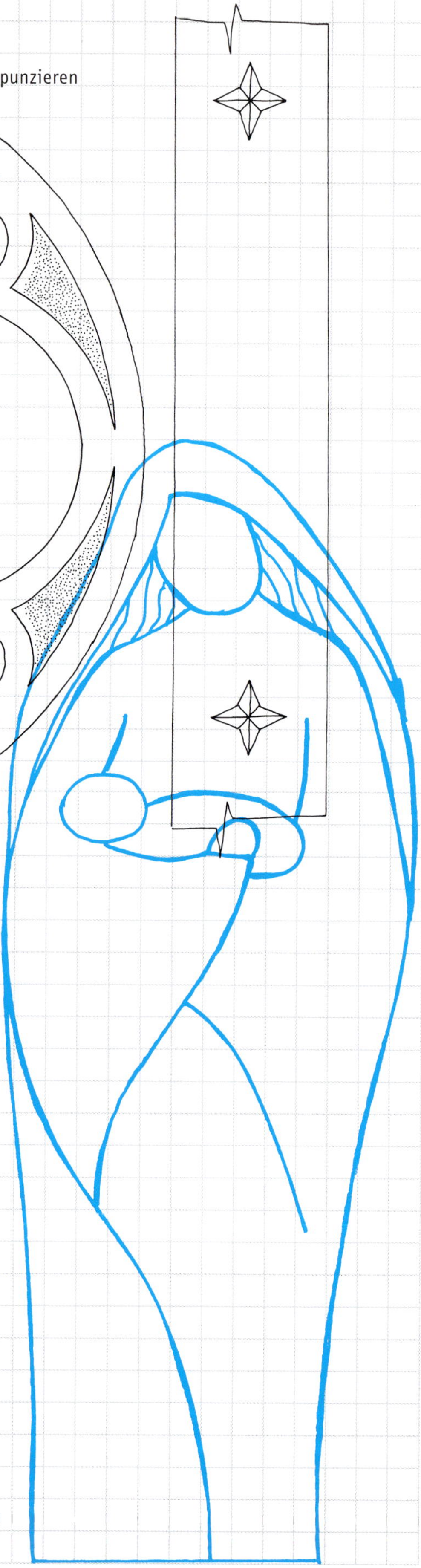

Tischlicht

Seite 105
Vorlage auf 10 mm Rastermaß
oder auf 200 % vergrößern

Madonna (groß)

Seite 111
Vorlage auf 10 mm Rastermaß
oder auf 200 % vergrößern

Madonna (klein)

Seite 110
Vorlage in Originalgröße

Hier finden Sie alphabetisch geordnet die wichtigsten Begriffe aus diesem Buch. Die dahinter stehende Seitenzahl bezieht sich auf den Haupteintrag im Buch.

AUTOREN

Reinhold Büdeker gründete vor 20 Jahren die Nienburger Schnitzstube und Freizeitschule, inzwischen das Deutsche Kreativzentrum Holz, um mit Kindern und Erwachsenen Ideen bildhaft werden zu lassen sowie Wissen zu sammeln und weiterzugeben: „Schon als Kind war ich begeistert vom Umgang mit Holz. Ich entdeckte Ausdrucksmöglichkeiten durch das Material selbst und auch durch Oberflächenveränderungen oder Kombinationen mit anderen Materialien." Mehr Informationen finden Sie unter www.dkholz.de. Werkzeug, Material und Zubehör für die Schnitzarbeiten im Buch sowie Seminare können ebenfalls über das Kreativzentrum vermittelt werden.

Jörg Hille schloss nach der Ausbildung zum Stukkateur und mehrjähriger Mitarbeit bei der Restaurierung bekannter Bauwerke wie dem Dresdner Zwinger, dem Dresdner Schloss und der Brühlschen Terrasse eine weitere Ausbildung zum Holzbildhauermeister an. Mehr über seine Arbeit erfahren Sie unter www.gestaltunginholz.de.

Nicola Mazrek absolvierte eine Ausbildung zur Holzbildhauerin, an die sie ihre Gesellenzeit anschloss. Nach dem Erwerb des Meisterbriefes machte sich die passionierte Holzbildhauerin selbständig. Seit über elf Jahren arbeitet sie als Dozentin an mehreren Volkshochschulen in der Umgebung. Mehr erfahren Sie unter www.holz-und-kunst.de.

Karsten Selke lebt mit seiner Familie in Wernigerode. Er beschäftigt sich mit verschiedenen kreativen Tätigkeiten wie Fotografie, Malerei, Holzarbeiten und Filzen. Zum Schnitzen kam er schon als Kind in der Werkstatt seines Vaters, der als Bildhauer tätig ist. Mehr erfahren Sie unter www.filz-holz-stein.de.

Mareen Pries zog im Alter von sieben Jahren mit ihrer Familie für vier Jahre nach Ägypten. Die faszinierende islamisch-orientalische Kultur dieses Landes prägen auch heute noch die Arbeiten der ausgebildeten Holzbildhauerin. Die künstlerische Freiheit beim Arbeiten mit Holz ist für sie Anreiz und Begeisterung zugleich.

IMPRESSUM

Wir danken den Firmen Stubai Werkzeugindustrie reg. Gen.m.b.H., Fulpmes/Österreich, TIXIT Bernd Lauffer GmbH & Co. KG, VS-Schwenningen

KONZEPT, PROJEKTMANAGEMENT UND LEKTORAT: Susanne Kuhn
GESTALTUNG UMSCHLAG: Eva Hook
GESTALTUNG INHALT: Heike Köhl, Eva Hook
FOTOS: frechverlag GmbH, 70839 Gerlingen; Karsten Selke (Seite 56 [Brennen] und 76 [Arbeitsschritt]), Fotostudio Ullrich & Co., Renningen (alle anderen Modell-, Material- und Schrittfotos, Titelseite)
DRUCK UND BINDUNG: PNB Print Ltd, Lettland
FILMPRODUKTION: teamWerk.Die FilmProduktion GmbH, Stuttgart
SCHRITTANLEITUNGEN UND MODELLE: Reinhold Büdeker (Seite 17–37, 38 oben, 39–46, 48–55, 56 [Ölen], 57–59, 62, 80–91, 95, 98/99, 105–107, 114–121); Jörg Hille (Seite 38 unten, 72–75, 101); Nicola Mazrek (Seite 103, 109–113); Mareen Pries (Seite 23 [Freies Zeichnen], 64–71, 79, 92/93, 97); Karsten Selke (Seite 47, 56 [Brennen], 76/77)

Neuauflage von TOPP 7652
6. Auflage 2024

Der Freischaltcode für die Videos und Vorlagen lautet: 10260

ISBN 978-3-7724-4513-2
Best.-Nr. 4513

MIX
Papier | Fördert gute Waldnutzung
FSC® C084698

Penguin Random House Verlagsgruppe
FSC® N001967

Grundformen von Schnitzeisen*

Schneidenform, Klingenform, Stichbezeichnung

	Schneidenform	gerade Schnitzeisenklinge	gebogene Schnitzeisenklinge	gekröpfte Schnitzeisenklinge
Balleisen	————	Stich 1	–	Stich 21
schräges Balleisen	————	Stich 2	–	Stich 22 Stich 23
Flacheisen	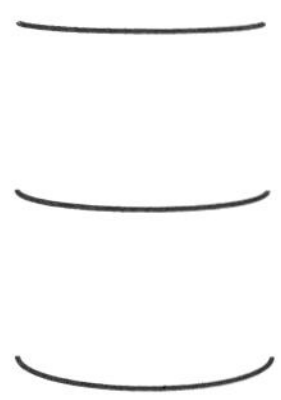	Stich 3	–	–
		Stich 4	Stich 12	Stich 24
		Stich 5	Stich 14	Stich 26
Hohleisen	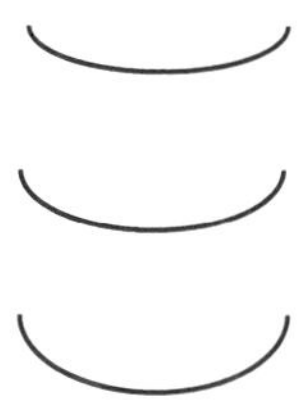	Stich 6	–	–
		Stich 7	Stich 16	Stich 28
		Stich 8	–	–
Bohrer	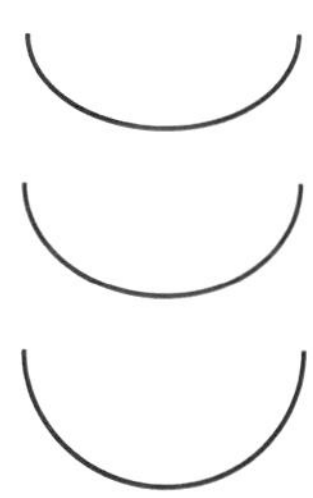	Stich 9	Stich 18	Stich 30
		Stich 10	–	–
		Stich 11	Stich 20	Stich 32
Geißfuß 45°	V	Geißfüße gibt es in verschiedenen Winkelstellungen, z. B. 45°, 60°, 75°, 100° – jeweils gerade, gebogen oder gekröpft		

Schneidenformen entsprechen der Abbildung des Einstichs in das Holz. Die Breite der Schneide (von Ecke zu Ecke gemessen) variiert von 0,5 mm bis 60 mm, im Regelfall von 2 mm bis 40 mm.

Die Stiche 1 bis 11 weisen eine gerade Klingenform auf. Die höher nummerierten Stiche sind mit gebogenen oder gekröpften (= nur im vorderen Teil gebogenen) Klingen ausgestattet. Achtung: Nicht alle geraden Formen sind auch als gebogene oder gekröpfte Formen verfügbar.

Beispiel: Die Schneidenform 7 ist als gerades Schnitzeisen erhältlich (Stich 7), als gebogenes (Stich 16), z. B. zum Schnitzen von Schalen, oder als gekröpftes Eisen (Stich 28). Damit können z. B. schwer zugängliche Hinterschneidungen bei ornamentalen Hochreliefs geschnitzt werden.

*** Hersteller von Schnitzeisen haben keine einheitlichen Bezeichnungen entwickelt. Durch die handwerkliche Fertigung können Eisen auch gelegentlich vom vorgegebenen Stichbild abweichen. Diese Tabelle dient der Orientierung in der inzwischen unübersichtlichen Vielfalt von Schnitzeisen und ist nicht verbindlich.**

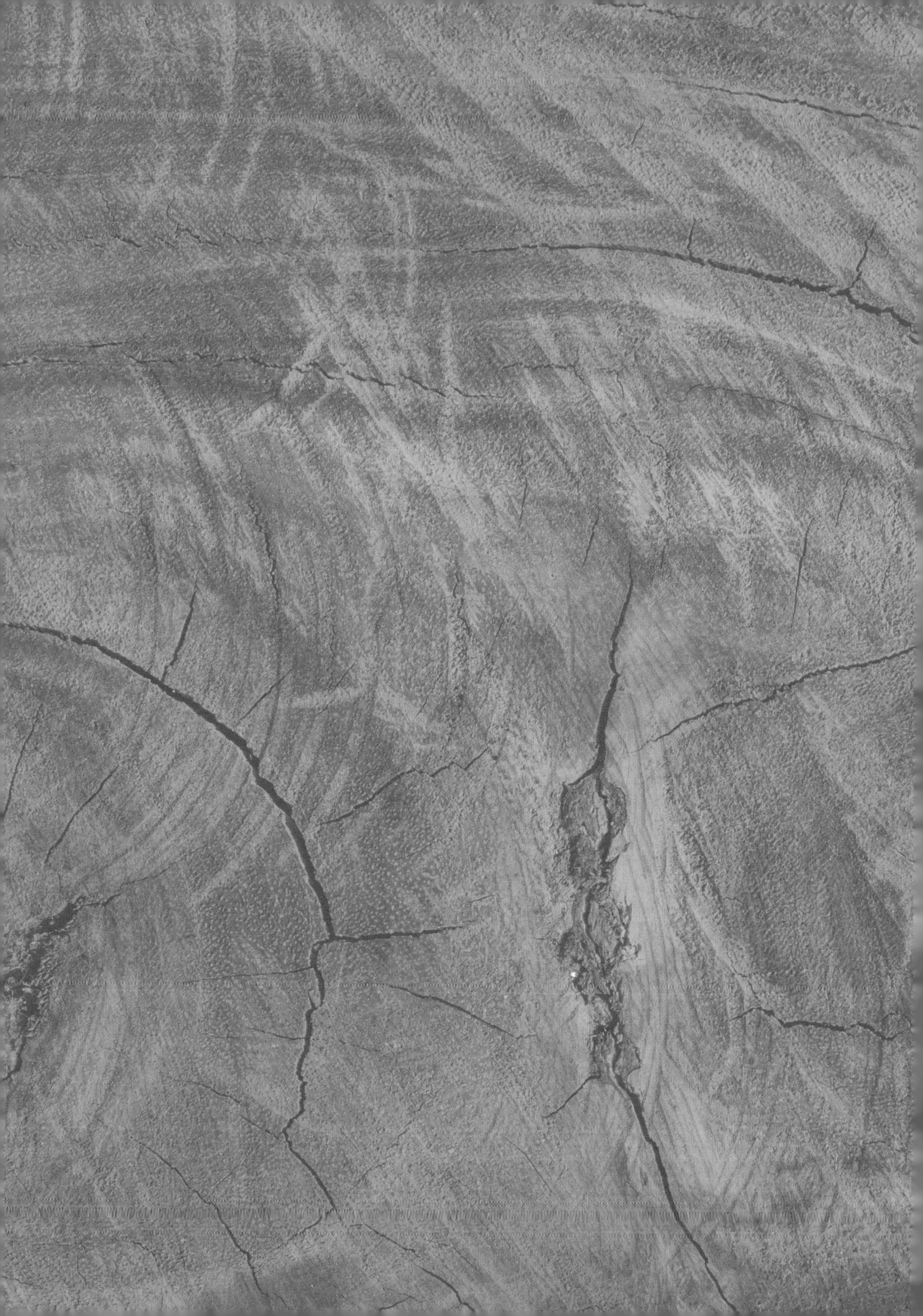